Deutsche Landschaften

Herausgegeben von Thomas Steinfeld
Mit Fotografien von Therese Humboldt

S. Fischer

Karte: bitmap, Mannheim
Satz: Fotosatz Otto Gutfreund GmbH, Darmstadt
Druck: Gutmann, Heilbronn
Bindung: G. Lachenmaier, Reutlingen
Printed in Germany
ISBN 3-10-070404-5

Inhalt

Nordsee
Ostsee
Fehmarn
Darß
Kiel
Vorpommern
Schwerin
Niederelbe
Hamburg
G e e s t
Lüneburger
Heide
Bremen
Weser
Aller
Elbe
Wendland
Mark
Oder
Berlin
Potsdam
Rheiderland
Hannover
Magdeburg
Brandenburg
Münster-
land
Ostwestfalen
Weserbergland
Harzvorland
Niederrhei
Ruhrgebiet
Ruhr
Göttingen
Saale
Mulde
Elbe
Meuselwitzer
Leipzig

Köln
Erfurt
Dresden
Ostthüringen
Rhein
Wies-
baden
Frankfurt/M.
Rhein-
gau
Mainz
Mosel
Main
Main-
franken
Saarland
Pfalz
Kurpfalz
Mann-
heim
Saarbrücken
Hohenloher
Land
Altmühl
Fränkische Alb
Bayerischer Wald
Stuttgart
Neckar
Donau
Niederbayern
Schwarzwald
Rhein
Oberschwaben
München
Oberbayern
Chiemsee
Bodensee

Vorbemerkung des Herausgebers

Die deutsche Literatur des 20. Jahrhunderts war beherrscht vom Glauben an die Stadt. Nicht, dass es darin gar keine Landschaften, kein bäuerliches Leben, keine Provinz mehr gegeben hätte. Nur scheinen diese Regionen und ihre Figuren am Rande eines Weges zu liegen, der ganz woandershin führte – wenn das Ländliche nicht gleich eine allseits beschränkte Welt war, aus der man sich nur entfernen konnte. Die Landflucht hatte die deutschen Dichter ergriffen, und die Orientierung war deutlich genug. Ein Ideal von Urbanität, von Weltläufigkeit und Internationalität machte sich selbst im Kleinen und Abgelegenen geltend, und während der zwölf Jahre des sogenannten Dritten Reiches war die Laufrichtung nur sehr vorübergehend eine andere.

Nach dem Zweiten Weltkrieg setzte die Bewegung wieder dort ein, wo sie in den frühen dreißiger Jahren abgebrochen worden war, heftiger denn je und sich weiter steigernd. Die fünfziger Jahre, politisch gern als Ära der Restauration verschrien, waren in den Künsten vom heftigen Bemühen gezeichnet, wieder den Anschluss an die ästhetische Internationale zu finden, in Architektur und bildender Kunst ebenso wie in Musik und Literatur. Bald war nicht mehr nur von Berlin die Rede, bald rückte Paris ins Zentrum, und noch die »Blechtrommel« von Günter Grass, ein Roman, der zwar viel in Städten spielt, aber das Kartoffelfeld zum Zentrum der kaschubischen Poesie erklärte, legt zumindest formal Zeugnis davon ab, in welchem Maße die Redensart der französischen Hauptstadt in die deutsche Literatur eingezogen war. Und dann, spätestens in den siebziger Jahren, wurde New York zu der Stadt, die bis heute für sich beanspruchen kann, die wahre Hauptstadt der gegenwärtigen deutschen Literatur zu sein – auf eine Weise vielleicht, mit einer Dringlichkeit, mit einem Anspruch auf Respekt, wie es im 19. Jahrhundert einmal Rom gewesen war.

Ob diese Leidenschaft für die große, ferne Stadt tatsächlich urban, tatsächlich weltläufig ist, kann bezweifelt werden. Vielleicht verbirgt sich darin nur die ganz gewöhnliche und sehr provinzielle Eitelkeit, irgend etwas vom ebenso gefährlichen wie verlockenden Glanz der Metropole oder der extremen Weltgegend möchte auf den dichtenden Menschen übergehen. Vielleicht auch verbirgt sich darin die Hoffnung, allein schon durch das Dabeisein, durch einen privilegierten Standort am vorderen Rand der Weltbühne seien eine emphatische Überhöhung der Zeitgenossenschaft, ein intensiveres Leben und eine intensivere Dichtung zu erreichen. Überhaupt scheint der Reisende und mit ihm der Bericht eines sich nur für beschränkte Zeit an einem Ort befindlichen Gastes zu einem Grundtypus der gegenwärtigen deutschen Dichtung geworden zu sein, die literarische Reportage zu einem ihrer beliebtesten Genres. Es mag dabei vorkommen, dass der eine oder andere dieser Dichter, gleichermaßen ein Abkömmling von Bruce Chatwin wie vom kilometerfressenden Pauschalreisenden, Weltläufigkeit und Welthaltigkeit miteinander verwechselt.

Unter dem Titel »Deutsche Landschaften« begann im Herbst 2002 in der Wochenendbeilage der »Süddeutschen Zeitung« eine Serie, in der einige deutsche Schriftsteller gebeten wurden, die Physiognomie einer Landschaft zu entwerfen, die sie sehr gut kennen – ganz gleich, ob sie darin geboren waren oder ob sie über längere Zeit darin gelebt hatten. Als sich abzeichnete, dass das Interesse der Leser an dieser Serie groß werden würde, wurden einige weitere hinzugebeten, um die auffälligsten weißen Flecken auf der Karte der deutschen Landschaften zu füllen. Nicht einmal wurde der fragende Redakteur abgewiesen, stets schien die Bitte um einen Essay zu diesem Thema selbstverständlich zu sein, und bald meldeten sich die Schriftsteller von allein. Schließlich musste, als die Zahl der Beiträge auf dreißig gestiegen war, die Reihe geschlossen werden – denn auch die beste Serie erschöpft sich, und dass der Bayerische Wald oder die Lausitz fehlen, bekümmert zwar den Redakteur, aber vollständig kann eine solche Reihe nicht sein.

Wichtiger als eine in allen Details exakte Landkarte war es ohnehin, die literarische Physiognomie von Landschaften zu zeichnen, im Bewusstsein, dass sich in jeder dieser Landschaften ein kulturelles, politisches und wirtschaftliches Gedächtnis verbirgt, das weitaus größer ist, als dass es ein Einzelner je aufzeichnen könnte – und das auch paradigmatisch, als Beispiel für andere Landschaften gelesen werden kann.

Die »Minima Moralia«, Theodor W. Adornos trauriges Buch »aus dem beschädigten Leben«, enthält den Wunschtraum einer »befreiten, zumal aller Nationalismen ledigen Menschheit vermöchte mit der Vergangenheit auch die Kulturlandschaft unschuldig zuteil werden«. Von Unschuld soll hier nicht die Rede sein – aber in welchem Maße die Landschaft als Träger nicht nur eines Gedächtnisses, sondern auch der kulturellen Selbstverständigung dient, in mehr oder minder deutlichem Gegensatz zum Nationalen, wird schon am Ton der meisten Beiträge in dieser Sammlung deutlich, an der Neigung zu langen Perioden, präzisen Reflexionen und exakten Formulierungen, für die sich die Autoren entschieden haben, auch wenn sie in ihren Romanen und Erzählungen anders schreiben:

Die Landschaft scheint sie allesamt zu Nachgängern gemacht zu haben, sie folgen ihr, als zeichneten sie mit den Fingern ein Relief nach. Zur Nachgängerei aber gehört ein großes Maß an Aufmerksamkeit und Bescheidenheit und an Demut, ein Bewusstsein für Qualität und eine Sorgfalt gegenüber dem Detail, Gemächlichkeit, überhaupt das Gehen und nicht das Fahren. Allein schon die Art der Fortbewegung rückt diese Art des Schreibens näher an das neunzehnte Jahrhundert, als es jede Entscheidung über ein Genre tun könnte, und keiner der Autoren hat sich dieser inneren Notwendigkeit entzogen, alle haben sie offenbar bewusst akzeptiert.

Nicht um die Heimat geht es in diesen Essays und auch nicht um die Verklärung eines biographischen Zufalls zur lebensentscheidenden Bestimmung oder gar um die Verwandlung von Innigkeit in Eingrenzung. Nicht um die Apotheose der Natur, der man in der deutschen Romantik das große Werk der Erneuerung zugetraut hatte, und der Joseph von Eichendorff bis auf den heutigen Tag die gröbsten Missverständnisse seiner Gedichte verdankt – nicht um eine Natur also, die mit dem industriellen Zeitalter zu einer hoffnungslosen Zuflucht vor dem von allen Seiten andrängenden Neuen und dessen Hässlichkeit werden sollte. Sondern um Vertrautheit, um Intimität, um Genauigkeit, auch wenn es dabei nichts Angenehmes oder gar Freundliches zu berichten gibt. Es geht um das Naheliegende im doppelten Sinne des Wortes. Und den meisten Autoren jedenfalls muss das Offensichtliche und leicht Erreichbare so nahe liegend, also so evident und so interessant erschienen sein, dass die Länge ihrer Texte das Maß dessen, was in einer Zeitung erscheinen kann, mehr oder minder weit übertraf. In diesem Buch können glücklicherweise alle Texte in ihrem ursprünglichen, vom Autor beabsichtigten Umfang veröffentlicht werden.

Als Rudolf Borchardt im Jahr 1927 seine Anthologie »Der Deutsche in der Landschaft« veröffentlichte, erklärte er, ein solches Buch sei »nur innerhalb der deutschen geistigen Geschichte und Charakterwelt« möglich. Solche Formulierungen nehmen wir heute nur noch verzerrt, verschoben wahr, weil das Wort »deutsch« gerade in der Verbindung mit »Land« sich stets und sofort einem nationalen Programm zu unterwerfen scheint. Rudolf Borchardt aber war dieser Chauvinismus fremd. Er meinte etwas anders: »Kummervolle Gelehrsamkeit« zeichne vielmehr ihn und seinesgleichen aus, und der betrübte Zustand der Seele lasse im Verein mit einer hohen Bildung den Deutschen zu einem »Wanderer seiner Geschichte« auftreten. Schaut man sich aber einmal um, stellt man fest, dass es in der Kulturgeschichte der westlichen Länder viele solcher kummervoll durch vertraute Gegenden wandernde Gelehrte gibt: Sören Kierkegaard war so einer, als er durch den Norden Seelands strich, August Strindberg auf seinen Streifzügen durch das Becken von Paris oder durch Schonen, Michel Chaillou ist es heute auf seinen Wegen durch die französische Provinz und Graham Swift auf seinen Expeditionen in das Marschland der englischen Ostküste. In solchen Vergleichen entpuppt sich das spezifisch Deutsche, das Rudolf Borchardt im Verhältnis zur Landschaft gefunden zu haben glaubt, als eine Art von Verkleidung, als ein erfundenes Privileg, das einem landläufigen, aber diffusen Unglück eine feste Gestalt verleihen sollte.

Keiner der an dieser Sammlung beteiligten Autoren hat sich einer metaphysischen Überhöhung seiner Landschaft gewidmet, keiner hat sie schöner oder interessanter gemacht, als sie ist. Mit literarischen Mitteln sind sie vielmehr auf Exkursion gegangen, haben gesammelt, geprüft und notiert. Nicht um das Glück in der Landschaft ist es ihnen gegangen, nicht darum, sich noch einmal, wie Effi Briest, auf dem Weg ins Freie vom Duft der Raps- und Kleefelder und vom Gesang der Lerchen berauschen zu lassen, sondern auch um ein Stück Bestandsaufnahme, um die Darstellung einer Welt, in der Autobahnkreuze die Landschaft beherrschen und Chemiewerke den Takt des Lebens und des Alltags setzen und in ihren Türmen mit den dahinterliegenden Hügeln um die Herrschaft über den Horizont konkurrieren. Vor allem ging es ihnen nicht um den angeblichen Gegensatz von Natur und Geselligkeit, sondern eher ums Gegenteil: darum, das wenig Spektakuläre, aber womöglich auch lebenspraktisch Entscheidende zu sichten, zu achten und vielleicht interessant zu machen.

In Therese Humboldt hat der Verlag eine Fotografin gefunden, die in ihrer gelassenen, distanzierten, aber um so präziseren Bildsprache zu einem Glücksfall für dieses Unternehmen wurde. Ohne die Unterstützung von Ijoma Mangold und Lothar Müller, den Freunden und Kollegen in der Literaturredaktion der »Süddeutschen Zeitung«, wäre die Serie nicht zu realisieren gewesen. Alexander Gorkow, der verantwortliche Redakteur für die Wochenendbeilage, hat sie auch in wirtschaftlich schwierigen Zeiten unterstützt.

Kristina Maidt-Zinke schließlich hat alle Beiträge noch einmal ebenso genau wie umsichtig gegengelesen, bevor sie in den Druck gingen. Ihnen allen sei gedankt.

Bad Homburg, im Mai 2003 Thomas Steinfeld

Das Rheiderland

Georg Klein
Was man zum Leben braucht

Auch bei uns in Deutschland hat es Zeiten gegeben, in denen es bittere Not, Krieg oder eine nahezu heroische Abenteuerlust brauchte, damit einer seine sieben Sachen packte und seine angestammte Gegend verließ. Und der, den sein Schicksal so verzweifelt oder so verwegen hatte werden lassen, konnte dann binnen eines wacker durchmarschierten Tages an die Grenze jenes Bereichs gelangen, der, sobald er hinter einem zurückblieb, ohne jede Ironie, ja mit einem schmerzlich zagenden Unterton Heimat genannt wurde.

Das friesische Rheiderland ist ein Territorium, das sich einst auf diese Weise mit den Füßen und mit dem Herzen ausmessen ließ. Setzt man das Städtchen Weener als seinen geographischen Mittelpunkt, dann hat man es ungefähr gleich weit bis zur holländischen Grenze im Westen und bis zum breiten Mündungstrichter der Ems im Osten, der einmal eine ernst zu nehmende natürliche Barriere darstellte. Im Süden ist das katholisch fremde Papenburger Land ebenso weit entfernt wie im Norden der Dollart, eine Nordseebucht, die mittelalterliche Sturmfluten ins Mündungsgebiet der Ems gerissen haben.

Mir, dem Zugezogenen, haben alte Männer davon erzählt, wie der Volk-ohne-Raum-Angstwahn der Nazis dazu führte, dass sie als Jünglinge die weite Welt kennenlernten, wie es dazu kam, dass sie unter dem Himmel Frankreichs in einem Kriegsgefangenenlager hungern oder in der Tiefe eines russischen Kohlebergwerks schuften mussten. In einem Hochdeutsch, das den Rheiderländern dieser

Jahrgänge noch hörbar als eine Fremdsprache von den Lippen geht, geben sie jedem Jüngeren, so er es hören mag, eine karge, aber klare Vorstellung davon, was es noch vor knapp fünfzig Jahren geheißen hat, wirklich weggehen zu müssen, und welches Glück es bedeuten konnte, wirklich heimkommen zu dürfen.

Fern von solchen Wirklichkeiten, ja manchmal wahrhaft tumbe Tröpfe des Unwirklichen sind im Rheiderland, wie anderswo, die Touristen. Unser Haus liegt am Ende einer dorfähnlichen Straßensiedlung knapp eineinhalb Kilometer vom schilfgesäumten Ufer des Dollarts entfernt. Letzten Sommer bremste ein mittelaltes Paar seine prächtigen Hochleistungsräder vor unserem Garten. Das Gesicht des Mannes war von der Hitze des Nachmittags, von flotter Fahrt und vom Zorn gerötet. Von einem Einheimischen, einem hinterhältigen Rheiderländer, sei man hereingelegt worden. Für ein Wochenende hätten sie ein Ferienhäuschen in Meeresnähe gemietet, seien heute in aller Frühe aus dem Ruhrgebiet angereist, nun aber führen sie schon seit Stunden die wenigen Straßen und Wege, die es hier gebe, auf und ab, doch von der Nordsee sei weit und breit nicht das Geringste zu entdecken.

Vielleicht hätte ich den kauzigen Eingeborenen mimen und dem aufgebrachten Touristen nur schweigend meinen Spaten in die Hand drücken sollen. Ein paar Spatenstiche in unserem Garten, und die seltsame Beschaffenheit des Bodens hätte ihm vielleicht schon zu denken gegeben. Und dann wäre ich ihm mit der landeskundlichen Erklärung beigestanden, dass diese an der Oberfläche steinhart getrocknete, darunter zähe schwarze Erde noch vor zweihundert Jahren Meeresboden gewesen sei, eine stark verdichtete Sedimentschicht aus abgestorbenen Kleinstlebewesen. Zusätzlich hätte ich dem Ruhrgebietler ein Foto aus dem letzten Prospekt des Heimatvereins vorlegen können. Magere Männer mit nackten Oberkörpern hätte er darauf gesehen, die Loren auf schmalen Geleisen über just die Straße schoben, an der wir gerade standen. Die eisernen Kippwägelchen enthielten denselben schweren Kleiboden, er wurde noch um die vorletzte Jahrhundertwende, als das Foto entstand, auf diese mühsame Weise zum Deichbau Richtung Wasser verfrachtet.

Aber es kam weder zu einem erkenntnisfördernden Spatenstich noch zu einer geschichtspädagogischen Belehrung. Einer unserer Söhne hatte bereits das Wort ergriffen und dem empörten Mann und seiner verzweifelten Gattin auf die Sprünge geholfen: Gleich da vorne, dort, wo der Himmel an diesem schnurgeraden Strich aufhöre, sei der neue Deich. Man müsse nur das Tor des niedrigeren alten Deiches durchfahren, um ihn zu erreichen. Das Wasser des Dollart sei allerdings auch von der Deichkrone wegen des Schilfs und wegen der Ebbe – ob sie wüssten, was Ebbe sei? – nicht unbedingt auf den ersten Blick zu erkennen.

Als Wahl-Rheiderländer sollte ich allerdings nicht zu sehr über diese Touristen spotten. Vor gut fünfzehn Jahren hätte ich auf die Frage, wo oder was der Dollart sei, selbst keine Antwort gewusst. Dieser merkwürdige Meerbusen, der halb zu den Niederlanden gehört, der sich an seinem Ausgang ins freie Meer noch einmal sackartig verengt und von der Ebbe fast vollständig blankgezogen wird, war mir kein Begriff, geschweige denn eine Erfahrung. Wird man an sein Ufer geführt, genügt es nicht, bei Ebbe ein Weilchen am Rande der grauen Schlickfläche zu stehen oder mit hochgekrempelten Hosenbeinen ein paar Dutzend Schritte in die klebrige Pampe hineinzustapfen. Man muss schon so weit ins Watt hinaus, bis der moderne Deich, angeblich einer der höchsten und sichersten der Welt, hinter einem zu einer diffusen, mit etwas Phantasie natürlichen Horizontlinie zusammenschrumpft.

Erst dann geht der technologische Halt verloren, den dieses auf eine diskrete Weise mächtige Bauwerk der Wahrnehmung bietet. Die monochrom glänzende und monoton gluckernde Landschaft des fleischgrau entblößten und fischig duftenden Meeresbodens nimmt alle Sinne gefangen, und schweren Schritts nähert man sich einer unsichtbaren Zeitgrenze, jenem Küstenverlauf, wie er in der langen Niedrigwasser-Epoche um Christi Geburt geherrscht hat – damals, als sich im Jahre 12 vor der Zeitenwende die erste römische Flotte unter dem Kommando des Statthalters Nero Drusus Claudius, Schwiegersohn des großen Kaisers Augustus, der Emsmündung näherte.

Den begehrlichen Blicken der Eroberer präsentierte sich die Küste als ein unregelmäßig zerfranster Landsaum. So trügerisch flach, so verwirrend niedrige Inselchen und flache Land- und Wasserarme verschränkend, ging die grüne Marsch in die graue See über, so ungewohnt stark war der Wechsel der Gezeiten, so schwer erkennbar waren die Untiefen, dass die mediterranen Strategen bezweifelten, es überhaupt mit einem offenen Meer und mit einer richtigen Küste zu tun zu haben. Dreimal wagten es römische Schiffsverbände in den folgenden Jahrzehnten, über die Ems in das Kerngebiet des damaligen Germanien hineinzurudern. Ziel der Unternehmungen war die Region zwischen Lippe und mittlerer Weser, jener Bereich, in dem sich entscheiden sollte, ob sich das Imperium über den Rhein bis an die Elbe ausdehnen ließ, und wo die ruhmreichen Legionen schließlich am Kalkrieser Berg beim heutigen Bramsche eine furchtbare Niederlage erleiden sollten.

Vom ersten Vorstoß wird berichtet, wie die mit einigen tausend Mann und Gerät schwerbeladenen Schiffe des Drusus auf der Rückfahrt im Watt so gründlich aufliefen, dass sie sich nur mit der tatkräftigen Hilfe verbündeter Friesen in die offene Nordsee retten konnten. Ein römischer Chronist hielt den riesenhaften Wuchs der Eingeborenen fest und wunderte sich darüber, dass diese Halbwilden, die ihre Häuser auf Erdhügeln errichten müssten und nur getrocknete Moorerde zum Verbrennen hätten, die Mitgliedschaft im römischen Weltreich, die man ihnen generös anbot, als Sklavendasein missverstünden.

Die Siedlungen dieser Eigensinnigen und die Reste des Militärlagers, das die Römer eine Zeitlang an der Emsmündung unterhielten, liegen längst unter dem Wasser und dem Schlick des heutigen Meerbusens begraben. Auf spätmittelalterlichen Karten sind zumindest die Namen jener Dörfer verzeichnet, die einer Serie von verheerenden Sturmfluten zum Opfer fielen. Bis heute, nach über fünfhundert Jahren mühsamer Landrückgewinnung, und auf unabsehbare Zeit sind sie weiter vor den Gelüsten und den Schippen unserer Archäologen sicher, einfach weil sie jenseits des Deiches liegen.

Dort draußen, wo sich vor siebenhundert Jahren die Backsteintürmchen der Kirchen in Richtung Himmel reckten, bohrte sich im Frühjahr 1945 eine brennende amerikanische B 17, eine sogenannte Fliegende Festung, in den Schlick. Eine der Flakstellungen rund um den Dollart hatte sie noch kurz vor Kriegsende aus den Wolken geholt, und von da an lag das gut erhaltene Wrack als ein blitzender Fremdkörper in der Wattlandschaft. Die Fischer, die auf ihren bootsähnlichen Schlitten, den sogenannten Kreiern, bei Ebbe hinausrutschten, um Reusen und Netze zu leeren, hatten noch ein gutes Dutzend Sommer Muße, das große Flugzeug um allerlei Buntmetall zu erleichtern, bis seine ausgeweidete Aluminiumhülle den versunkenen mittelalterlichen Dörfern entgegensackte.

Mit dem Wirtschaftswunder kam die Dollartfischerei nach und nach zum Erliegen, und wer heute bei Ebbe ins Watt hinausgeht, braucht schon Glück, um noch eine Reuse zu entdecken. Aber auf eine merkwürdige Weise ist der Meerbusen die Parallellandschaft des Rheiderlandes geblieben. Kurz nachdem wir hierher gezogen waren, schickte mir ein Freund eine kleine Serie von Luftaufnahmen unserer Gegend, die er sich aus dem Internet besorgt hatte. Ein russischer Spionagesatellit hatte verblüffend scharfe Schwarzweißaufnahmen geschossen, unser Haus und unser Garten waren deutlich zu erkennen. Aber nicht die Gebäude und die wenigen Straßen, sondern das feine Netz der Kanäle und der zahllosen Entwässerungsgräben schien aus der Wolkenschau das eigentliche Gesicht des Rheiderlandes zu bilden. Und weil die Satellitenbilder bei Ebbe entstanden waren, setzten sich die steifen Falten der geradlinigen Wasserwege jenseits des Deiches, auf der anderen Seite der Siele, in den gewundenen Prielen des Dollarts fort – so, als blickte das künstliche, dem Meer abgezwungene Land in einen Spiegel, der es leichthin verstünde, sein starres Mienenspiel wieder zu erweichen.

In der ersten Hälfte des vorigen Jahrhunderts, als die Winter noch härter und die meisten Rheiderländer noch abhängige, bitterarme Landarbeiter waren, die in den kalten Monaten keinem Broterwerb nachgehen konnten, nutzte man das Eis, das die Wasserwege und überfluteten Wiesen monatelang bedeckte, um entfernter wohnende Verwandte auf Schlittschuhen zu besuchen. Auf eisernen Kufen gleitend, konnte jeder, der noch gesunde Glieder besaß, die ganze Welt seiner Kindheit und seines Erwachsenenlebens durchstreifen und alle, die ihm lieb und teuer waren, binnen eines Tages aus eigener Kraft erreichen. So klein war damals das Rheiderland, und heute, im Zeitalter globaler Entgrenzung, muss es auf den ersten Blick noch enger erscheinen. Aber genau besehen ist es noch immer eine Gegend, wie man sie zum Leben braucht: gerade groß genug, um an ihr zu begreifen, dass es sich für den Menschen lohnt, den Blick zwischen dem Klei seines Tages und dem Himmel seiner Zeit, zwischen Schwere und Weite, hin und her pendeln zu lassen.

Die Geest

Jochen Missfeldt
Wie ich abseits auf der Geest das Autofahren lernte

Das Kirchdorf Olderup liegt zehn Kilometer nördlich von Husum auf der Geest. Auf der Geest sind Kehle und Boden trocken, da klaffen Risse, da rauscht alles Regenwasser durch ein Sandsieb und verschwindet auf Nimmerwiedersehen. Auf der Geest herrscht Armut, die Menschen kommen vor Hunger nicht in den Schlaf, und vom vielen Gähnen werden sie dünner und müder. Das muss man nicht alles glauben. »Geest« und »Gähnen« haben übrigens eine gemeinsame Wortwurzel. Sie reicht tief hinunter ins Althochdeutsche und Altnordische, Angelsächsische und Indogermanische. Da sperrt der Wort-Abgrund sein Maul weit auf.

In Olderup steht eine weiß getünchte Kirche ohne Kirchturm. Zwei Jahreszahlen sind wie eiserne Anker in die westliche Feldsteinmauer geschlagen: 1939 und 1799. Am Vorhaus lese ich: 1860. Da stand Schleswig-Holstein unter dänischer Militärherrschaft. Hat die dänische Obrigkeit etwa den Anbau befohlen? Angst vor Attentaten? Im Vorhaus mussten die Männer vor dem Gottesdienst die Waffen ablegen. Währenddessen legten die Frauen noch einmal letzte Hand an ihre Toilette. Die Dänen haben ihre Vorhäuser deswegen »Vabenhus« genannt. Erst nach der Selbstentwaffnung des Mannes und der Wiederaufrüstung der Frau betraten beide die Kirche.

Ich komme ohne Waffen. Ich habe mein amerikanisches Jagdmesser im Auto liegen lassen. Ich drücke den Griff der Vorhaustür. Pech gehabt. Mein Dauer-Ärger mit den evangelischen Kirchen: Sie sind abgeschlossen. Man muss zur Pastorin oder zum Pastor und fragen.

Der hölzerne Glockenturm, der nahe an der Friedhofspforte steht, sieht nach »gerade restauriert« aus. Das schwere Eisentor lässt sich leicht öffnen. Vom Friedhof zur »Hauptstraat« gehe ich nur einen Schritt. Fünfzig weitere Schritte bringen mich zu einem kleinen dreieckigen Garten an der Kreuzung. Mittendrin steht das Eiserne Kreuz, das die Olderuper »Unserem Kaiser und König Wilhelm I. zum ehrenden Gedächtnis errichtet« haben: 1890. Folgende Namen aus dem Geschichtsatlas stehen da weiß auf schwarz: Düppel, Alsen, Königgrätz, Metz, Sedan, Paris.

Die Olderuper wollten an das Ende der dänischen und an den Anfang der preußischen Herrschaft erinnern: Preußen hatte 1864 mit modernen Zündnadelgewehren und unter Zuhilfenahme von Beethovens Yorckschem Marsch die Düppeler Schanzen in Dänemark erobert, und 1871 hatte Preußen das Deutsche Reich in Frankreich gegründet.

Als Theodor Storm im August 1847 den zehn Kilometer langen Weg von Olderup nach Husum ging, lag schon der »Klang der aufgeregten Zeit« in der Luft. Storm hatte seinen Jugendfreund, Pastor Ohlhues, besucht und befand sich an einem heißen Hochsommertag auf dem Nachhauseweg, der ihm die poetische Stimmung für eines seiner bekanntesten Gedichte bescherte: »Abseits«.

Die Mittagssonne steht hoch im blauen Himmel. Zuweilen lauert der Mittagsgott und will dem Geestvolk, das gerade harte Vormittagsarbeit auf den mageren Feldern und Äckern erledigt hat, einen Schrecken einjagen. Heute will er keinen Schrecken einjagen. Er setzt sich zu einem Kätner, der in der offenen Klöntür seiner Kate sitzt. Duft von blühender Heide zieht in die Nase, Bienenflug-Geräusche dringen ans Ohr. Der Mittagsgott macht den Alten müder und müder, er macht ihm die Augen zu, er schenkt ihm ein Nickerchen und lässt ihn von Honigernten träumen. Den Bienen bläst er Auftrieb unter die glänzenden Flügel, sodass sie leichten Fluges ihre Weiden erreichen und ebenso leicht wie schwer beladen zurück in den Stock finden. Während der Mittagsgott gut zu Mensch und Biene ist, schnitzt er sich eine Flöte aus Kälberkraut, das am Wegrand blüht und gedeiht und aus musikalischen Grün-

den gepflückt werden will. Er nimmt das Musikinstrument zwischen die Lippen und spielt die Weise, die dem Kätner in den Traum folgt, dem mageren Vieh von der Geest den Hunger nimmt und dem Wanderer den Schritt beschwingt.

Vor einem Jahr hat Storm Constanze Esmarch geheiratet. Jetzt hat er sich leidenschaftlich in Dorothea Jensen verliebt, und sie sich in ihn. Beide kennen sich aus Kinderjahren, und Storm muss schon sehr früh eine gute Witterung von Dorotheas erotischer Ausstrahlung gehabt haben. Die Weise, die der Mittagsgott dem Wanderer Storm hinterher flötet, ist eine von Liebe und Kummer: Leitmotiv eines Lebens, dessen Töne der Dreißigjährige längst vernommen hat und bis an sein Lebensende immer wieder behorchen und bedichten wird. Heute, an diesem Augusttag anno 47 auf der Geest, ist der »Klang der aufgeregten Zeit« nicht nur das Politische, das Storm in seinem Gedicht fern hinter dem Geest-Horizont ertönen lässt, es ist auch der Klang des aufgeregten Dichterherzens, das seiner neuen Liebe entgegen schlägt.

Der Weg über die Geest von Olderup nach Husum führte damals noch durch Heide und Sand. Der Geestrücken im Westen von Schleswig-Holstein erhebt sich dreißig bis vierzig Meter über Marsch, Inseln, Halligen und Nordsee. Hier werden die Wolken, die mit dem Westwind herwehen, gebremst, hier werden sie dick und dunkel.

Langsam und sicher und mit preußischer Nachhilfe von Amts wegen kolonisierten Förster und Bauern ihre Geest. Die Düneninseln von Joldelund, Löwenstedt, Lütjenholm, Stadum und Süderlügum, die der Ostwind zusammengeweht hatte, verschwanden. Man pflanzte Bäume und ließ kleine Wälder wachsen. »Korrigenten« aus den Gefängnissen von Neumünster und Glückstadt legten 1878 den neunhundertfünfzig Hektar großen Langenberger Forst zwischen Stadum und Leck an. Heute ein Paradies für Jogger, Wanderer und Reiter. Es gibt ein Wirtshaus im Wald und eine Heuherberge am Wald. Hier erhebt sich die Rantzauhöhe sechsundvierzig Meter über dem Meeresspiegel. Ein Berg ohne Aussicht; man sieht Geest und Marsch vor lauter Bäumen nicht. Mit den Bäumen wurde dem Ostwind das Sandrevier genommen. Dieser Wind hat keinen guten Ruf: Ostwind un schlechte Lüüd – beides döcht nix (Ostwind und schlechte Leute – beides taugt nichts).

Zwischen den Düneninseln und um die Düneninseln herum verwandelten tüchtige Geestbauern das Land in Äcker und Wiesen. Schon unter dänischer Herrschaft waren »Kolonisten« hergerufen worden. Das Wort »Kolonie« steht in der Geest auf Straßenschildern. Die Bauern legten Erdwälle um ihre Felder, um Ostwind und Sandflug zu bremsen. Trotzdem: die Geest blieb das Arme-Leute-Land. Die wohlhabenden Bauern aus dem lieblichen Hügelland Angeln zwischen Flensburger Förde und Schlei sagten »Geestfuder«, wenn wenig Korn auf dem Erntewagen lag. Die wohlhabenden Bauern von der platten Marsch an der Westküste warnten ihre Söhne: »Mien Söhn, blief du inne Masch, dor buten is allens Geest.« (Mein Sohn, bleib du in der Marsch, da draußen ist alles Geest.)

Wenn ich an einem heißen Sommertag mit meinem Vater im Auto über die Schotterstraßen der Geest fuhr, dann zog eine lange Staubfahne hinter uns her. Mein Vater hatte seine Geestbauern besucht, die neben Hafer, Roggen und Kartoffeln auch einen, manchmal zwei Hektar Flachs anbauten. Er nannte sich »Flachsanbauberater«. Ich bin immer stolz auf diesen Beruf gewesen, weil kaum jemand wusste, was dahinter steckte. Ganz einfach: Der Flachsanbauberater fuhr in seinem Beratungsbezirk, der für meinen Vater nördlich des Nord-Ostsee-Kanals lag, zu den Bauern und fragte: »Wollen Sie Flachs anbauen?« Wenn Flachs in die Fruchtfolge passte, dann sagten einige »Ja«. Mein Vater war der Meinung, dass Flachs für jeden Boden geeignet und – mehr noch – in der Fruchtfolge die ideale Pflanze war. Er sagte das auch im Bauernblatt, wo er ab und zu Artikel über den Flachsanbau veröffentlichte, die er an seinem Bürgermeister-Schreibtisch auf einer sehr kleinen Schreibmaschine namens »Hermes Baby« schrieb. »Man kann seinem Boden gar nichts Besseres antun«, so sprach er zu den Bauern. Und die Bauern mit Töchtern im heiratsfähigen Alter sperrten die Ohren auf und hörten gerne zu. Die Töchter sollten nämlich mit einer schönen Aussteuer unter die Haube gebracht werden. Und dafür war der Flachs genau die richtige Pflanze. Himmelblau blühten die Flachsfelder, und mit einem tollen Gift wurden sie gegen Flachswelke gespritzt.

Damals, Sommer vierundfünfzig, war Erntezeit. Der Flachs wurde mit Flachsraufmaschinen »gerauft«, die unser erfindungsreicher Dorfschlosser, Flüchtling aus Pommern, sich ausgedacht hatte. Die Maschine wurde von einem Lanz-Bulldog- oder Deutz- oder MAN-Trecker gezogen, dessen Zapfwelle den Antrieb bewirkte und breite, faserverstärkte Gummibänder über kleine Rollen und große Räder laufen ließ. Die Bänder erfassten die Pflanze und rissen sie mitsamt Wurzelwerk aus dem Boden. Zwischen den Bändern eingeklemmt und transportiert, gelangte der Flachs schließlich auf den Bindetisch, wo er, zu Garbengröße gesammelt, vom Binder gebunden und mit einem Schubs aus der Maschine geworfen wurde.

»Mir ist die Geest doch am liebsten«, sagte mein Vater zu mir. Er meinte die Flachsernte auf der Geest. Nirgendwo ließen sich seine Raufmaschinen so leicht über den Boden ziehen wie hier. Wenn es auch auf der Geest mehr regnete als sonstwo in Schleswig-Holstein, war der Boden doch schnell wieder trocken. In der westlichen Marsch und im östlichen Hügelland, in Angeln und auf Schwansen, versanken die Maschinen im Morast. Schuld war das durchwachsene Wetter des Sommers vierundfünfzig. Da dauerte die Flachsernte manchmal bis in den Herbst, während die Geestbauern ihre Ernte längst auf Eisenbahnwaggons verladen hatten. Die Ladung war schon in Ahrensbök, wo die Fabrik stand, die Flachsröste.

Zuerst wurden die Blätter und Samenkapseln von den Stengeln getrennt. Dann kam das Rotten und Rösten, dann das Brechen und Knicken. Zum Schluss kam das Schwingen und Hecheln. Die langen Flachsfasern rochen stechend süßlich und sauber. Sie sahen aus wie schönes Frauenhaar. Daraus wurde dann das Holsteiner Leinen gewebt: Bettwäsche, Tischdecken, Handtücher, Gardinenstoff, Servietten. Alles für die Aussteuer, die ein ganzes Eheleben aushielt und noch an die heiratsfähigen Töchter der nächsten Generation weitervererbt werden konnte.

Wir fuhren über die Geest an diesem Ausnahmesommertag. Der Opel richtete den Kühlergrill nach Osten, und der Kofferraum zeigte nach Westen, wo die Sonne noch hoch über dem Horizont stand. Ich saß auf dem Beifahrersitz am heruntergekurbelten Seitenfenster und hatte den Süden am Ohr und die Motorhaube vor Augen. Links ein Wall, rechts ein Wall; einer kahl, der andere ärmlich bewachsen. Längst war der Ginster verblüht. Nun blühte am Straßenrand die Heide. In der Nase war Abendluft, die der Wind von Westen nach Osten blies. Über uns segelten Kumuluswolken, die wir nicht überholen konnten, so schnell wir auch fuhren.

Heute mittag hatte der Mittagsgott meinen Vater vor einem Hitzschlag gerettet. Die Sonne brannte vom Augusthimmel. »Geh in den Schatten«, sprach der Mittagsgott zu meinem Vater. Auf dem Wall am Flachsfeld stand ein einziger Baum, den der Westwind nach Osten krumm gebogen hatte. Der warf den einzigen Schatten, den es hier in der Geest gab. Da setzte sich mein Vater hinein und ließ sich abkühlen. Während er abkühlte, ging ich an den Flachs, rieb Leinsamen aus den Samenkapseln, die in Büscheln an der Pflanze sitzen. Ich streute ihm eine halbe Handvoll von dieser ägyptischen Totenspeise in die Hand. Er warf sie in den Mund und kaute. So kriegte er Wasser, Leinöl und Ballaststoffe in Mund und Magen und war gerettet.

»Wenn ich mich nicht in den Schatten gesetzt und Leinsamen gegessen hätte, dann hätte mich der Hitzschlag getroffen«, sagte mein Vater.

Auf der Geest duldete mein Vater viel. Auf der Geest sind die Straßen so gerade, dass sie am Horizont nur ein einziger Punkt sind, wo man nicht mehr durchkommt. »Bis dahin darfst du steuern«, sagte er. Dann steuerte ich mit seiner Genehmigung den Opel vom Beifahrersitz aus. Selber genehmigte ich mir meinen linken Fuß, den ich auf Vaters rechten Gaspedal-Fuß setzte, weil ich Motorleistung und Geschwindigkeit mit in den Griff bekommen wollte. Damit war auch die Staubwolke, die wir hinter uns herzogen, im Grunde meine Staubwolke. Für diese Wolke fand ich nun, trotz schwacher mathematischer Leistungen in der Schule, eine Gleichung, mit der sich endlich Staub berechnen ließ: Staub gleich Motorleistung mal Geschwindigkeit zum Quadrat. War der Staub erst mal eine bekannte Größe, dann ließen sich auch Motorleistung und Geschwindigkeit ermitteln.

Mit dieser Formel näherten wir uns dem Punkt in der Geest, wo es aus der Sicht von vor zwei Minuten kein Durchkommen gegeben hatte. Wir kamen aber doch durch, und mein Vater sagte: »So«. Ich nahm die Hände vom Steuer und den linken Fuß von seinem rechten. Dann, als ich wieder vorschriftsmäßig auf dem Beifahrersitz saß, sagte er: »Doch zu Zeiten sind erfrischend wie Gewitter goldene Rücksichtslosigkeiten.« Vom Dichter, der hier zitiert wurde, meinte er: »Storm hat doch genau den Nagel auf den Kopf getroffen.«

Heide und Sand, Flachsernte und Leinsamen, das Auto vom Beifahrersitz aus steuern und eine Staubwolke hinter sich herziehen, das war doch das Schönste, was ein schöner Sommertag im August zu bieten hatte. Das war die Geest, die größer als das östliche Hügelland war und viel größer als die Marsch an der Westküste. »Vor allem«, so sprach mein Vater, »wurden hier alle Schlachten geschlagen, bis auf die von Hemmingstedt, wo die Marschbauern die stolzen Heerscharen des Holsteiner Adels in Schlamm und Morast trieben und einen großen Sieg davontrugen.« Auf der Geest entstanden auch die großen Verkehrswege, die Heer- und Ochsenwege, die Eisenbahn und die Autobahn. »Merk dir, mein Sohn, da wo ein Weg ist, ist auch ein Krieg.«

Meine Mutter glich eher dem östlichen Hügelland, dem Land östlich der Autobahn Schleswig-Flensburg: Angeln. Land fernab vom Krieg. Da wurde ich geboren, da wuchs ich zwischen den kleinen Hügeln auf. Kein Hügel glich dem anderen. »Wie die Grabhügel unserer Altvorderen«, sagte mein Vater. Die Geest aber wurde mir lieb und teuer; denn mein Vater beteiligte mich hier am Autofahren. Hier gab es keine krummen Straßen und Grabhügel, die dem Fahrer die Sicht nahmen und Unfälle heraufbeschworen.

Hier ging es »immer« (geradeaus). Dann aber steuerte mein Vater unser Auto durch eine lange Kurve. Wir landeten in einer Lindenbaumallee namens »Kolonie« und fuhren einem großen Geestbauernhof entgegen. Wohnhaus und Stall unter einem Dach. Das Auto ließen wir in der Sonne stehen.

Selbstverständlich lag eine Tischdecke aus Holsteiner Leinen auf dem Wohnzimmertisch. Geschirr mit Zwiebelmuster war gedeckt worden. Ein frisch gebackener Apfelkuchen duftete. Mein Vater schloss mit der braunäugigen, dunkelhaarigen Bauersfrau einen Flachsanbauvertrag über zwei Hektar ab. Wie alt mochte sie gewesen sein? Ende dreißig? Kein Alter. Warum so dunkelhaarig? Keine Ahnung. Sie stammte von Schwansen, dem Hügelland zwischen Schlei und Eckernförder Bucht. »Schwansens Hügel sind mit Angelns Hügeln nicht zu vergleichen«, sagte mein Vater, als er den Vertrag unterschrieb. »Sie sind anders«, antwortete die Frau des Hauses und des Hofes und unterschrieb ihrerseits den Vertrag.

Das Foto des Ehemannes hing über dem Sofa: Soldat in Wehrmachtsuniform, vermisst. Wahrscheinlich von Partisanen 1944 in Russland erschossen. Seitdem steuerte die Witwe die Geschicke des Hofes. Zwei Hektar Flachs wollte sie, damit die flachsblonde elfjährige Tochter eine gute Aussteuer bekäme. Die Tochter war nicht da. Ein Foto stand auf der Kommode. »Sie will Ärztin werden«, sagte die Mutter. Einer der beiden Söhne sollte später den Hof übernehmen.

Beim Abschied ging es über mehrere Treppenstufen zum Opel. Oben in der Haustür stand die verwitwete Bauersfrau; sie trug eine Schürze aus Holsteiner Leinen. Sie war schön. Mein Vater hatte den Vertrag in der Tasche. Und während ich über die langen, geraden Geeststraßen den kurzen, krummen Straßen meiner Heimat entgegensteuerte, wo ich wieder das Steuer aus der Hand zu geben hatte, zitierte mein Vater noch einmal Storm: »Wo zum Weib du nicht die Tochter wagen würdest zu begehren.« Ich habe diese Verse bis heute nicht begriffen.

Fehmarn

Zsuzsa Bánk

Zwischen Brückengeländern über ein bleiblaues Meer

Deutsche Landschaften. Was kümmern mich deutsche Landschaften? Sobald ich Zeit habe, sobald ich aufbrechen, aufatmen und verlassen kann, was mich immer umgibt, bleibe ich nicht in Deutschland. Ich fahre sofort über die Grenze, im Süden oder Südwesten, und weiter, weit weg, lasse so viele Kilometer hinter mir, wie es die Zeit erlaubt, die Geschwindigkeit, die Atmung, richte meinen Blick auf die Landschaft und erwarte den Moment, in dem die erste Zypresse, die erste Pinie auftaucht, um mir zu sagen, du bist da, hier bist du richtig. Aber doch: Einen Ort gibt es in Deutschland, wenn auch grenznah, den einzigen Ort, den ich ersehne, an den ich denke, den ich immer wieder abrufe, in Gedanken zusammensetze – phasenweise täglich, phasenweise stündlich. Fehmarn heißt mein Sehnsuchtsort. Ja, Fehmarn. Wenn ich an Fehmarn denke, denke ich an die Farben dort. Und an den Himmel, unter dem alles klein wird, winzig wird, tupfenhaft, pünktchenartig, ein Himmel, der alles wegfegt, wegbläst, aufsaugt, unter dem alles zu verschwinden scheint. Manchmal liegen wir hier, in unserer Stadt, umgeben von Staub, von Stein, von Lärm, von Licht, auf unseren Betten, tagsüber, und stellen uns vor, über die Brücke zu fahren, die Fehmarn ans feste Land bindet und bei der ich nie sicher bin, ob sie wirklich weiß ist oder bloß in meiner Erinnerung, ob ich sie mir nur so vorstelle und in mein Wunschbild setze, in mein Bild von Fehmarn.

Die Ankunft auf Fehmarn trägt einen Zauber in sich. Dafür sorgt die Überfahrt, diese Fahrt mit dem polternden, scheppernden, krachenden Geräusch unter den Autoreifen, diesem Wir-fahren-über-eine-Brücke-Geräusch, und dafür sorgt der Himmel des Nordens, der weiter entfernt ist, viel weiter entfernt als der Himmel des Südens. Und der Blick aufs Meer. Ein Meer, das urplötzlich da ist, sich urplötzlich zeigt, kaum dass es sich angekündigt hat, durch Kühe auf flachen hellgrünen Wiesen, die sich ungefähr eine Stunde, bevor wir die Brücke erreichen, an den Straßenrändern zeigen, durch die Klinkeranmutung rundum, die dichter geworden ist, und durch die vielen Restaurantschilder, die den Fisch des Tages empfehlen, in weißer Kreide, auf Schiefertafeln.

In den hellen heißen Tagen im Juli, im August, wenn wir ankommen, gleiten wir weit oben, zwischen Brückengeländern, über ein bleiblaues Meer zwischen Mecklenburger und Kieler Bucht: den Fehmarn-Sund. Ein Sund, der das große Wasser, das ganz große Wasser grandios ankündigt, weil er weit und tief ist und endlos scheint und immer in der Sonne liegt, wenn wir das Festland verlassen, fast ohne es zu bemerken, weil wir soeben noch vertieft waren ins Reden und Hören. Wir rauschen übers Wasser, durch ein glänzendes, spritzel-spratzelndes, funkelndes Licht, das abertausend weiße Punkte aufs Blau setzt, während wir für einen Augenblick das Lenkrad loslassen, die Sonnenbrillen abziehen, die Augen zukneifen und jauchzen und rufen: Der Su-u-u-nd! Der Fehmarn-Su-u-u-nd! Links von uns hundert Segelboote, die weiß auf den Wellen sitzen, rechts von uns hundert Segelboote, die weiß auf den Wellen sitzen, und wir in der Mitte, in einer Höhe, von der aus wir alles sehen können: Meer, Himmel, Festland, Insel, Vögel, Sand, auf einer Strecke, die lang genug ist, um sich als Bild zu verewigen, festzubrennen hinter unseren Augen, und zu kurz, um jetzt ängstlich zu werden, weil wir das feste Land verlassen haben und weit oben über dem Wasser fahren.

Fehmarn ist ein Sehnsuchtsort, weil man alles in ihn hineindenken, hineinwünschen kann, und weil er durch nichts unsere Gedanken und Wünsche verschreckt oder einschüchtert. Vielleicht, weil sie so unaufdringlich ist, diese Insel, behutsam auf eine Weise, die uns nie erstickt, nie überrumpelt, sondern toben und tollen lässt und uns alles erlaubt, nichts verbietet. Vielleicht, weil der Himmel so weit und fern ist und deshalb jeden Gedanken zulässt, jeden Entwurf, jedes Bild. Das Herz fängt an, langsamer zu schlagen. Der Blick beginnt zu ruhen, hört auf mit dem Umherschweifen und Festbeißen. Schon nach zehn Minuten Fehmarn.

Morgens frühstücken wir unter graublauem Himmel, durch den der Wind Wolken jagt, essen Milchbrötchen aus einer Tüte, die der Bäcker vor Stunden auf seinem schwarzen Fahrrad gebracht und vor unsere Tür gelegt hat, schauen auf Äcker und Wiesen und Pferde ringsum, setzen uns nach der achten Tasse Tee auf die Räder und fahren ans Meer, das nur wenige Minuten entfernt ist von diesen kleinen Dörfern, in denen wir absteigen, fast jeden Sommer, seit wir zum ersten Mal hier waren: Dänschendorf oder Altenteil, West-Fehmarn. Und wenn wir nach diesem langen Jahr, nach einem trüben Winter und verhinderten Frühling, zum ersten Mal wieder auf Rädern sitzen, in Badeschuhen, mit Handtüchern, mit Büchern im Korb, und ans Meer fahren, dann springt dieses Gefühl in unsere Bäuche, in unsere Fingerspitzen und setzt ein Rot auf unsere Wangen, bei jedem von uns, jedem in dieser Fahrradreihe. Ein bisschen stockt uns der Atem, wenn wir den Deich hochfahren und dann bremsen und anhalten, die Füße aufsetzen, neben den Pedalen, rechts und links, die Hände vom Lenker lösen und im Nacken so zusammenlegen, dass sie den Kopf stützen, um dann nichts mehr zu sagen, nur noch zu hören, auf die Laute, die ein leichter Wind zu uns trägt, und nur noch zu schauen: auf ein einziges großes Blau.

Wir fahren über den Deich, bis wir ein hübsches Plätzchen finden, ein einsames, geschütztes, an dem uns niemand stört, niemand sieht oder hört. Wir werfen die Räder in den Sand, streifen die Hosen ab, die Röcke, laufen hinab zum Wasser, stecken unsere Zehen in die Wellen, und wenn es ein warmer, ein heißer Tag ist, dann geht es schnell, sehr schnell, dann kostet es kaum Überwindung, in die Wellen zu steigen, trotz der Kälte, trotz der Kühle, die Schauder hochschickt zu unseren Armen und Beinen.

Barfüßig über die spitzen Steine ins Wasser zu gehen, ist unmöglich. Wir lassen die Schuhe an. Versuchen, auf diesen ersten Metern nicht zu fallen, mit rudernden Armen, tastenden Füßen, nicht von den Wellen geohrfeigt, nicht von der Strömung mitgerissen und umgeworfen zu werden. Und dann, wenn wir dieses flache Wasser durchquert haben, wenn es endlich tiefer wird, wenn wir nicht mehr zu stehen brauchen, gleiten wir in die Wellen, bis zu den Schultern, bis zum Kinn, greifen nach unseren Badeschuhen, ziehen sie ab und werfen sie ans Ufer, jauchzen, tauchen hinab, prusten, gurgeln, legen uns auf den Rücken, strecken die Fußzehen aus dem Wasser, paddeln mit den Armen und kreischen und lachen und benehmen uns wie Achtjährige. Wir frieren nicht, das Wasser ist nicht mehr kalt. Wir schwimmen weit hinaus, so weit, daß die anderen sich ans Ufer stellen, winken, ihre Hände wie einen Trichter um den Mund legen und rufen, schwimmt nicht zu weit. Nachmittags, an einer der wenigen Buden, essen wir Fritiertes, das unter Rot und Weiß liegt, graben die Füße tiefer in den Sand, schauen auf die Wellen, bis sie sich in der Ferne auflösen. Es ist dieser Moment, in dem das Salz auf unserer Haut anfängt zu kitzeln und noch ein bisschen Wasser aus unserem Haar tropft, dieser Moment, in dem wir uns jedes Mal fragen, wie halten wir es aus? Wie kann es sein, dass wir nicht am Meer leben?

Strandtage auf Fehmarn sind keine gewöhnlichen Strandtage, wie sie jeder kennt, wie man sie überall verbringen kann. Auch wenn sie so aussehen, auf den ersten Blick, weil sie sich scheinbar durch nichts unterscheiden von anderen Tagen an anderen Stränden. Aber abends, wenn wir zurückkehren, sind wir nie dieselben, die am Vormittag aufgebrochen sind. Auf irgendeine Weise machen Fehmarnstrand und Fehmarnmeer andere Menschen aus uns – wie immer sie das anstellen. Vielleicht, weil diese Insel ein Ort ist, an dem wir auf uns selbst zurückgeworfen werden. Durch nichts abgelenkt. Von nichts eingenommen. Nicht die Ausflugsziele ziehen uns an, nicht die weißen Klippen, die Leuchttürme, der Hafen von Burgtief, an dem man Fischbrötchen essen kann, mit Blick auf schaukelnde Yachten. Es gibt auch nichts, das wir uns dringend an-

schauen müssten, nichts, das wir dringend tun müssten. Die unaufregenden, die leichten, albernen Dinge sind es, mit denen wir unsere Tage füllen: Fußballspielen vor dem Abendessen, mit allen, die im selben Hof eingemietet sind. Karten spielen und unsinnige Brettspiele, bis uns kurz vor Mitternacht die Augen zufallen. Lotto spielen, samstags. Auf Fehmarn lassen wir uns treiben. Von Stunde zu Stunde, von Landstraße zu Landstraße, von Weg zu Weg. Zu Fuß und auf dem Rad. Wir nehmen das Spiel mit den Regenwolken auf, wenn sie sich düstergrau zusammenziehen, weit über uns, kaufen Erdbeeren am Straßenrand, Gurken, Kirschen, werfen Münzen in einen Teller und fahren an Gärten vorbei, die man vielleicht in Südengland vermutet, aber nicht hier. Dieses kopflose Gleiten durch Sommertage, durch das Bullerbühafte rundum, all das beruhigt uns so schnell, in solchem Tempo, dass es uns fast wieder erschrecken könnte.

Entdecken wir ein Haus, einen Hof, in dem niemand mehr lebt, dann steigen wir ab, lehnen die Räder an Lattenzäune, laufen durch hohes Gras und pressen unsere Nasen an schmutzige Fenster, schauen in leere Räume, auf Dielenböden, die unter Staub liegen, auf blätternden Putz und alte Öfen. Wir träumen davon, den Staub wegzufegen, den Putz zu überstreichen und den Raum zu füllen, mit uns und unseren Dingen. Von nichts anderem träumen wir, wenn wir auf Fehmarn sind. Mit jeder Faser träumen wir davon, sehnen uns so sehr danach, nach einem solchen Haus und einem Leben in einem solchen Haus, zwischen Kühen und Pferden und Hühnern und Hunden, unter weitem Himmel, nah am Meer, so sehr, dass es schmerzt, jedesmal wenn wir uns ausmalen, die Sommer dann hier zu verbringen, als Jahresmittelpunkt. Als Halbjahrestrennlinie, zu der wir einladen, wen wir dabei haben wollen, um hier, wenn der Abend kommt, unter einer riesigen Eiche zu sitzen, in diesem Hof, vor diesem Haus, vor dieser blaugestrichenen Holztür.

In Dänschendorf liegt eine Straße, und Straße ist das falsche Wort, weil Straße immer nach Auto klingt, aber für einen Weg ist sie zu breit, diese Straße, die so ist und so liegt, dass ich mich dem

Wunsch nach Halbjahrestrennlinie, nach Jahresmittelpunkt kaum noch entziehen kann. Es gelingt mir nicht, an dieser Straße vorbeizufahren. Ich muss absteigen. Das Rad aufstellen. Und schauen. Die Straße hinabschauen, bloß darauf, wie sie liegt, unter Kastanien, die ihr Grün ausbreiten über einer Feuerwache, vor der im Juli beim Feuerwehrball getanzt wird, über einem kleinen Laden, an dem wir spät abends noch über ein Fenster Würstchen kaufen, wenn wir vergessen haben, den Kühlschrank zu füllen, und über den wenigen Höfen ringsum, die hier stehen, in seltsamer Stille, als wäre morgen und übermorgen und die Zeit danach etwas, das man wohl an anderen Orten kennt, aber nicht hier. Jeder, der mich so sieht, glaubt, ich warte auf etwas. Aber ich warte nicht, ich schaue bloß. Und etwas geschieht mit mir, kommt in mir zur Ruhe, wenn ich stehe, neben meinem Fahrrad, und auf diese Straße schaue, etwas in mir löst, entfernt sich und kehrt nicht mehr zurück, solange ich auf Fehmarn bin.

Auch an Hein und Bea können wir nicht einfach vorbeifahren, an ihrem Café in Dänschendorf, dem selbstgebackenen Kuchen, den wir im Garten essen, unter dicht wachsenden Rosen, die in Rosa und Weiß und Rot an den Backsteinmauern hochklettern und hinabfallen. Wir trinken Milchkaffee, den ein überforderter Hein bringt, der zu viel zu tun hat und darüber ins Schwitzen gerät, an den sonnigen Nachmittagen, wenn alle kommen. Wir essen Rübenkuchen und Himbeerbaisertorte, auf die ich mindestens fünf Minuten lang an der Kuchentheke gestarrt habe, streifen unsere Schuhe ab, schieben die Füße durch Kies, und Worte wie Juliblau und Augustgrün kommen uns in den Sinn. Hier, bei Hein und Bea, ist es schon vorgekommen, dass wir Zeuge von Familienfeiern und Trauerfeiern geworden sind und gestaunt haben über Kapitänsgesichter rund um eine verweinte Witwe, über Gäste, draußen im Garten, in schwarzen Anzügen, mit strahlend, wirklich: strahlend weißen Hemden und in ihren besten Schuhen, unter denen der Kies knirschte. Wir staunten, als trüge sich Unbegreifliches, Unfassbares zu, vor unseren Augen, weil wir solche Gesichter sonst nie sehen, solche Worte sonst nie hören, in unserem anderen, ganz anderen Leben, in der Stadt, weit entfernt vom Meer, weit entfernt von Fehmarn.

In unserer Stadt würde es uns auch nie einfallen, zum Schlachter zu gehen. In Dänschendorf schon. Dort gehört es zu unseren kleinen Ritualen, einmal in der Woche, am frühen Abend, in einem großen Hof, an langen Bänken zu sitzen und mit hundert anderen Frischgeschlachtetes vom Ochsen und vom Schwein zu essen: Ochsenbrust, Spanferkel, Schweinebraten, dazu helles Bier zu trinken und dem Schlachtermeister zuzusehen, wie er die Klingen der Messer aneinanderreibt, aneinanderschlägt und wie er dann, in einer kurzen Pause, in der einen Augenblick lang niemand in der Schlange steht, die Hände auf seine schmutzige weiße Schürze legt, auf seinen großen Bauch.

Ich weiß, Fehmarn ist nicht die schönste unter den Inseln. Viele winken ab, sagen, ach, Fehmarn, auf dem Weg nach Dänemark fährt man doch über Fehmarn, und beenden ihren Kommentar mit: naja. Fehmarn ist rauh, ruppig, vielleicht auch zu verregnet. Die Insel hat weder atemberaubende Steilwände noch beißend helle Strände, die man für endlos halten könnte. Kulinarisch ist sie ein Jammertal, und wer annähernd mondän sein will, verirrt sich nie hierher. Es gibt diesen Wind auf Fehmarn, der urplötzlich aufkommt, stärker wird, Wolken treibt und den wir verfluchen beim Radfahren, weil die Ohren sofort schmerzen und wir keinen Meter mehr vorankommen. Es gibt verpatzte Tage, sogar Wochen, ach, ganze Sommer, in denen die Fehmarner ihre Wollmützen nicht ausziehen. Das Komische ist: Wir vergessen es. Wir vergessen es sofort. Wenn wir an Fehmarn denken, denken wir nicht an schlechtes Wetter oder schlechtes Essen. Und wenn wir an den Regen auf Fehmarn denken, dann so, dass er nicht stört, weil selbst der Regen passen will, zum Weiß der Windräder, zum Grün der Wiesen und zum Gelb der Rapsfelder. Wo sonst gibt es Orte wie Petersdorf? Peterdorf, mit unserem Lieblingsladen, in dem sie uns Plastikförmchen und Ostseezeitungen verkaufen und in dem wir Lotto spielen. Petersdorf, mit seiner Klinkerkirche, seinem Friedhof unter Trauerweiden, seinem Feuerwehrteich, den Enten darin, mit denen wir unser Lebenstempo drosseln, im Gleichklang. Nur auf Fehmarn können wir diese zeitlosen Tage verbringen, im Sand liegen, Keyserling lesen und auf den richtigen Augenblick warten, am frühen Nachmittag, wenn eine warme Brise an den Wellen zupft und wir uns nur ein bisschen, nur ein kleines bisschen überwinden müssen, um noch einmal ins Wasser zu gehen.

Fehmarn ist eine Welt zwischen Welten, zwischen dem deutschen Festland, mit dem es nichts mehr, und dem dänischen Lolland, mit dem es noch nichts gemein hat. Wenn man über die Brücke nach Fehmarn fährt und weiter nach Lolland, mit der Fähre, auf der man die Möwen im Flug füttern und das Nordmeer anschweigen kann, sieht man es deutlicher noch, spürt man es sogar: Fehmarn liegt im Dazwischen. Vielleicht scheint es mir deshalb fern und entrückt, wie eine Welt hinter Glas, in einem großen Bilderrahmen, sanft umzüngelt von einem Meer, das kein offenes, kein wildes Meer ist, eingekreist von all den anderen Inseln und vom Festland, ohne eingenommen, ohne berührt zu werden.

Fehmarn ist so, dass man es nicht mehr vergisst, sobald man einmal dort war, sobald man einmal die Brücke über den Sund genommen hat und wenigstens einen Tag und eine Nacht geblieben ist. Wenn wir von Fehmarn erzählen, wenn wir über Fehmarn reden, dann in einem bestimmten Ton, mit einem besonderen Klang. Ich weiß nicht genau, wie es sich anhört, wie es klingt, aber es ist so, dass die anderen, die uns zuhören, sagen: Nehmt uns mit nach Fehmarn. Versprecht uns, dass ihr uns mitnehmt, beim nächsten Mal.

Der Darß

Ingo Schulze
Ein Hühnergott, der Ostsee zustrebend

Auf dem »Grenzweg« genügt ein Schritt, um von Mecklenburg nach Vorpommern zu wechseln, vom Fischland auf den Darß, vom Ortsteil Niehagen in den Ortsteil Ahrenshoop. Auf jeder besseren Wetterkarte findet man die Halbinsel, die sich in Fischland, Darß und Zingst unterteilt, westlich von Rügen. Die Form erinnert an die eines nach rechts weisenden Bumerangs, ihr verkleinerter Grundriss ziert das Heck mancher Autos, das häufigste Autokennzeichen beginnt mit den Buchstaben NVP – Nordvorpommern.

Vom Bakelberg, der mit knapp achtzehn Metern höchsten Erhebung weit und breit, sieht man auf Ostsee und Bodden, Küste und Ufer, Strand und Schilf, Salz- und (fast) Süßwasser, zwei verschiedene Horizonte. Die Trennlinie zwischen den beiden Himmeln zieht auf der Erde die Dorfstraße, die erst seit 1930 befestigt ist und bis 1960 in Ahrenshoop endete. Da es weder Ampeln noch Zebrastreifen gibt, sind die Wartezeiten für eine Überquerung mitunter beträchtlich. Weder ein Kinderwagen noch eine rote Luftmatratze helfen dabei. Früher fuhr man mit dem Dampfer aus Ribnitz über den Bodden und hatte zumindest dieses Problem nicht.

Die Dampfschifffahrt brauchte jedoch nicht mehr so viele Seeleute wie ehedem und hätte Ahrenshoop fast ins Elend gestürzt, wären nicht die Künstler gewesen, die Maler und ihre Schülerinnen. Sie haben Ahrenshoop gerettet. Denn »woran unsere Väter in geschlossenen Reisewagen, ungeduldig und von Langeweile geplagt, vorüberfuhren, das brauchen wir. Wo sie den Mund auftaten, um zu gähnen, da tun wir die Augen auf, um zu schauen; denn wir leben im Zeichen der Ebene und des Himmels. ... Die Ebene ist das Gefühl, an welchem wir wachsen. Wir begreifen sie und sie hat etwas Vorbildliches für uns; da ist uns alles bedeutsam: der große Kreis des Horizonts und die wenigen Dinge, die einfach und wichtig vor dem Himmel stehen.« Rilke meinte nicht Ahrenshoop, doch die Maler, die seit dem Ende des 19. Jahrhunderts nach Ahrenshoop kamen, hätten ihm zugestimmt. Zu den bekanntesten zählen in der ersten Hälfte des zwanzigsten Jahrhunderts Jawlensky, Marianne Werefkin, Heckel, Marcks, Hans-Theo Richter, Ernst Wilhelm Nay, nach dem Zweiten Weltkrieg folgten Oskar Nerlinger, Ernst Hassebrauck, Elisabeth Shaw, Edmund Kesting, Hans Kinder.

Es war kein Zufall, dass Wilhelm Girnus 1951 ausgerechnet mit einem »Ferienbrief aus Ahrenshoop« erneut gegen die »Formalisten« zu Felde zog. Anlass boten ihm Arbeiten von Studenten der Hallenser Kunsthochschule Burg Giebichenstein: »Die widerlichsten und ekelerregendsten Gegenstände haben sich diese jungen Künstler buchstäblich mühselig herausgeklaubt, um sie in ganz abscheulichen Schmierereien recht ekelerregend zu Papier zu bringen. Nicht die prachtvollen, gesunden Kinder am Strand in ihrer ungekünstelten Bewegung und Anmut, die sie in ihrem Atelier nie zu Gesicht bekommen, hatten sie gesehen, sondern vor Wochen vom Sturm an den Strand gespülte und verfaulte Fische, die von den Aasvögeln zerrissen waren, mit heraushängenden Eingeweiden ...«

In der DDR galt Ahrenshoop als »ganz was Feines«, nach Ahrenshoop fuhren besonders gern offizielle, halboffizielle und inoffizielle Kulturschaffende. Heute finden sich in der 830-Seelen-Gemeinde sechs verschiedene Häuser, in denen Ausstellungen gezeigt werden. Das Künstlerhaus Lukas der Stiftung Kulturfonds sichert das ganze Jahr über die Präsenz von bildenden Künstlern, Schriftstellern und Komponisten. Es gibt so viele Veranstaltungen, dass man auch im Urlaub das schale Gefühl, etwas zu verpassen, nicht los wird. Deshalb sehnte ich mich oft nach einer Kurkapelle mit festen Auftrittszeiten, um mich ansonsten der Langeweile und der

Landschaft hinzugeben. Doch gibt es sie noch, die »wenigen Dinge, die einfach und wichtig vor dem Himmel stehen?«

Silhouette mit Details

Man findet kaum etwas Altes, das sich in den letzten Jahren nicht an das Heute assimiliert hätte. Die Straßen-, Rad- und Deichwege sind asphaltiert, die Häuser renoviert, sortiert nach Rohr- und Ziegeldach. Selbst die schiefen Katen mit bemalten Fensterläden und Türen haben oftmals Fenster, deren Sprossen hinter den Scheiben liegen, die Rahmen sind so breit, so weiß, so rechtwinklig, dass man glaubt, das Häuschen verziehe im Zahnweh sein Gesicht.

Die historisierenden Neubauten inklusive ihrer Rasenflächen wirken wie die Kulissen für Vorabendserien (gemessen an der Häufigkeit seiner Erwähnung war Heinz Rühmann der berühmteste Gast. Dabei hatte es auch Einstein und Brecht/Weigel für einige Sommer hier her verschlagen, ganz zu schweigen von Gerhart Hauptmann, bevor er seine Residenz auf Hiddensee eröffnete). Doch vom Bakelberg aus bleibt die Silhouette sanft und wirkt noch immer wie naturbelassen, selbst der Sendemast auf dem Schifferberg und die Windräder am anderen Boddenufer stören nicht wirklich.

Ein Gebäude jedoch – den Flachbau der »Spar-Kaufhalle« muss man einfach wegblinzeln – fällt aus der Feriendorf-Norm: Am Ortsrand Richtung Born, auf einer kleinen Erhebung zwischen Düne und Schifferberg gelegen, erhebt sich das Kurhaus Ahrenshoop mit zwei Etagen über das Parterre. Selbst von der Anfahrt aus ist der Meerblick grandios. Die Türen sind verschlossen, die unteren Fenster durch Holzplatten ersetzt, hinter einigen Fenstern der zweiten Etage hängen noch Gardinen. Für ein zu Anfang der neunziger Jahre aufgegebenes Haus sind erstaunlich wenig Scheiben eingeschlagen. Nichts hindert einen daran, auf dem plattengepflasterten Hof, das Unkraut markiert jede Bruchstelle, umherzulaufen. Das Nebengebäude steht offen, als wären die Angestellten nur kurz herausgerufen worden. Begehrte Trophäen sind schwarzweiße Ansichtskarten. Rar die Karte (echt Foto) mit dem Fernsehraum, häufiger jene mit der Abbildung des Foyers, museumsreif in der Vollständigkeit seines Siebziger-Jahre-Stils, oder die des Speisesaals – auf jedem der quadratischen Tische markiert, wo die Bügelfalten der gestärkten Decken sich kreuzen, ein Aschenbecher die Mitte, im Hintergrund ein abstraktes Wandrelief –, aber nirgendwo zeigt sich ein Gast oder Angestellter, alles ist so menschenleer wie heute. Vom damaligen Leben zeugt eine hellblaue Kladde im A 4-Format, in der die Kartenreservierungen für Tanzveranstaltungen verzeichnet sind, in einer anderen wurden die »Selbstkontrollen der Küche« festgehalten. Kaum ein Quadratmeter im Hof ohne ein DDR-Souvenir: Essenbons zu vier Mark und runde Papieruntersetzer, bedruckt, blau auf weiß, mit einem abstrahierten Globus(!), den der Schriftsatz »Reisebüro der Deutschen Demokratischen Republik« umgibt, wiederum eingerahmt von dem Slogan: Ein Zeichen – drei Begriffe – Reisen – Erholen – Entspannen. Feuerlöscher aus Apolda, Scherben blauumrandeter Teller, eine Kaffeemaschine, wie sie auch in unserer Küche gestanden hat. All das mischt sich mit Strandgut, das zu Beginn der Neunziger angeschwemmt wurde: Werbetafeln für Langnese-Eis, ein Stuyvesant-Sonnenschirm. Auf einer Pappe preisen sich die »Travel-Hotels« als die Antwort auf verschiedenste Fragen an. Punkt eins: »SIE wollen die neuen Bundesländer kennenlernen?«

Der Müll mischt sich, das finde ich tröstlich. Meine westlichen Mitstipendiaten begeistern sich hingegen ausschließlich an den grauen DDR-Relikten und zitieren mit Inbrunst das einstmals allgegegenwärtige Kauderwelsch. Je öfter sie das tun, umso weniger verstehe ich ihre Faszination, als hingen nicht gerade an jedem Laternenpfahl zwei oder drei Wahlplakate.

Dass das Kurhotel schon etliche Jahre still vor sich hin rotten darf, spricht für die Ahrenshooper. Denn es ist dieser »Schandfleck«, der den schrill gelb oder blendend weiß gestrichenen Fertigbauhäusern noch einen letzten Hauch von Wirklichkeit verleiht.

Strand

Die zahlreichen Badegäste machen es einem schwer, den Strand als Landschaft zu sehen – so oder ähnlich findet man ihn auf jedem Kontinent, vergleichbar den Tankstellen der großen Firmen. Nur dass bis auf einen weiß gekleideten Eisverkäufer, der mit seinem dreirädrigen Wagen am Wasser entlang patrouilliert, niemand etwas verkaufen will. Spezifisch scheint für diesen Teil der Ostseeküste das Neben- und Durcheinander von nackt und »textil« zu sein. »Baden mit und ohne« sorgt für karnevalistische Stimmung. Besonders ältere Leute, meist Paare, legen sogar bei einer Strandwanderung Wert auf Nacktheit. Man selbst, nach der Entfernung gefragt und schon in ein Gespräch verwickelt, vermeidet die Anrede, weil das »Sie« angesichts ihrer Unbekümmertheit wie eine Zurechtweisung, zumindest wie eine Distanzierung wirken würde. Die latente Erotik erwacht nachmittags, wenn sich eine überaus schlanke Gestalt nahezu tänzelnd in Richtung Wasser bewegt und dabei versucht, ihr langes Haar unter einer roten Badekappe zu verstauen. Ihre Rückkehr erfolgt jedes Mal nach zirka zehn Minuten. Noch im Wasser nimmt sie die Badekappe ab und schüttelt ihr Haar. Dem Meerschaum entstiegen, gewahrt man täglich neu das Wunder ihrer Verwandlung zum Mann.

Ähnliches Staunen löst nur eine Frau mit Sonnenbrille neben uns aus. Sie reibt sich oft und ausgiebig die Augen. Hinter den dunklen Gläsern ersetzt das Rot ihrer Fingernägel Iris und Pupille und macht sie so für magische Augenblicke zum Raubtier, zum Monster.

Weder der horrende Preis noch die Wartezeit von drei Tagen hindern uns daran, einen Strandkorb zu mieten. Als Strandkorbbesitzer wird man von den anderen Strandkorbbesitzern gegrüßt. Nun gehört man nicht mehr zu den Eintagsfliegen, die mal hier, mal da (und immer wieder vor unserem Strandkorb!) ein Handtuch in den Sand legen und eigentlich nicht wissen, wo sie hingehören. Deshalb kann man im Strandkorb machen, was man will, lächeln oder lesen, schlafen oder freundlichst winken und grüßen, es ändert nichts daran, dass man genauso mürrisch und argwöhnisch sich nähernde Personen beäugt, wie es all die anderen Eulen und Habichte in ihren Körben tun.

Dabei gilt meine heimliche Sehnsucht jenem Mechanismus, der den eigentlichen Korb, dank eines Metallgriffs mit Zapfen auf beiden Seitenwänden, in seiner Position hält. Will man den Korb zurücksinken lassen, gleicht man einem Kutscher, dem es schwer fällt, seinen Achtspänner im Zaum zu halten. Immer wieder verfolgt man die Slapsticknummer, bei der die Wagenlenker die Gewalt verlieren und in ihren Strandkorb gerissen oder, je nach Standort des Betrachters, von diesem verschluckt werden, ein Schauspiel, das zu meinen frühesten Erinnerungen gehört. (Da meine geographischen Vorstellungen noch frei von allem Globus- oder Kartenwissen waren, schockierte es mich, dass die Ostsee schon die Grenze der DDR bedeuten sollte. Schlimmer jedoch war die Auskunft über die Schiffe am Horizont. Ich habe vergessen, wie mir erklärt worden ist, warum die Fähre nach Dänemark für uns verboten wäre, ich weiß, dass ich davon an der Ostsee erfuhr und dass ich mir wenig später in der Strandboutique einen Wunsch erfüllen durfte. Den Zusammenhang zwischen Fähre NEIN und Geschenk JA hatte ich deutlich erfahren).

So wie die Gesetze des Strandes schon auf dem Weg zurück über die Düne ihre Gültigkeit verlieren, so gehört morgens und abends der Strand den Einheimischen. Früh gegen neun kehrt alle paar Tage (Glück muss man haben) ein kleines Fischerboot vom Fang zurück. Die Unruhe der Möwen, die das Boot auf der Jagd nach den über Bord geworfenen Innereien umkreisen, entspricht dem nervösen Auf und Ab der Kaufwilligen am Strand, die nichts mehr beunruhigt als die Vorstellung, ausgerechnet der zuletzt Gekommene könnte den einzigen Dorsch erwerben. Tagsüber dienen Boot und Netze als bevorzugtes Motiv für Zeichnende. Abends, noch bevor die Angler ihre Stühlchen aufklappen, erscheinen regelmäßig drei Frauen, Verkäuferinnen des Sparmarkts. Sie entkleiden sich (ihre Hautfarben sind dunkelbraun, schneeweiß und die genaue Mischung aus beidem), sie planschen, sie schwimmen, sie kommen zurück, sie kleiden sich an und gehen wieder. Erst wenn sie nicht mehr zu sehen sind, fällt einem auf: Sie haben ununterbrochen geredet. Ich weiß nicht, woran es liegt, am Wind oder an der Erfahrung eines Stadtmenschen, doch es scheint im Rhythmus, in dem die Wellen ans Ufer schlagen, Unterschiede zu geben, so als würde zuweilen ein Fenster geschlossen und das Rauschen damit beendet.

Meer

Beim Anblick des Meeres wird offenbar jede Urlauberin und jeder Urlauber (je nach Wetter und Tageszeit) zum jauchzenden Kind, zum sehnsüchtigen Jüngling oder Backfisch, zum Weltweisen.

»... und so ward ich Philosoph auf dem Schiffe – Philosoph aber, der es noch schlecht gelernt hatte, ohne Bücher und Instrumente aus der Natur zu philosophieren. ... Unter einem Maste auf dem weiten Ozean sitzend ..., das sollte dein Standpunkt sein, mit dem Jünglinge, den du unterrichtest. ... Stelle dich mit ihm aufs weite Meer, und zeige ihm Fakta und Realitäten, und erkläre sie ihm nicht mit Worten, sondern lass ihn sich alles selbst erklären.« (Herder)

Abends kommen urplötzlich hohe Wellen auf, die Badenden kreischen, man starrt auf die Gischt, als entstiege sogleich Godzilla den Fluten. Erklärung: Es ist die Bugwelle eines Schiffes, das längst schon vor Rostock ankert.

Strandwanderung

Eine Wolke, durch deren dünnste Stelle die Sonne scheint, ein Hühnergott. Der braune Tang ist so dick, dass keine Welle mehr bricht, sondern jede unter einem schweren Vorhang lautlos anlandet, als sollte alle Aufmerksamkeit den Kiefern und Buchen zugewandt werden, deren Stämme weiß wie Treibholz sind, die Kronen seeflüchtig oder in der Form von Pinien, schon braun, gegen das makellose Nachmittagsblau – dieses Licht von einem anderen Kontinent. Pfähle und bizarre Ast- und Zweigkonstruktionen ersetzen nicht nur die Strandkörbe, außer Sandkuhlen sind sie die einzigen Behausungen der nackten Menschen. Mal stehen die Bäume dicht, man glaubt ein Atrium zu betreten, wenn ein Lichtstrahl durch die Wipfel dringt, mal scheinen die Stämme Plastiken zu sein oder verwandelte Menschen und Tiere. An zwei Buchen bestaunt man einen gemeinsamen, mehrere Arme dicken Ast. Dann wieder gibt es Lichtungen und einzelne Windflüchter, als hätte man gerade einen Gebirgskamm erreicht.

Einmal wird der Strand für wenige Meter unterbrochen, man läuft durch Schilf und steigt über dicke Stämme, zwei große Windflüchter halten sich noch aufrecht, dokumentiert im Wetterbild des ZDF. Dort, wo Strand und Wald ineinander übergehen, liegt Wurzelwerk frei, das in seinen filigranen Verzweigungen an eine Korallenbank erinnert.

Plötzlich dann, nach endloser Wanderung, der Leuchtturm wie ein Raumschiff, dem Wesen in Hemd und Hose entsteigen.

Ich kehre um, wild entschlossen, im Paradies meiner Strandwelt zu bleiben. Ein paar Tage zuvor waren wir vom Parkplatz in Prerow aus per Kutsche durch den Wald zum Leuchtturm gezuckelt. Nachdem die Kutscherin den Armeegeneral Heinz Hoffmann erwähnt hatte, für den neben dem Leuchtturm ein Bungalow erbaut worden war (die Bohrtürme vor der Küste, von denen nichts mehr zu sehen ist, mussten für die Dauer seines Aufenthaltes ihre geräuschvolle Arbeit unterbrechen), wusste ich, was mich in diesem Urlaubsidyll irritierte.

Begonnen hatte es mit einem verfallenen Gebäude in Parkplatznähe, das sich auf Nachfrage als ehemalige Unterkunft für die Piloten der Küstenwache herausstellte. Der Ursprung der Wegplatten war unzweifelhaft. Dazu die Kiefern und der Sand, trotz vieler anderer Erlebnisse noch immer ein Synonym für Kaserne, Uniform, Marschieren, Gasalarm. Der Sendemast neben dem Leuchtturm tat das Übrige, um unter dem Naturschutzgebiet das Sperrgebiet zu verraten. Dagegen kam nicht mal der Leuchtturm an oder ein Dutzend der Kraniche, die nur wenige Kilometer weiter östlich (Zingst, Hiddensee) zu Tausenden auf ihrem Flug gen Süden Rast machen. Den Rest gab mir die Rückfahrt, auf der wir zum zweiten Mal die Witze (Soldaten, Frauen, FKK-Strand) über uns ergehen lassen mussten, weshalb mir der riesige Zeltplatz von Prerow zum neuen Feldlager und unser Auto zum Fluchtwagen geworden war.

Obwohl ich schnell laufe, finde ich auf dem Rückweg drei Hühnergötter.

Briefe
Vier Wochen an der Ostsee sollten ausreichen, um einen Brief zu schreiben. Aber wann ist der richtige Zeitpunkt dafür, nach sieben Tagen, nach vierzehn, kurz vor der Abfahrt? Ich hatte abgewartet und gehofft, der Wechsel der Jahreszeiten würde mir die Beschreibung erleichtern, der Luxus eines langen Aufenthalts sollte sich auszahlen.

Doch erst in Berlin, als zwei Krähen im Wechsel schrien, als würde gesägt, lag dieser Schuljahresbeginn-Geruch in der Luft, der wie ein Stundenklingeln den Sommer beendete, der in meiner Erinnerung nun ausschließlich die Landschaft von Fischland und Darß erleuchtet, als sollte jener Sehnsuchtsraum (den »Norden« mit der Seele suchen) unangetastet bleiben.

Ausflug
Das Wetter ist so schön, dass wir einen Ausflug von Tag zu Tag verschieben. Nach drei Wochen wird die Fahrt nach Stralsund zur großen Reise. Im flachen Land findet sich immer irgendein Kirchturm, der mit jedem Kilometer Straße mehr in den Himmel wächst, bis er schließlich, dunkelrot und schnörkellos, weit über Häusern und Bäumen unseren Blicken entschwindet.

Begleitet von der Lautsprecherstimme des Pfarrers, der gerade eine Trauung vollzieht, stehe ich in St. Nikolai vor einer Schnitzerei, die Chorschranken für die Gilde der Nowgorodfahrer.

Wie in einem glücklichen Traum trifft mich die Erkenntnis: »Das kann dir niemand ersetzen.« Als ich davon erzählen will, verstehe ich diesen Satz selbst nicht mehr. Er ist zur völligen Banalität erwacht.

Leere Flächen in der Altstadt. Ein rekonstruiertes Haus behauptet gelb leuchtend eine Ecke, der die Straßenzüge fehlen. Ob Güstrow, Wismar, Greifswald, Rostock, Stralsund, es scheint immer wieder derselbe Spaziergang zu sein. Um das Déjà-vu auf die Spitze zu treiben – ich entschuldige mich dafür, ich weiß, wie lächerlich und leer dieses Ritual geworden ist –, betrete ich einen Buchladen mit Antiquariat. Noch einmal versuche ich jene unbeherrschbare Aufregung zu spüren, die mich früher so regelmäßig angesichts zu erwartender Entdeckungen erfasst hatte. Keine zehn Minuten später stehe ich mit einer Zeitung und zwei Inselbüchern für das Regalfach »Geschenke« auf der Straße.

Bodden

Vom Land her kommen die Wolken tief und massig, als würden sie bald auf ihren dunklen Bäuchen landen. Wo die Ostsee beginnt, werden sie von der Sonne geröntgt, bevor sie zerfasern und sich auflösen. Nur wenige bleiben versprengt am Blau kleben, ein janusköpfiger Himmel.

Die Rohrdächer überragen kaum das Schilf. Es scheint nur einer größeren Windstärke zu bedürfen, um die Wellen mühelos übers flache Ufer zu treiben. Hier könnte jeder Kirchturm der von Jerichow sein, und tatsächlich hat Uwe Johnson seine Gesine auch nach Ahrenshoop geschickt (der 48-seitige »Gästelotse« widmet diesem Ereignis eine Doppelseite). Die Zeesboote mit ihren fünf Segeln erinnern, im Schattenriss maßstablos geworden, an Piratenschiffe. Die Schatten der Windräder stürzen wie Raubvögel über die Büsche, springen wie Marderhunde aus dem Graben. Während das Moos auf den Rohrdächern zu leuchten beginnt, friert man im Schatten der Bäume und Katen.

Künstler, noch einmal

Liegt es daran, dass Ahrenshoop teuer ist, oder daran, dass man die Künstler nicht mehr ohne weiteres als solche erkennt, dass sie im Atelier oder sonstwie im Verborgenen arbeiten, jedenfalls habe ich nur einen einzigen Künstler unzweideutig ausmachen können, und das, weil ich den besten Beobachtungsplatz von Ahrenshoop innehatte. Vom Fenster unseres Zimmers im Haus Lukas (Schutzpatron der Maler) überblickte ich fast vollständig das terrassenartige Areal vor der Bäckerei Hagedorn. Hierher verschlägt es früher oder später alle Besucher, und sie scheinen auch alle wiederzukommen (beim »Streuselkuchen einfach« und beim »Mandel-Bienenstich« entspricht die Stückgröße der von zweien). In orangefarbener Hose und Jeansjacke, die angegrauten Haare zum Pferdeschwanz gebunden, tauchte er gegen elf auf, bestellte sein Frühstück und verzog sich damit an den wegen seiner Randlage begehrten Tisch mit dem Mühlstein, wo ich ihn nicht mehr sehen konnte. Jedoch blieb er in meinem Sichtfeld, wenn jener Tisch besetzt war. Und er blieb lange. Anfangs glaubte ich, er läse Zeitung, doch sein häufiges Aufblicken und die Reaktionen an den benachbarten Tischen ließen bald keinen anderen Schluss zu, als dass er zeichne. Zweimal sah ich ihn mit Schlafsack, Taschen und Beuteln in der einen Hand, in der anderen das Tablett mit Kaffee und Kuchen balancierend, und glaubte, er reise ab. Die Freude, die das Auftauchen des orangenen Farbflecks bei mir am nächsten Tag auslöste, überraschte mich selbst. Seine Anwesenheit gehörte bereits zu unserem Aufenthalt. Mehr noch, ich musste mir eingestehen, ihn zu beneiden. Im Gegensatz zu mir schien er sich keine Minute des Tages entgehen zu lassen. Egal wo er saß oder lief, alles wurde wie selbstverständlich zum Motiv. Und sofort will auch ich etwas schreiben, das mehr einem Bild ähnelt als einer Geschichte, keine Vorzeichnung, keine Handlung, nur aus der Farbe gebaut, ein Parlando, wie man es sich in einer anderen Jahreszeit nicht gestatten würde, etwas nahezu Idyllisches für den Hausgebrauch. Ort der Handlung wäre einer dieser zum Bodden hin gelegenen Gärten, die smaragden leuchtenden Wiesen unter den Weiden, Pappeln und Kastanien, bauchige Kaffeekannen, bunte Saftkrüge und riesige Kuchenbleche, Familienfeste am Sonnabendnachmittag, von denen ich mir einbilde, sie als Kind erlebt zu haben. Das Gewagteste an Handlung wäre die schüchterne Liebe zwischen dem Maler in den orangenen Hosen und der brünetten Verkäuferin im weißen Kittel, eine Geschichte, die selbst die mieseste Zensur passiert hätte.

Schlussbild

Wieder auf dem Bakelberg. Je tiefer die Sonne sinkt, um so illuminierter und facettenreicher weben sich Hell und Dunkel ineinander. Wie Schiefer reflektiert das Wasser das Sonnenlicht, eine schnurgerade gepflasterte Bahn, die gegen halb sieben in den Feldweg mündet. Das einzige Hindernis sind Sanddornhecken, die den Weg parallel zum Steilufer beschatten. Die Pappelallee im Südwesten beschirmt eine Reihe von Weiden und kleineren Bäumen, die sich wiederum über die Büsche und Hecken erheben. Dahinter leuchtet hellgrün die Wiese.

Das Abendlicht weitet die Landschaft über dem Bodden, man glaubt ihn bis zu seiner Mündung übersehen zu können. Kirchtürme melden sich in der Ferne. Die weißen und gelben Hausgiebel kreuzen wie Segelboote durchs Grün. Die Wolkendecke ist graublau gesteppt, als Kapuze stülpt sie sich über uns, ihr vorderer Zipfel zielt genau auf die Sonne. Darunter schweben Flaumfedern. Angetrieben von den Windrädern zieht eine reinweiße Armada über die Pappeln heran, ein Krebs führt sie an, deutlich zu erkennen seine Scheren, ebenso die in alle Richtungen weisenden Beine der nachrückenden Krabbe, dann, bis auf die Flossen nahezu eine Kugel, der Seehase, verfolgt vom Hecht, dahinter, noch undeutlich, ein Hering oder Wal, alle gleichermaßen unaufhaltsam der Ostsee zustrebend, ihrem Nachtquartier.

Vom Sanddorn her wächst der Schatten über den Acker, auf dem die Egge außerirdisch präzise Halbkreise hinterlassen hat. Auf der Ebene kommt er schneller voran, die Lichtstreifen dazwischen wie gotische Kirchenfenster. In dieser durchdringenden Klarheit, da die Luft nur noch von Mückentänzen und dem lauter werdenden Grillengezirpe flimmert, sollte der Tag verharren. Je mehr hier die Farben zunehmen, desto gleißender blendet das Meer. Man fürchtet um die Schiffe, die nahe der Sonne ihre Silhouette verlieren. Die beiden Bunker am Strand unter der Steilküste sind nicht mit im Bild. Dafür aber die Windjacken der Spaziergänger. Ältere Paare, immer von einem Hund begleitet, erscheinen am häufigsten. Sie alle schlagen den Feldweg zur Straße ein, über ihren Köpfen schimmern im Wind die Weiden grau.

Und dann ist schon ein Rotschleier über allem, und ich weiß nicht, wann er begonnen hat.

Die Sonne ist auf Augenhöhe gesunken, die Schatten haben die Ebene eingenommen und treiben die Röte vor sich her, die nun, da sie selbst mehr und mehr zu leuchten beginnt, die Stämme, Büsche und Mauern emporklimmt und sich plötzlich, ein Blick genügt, an einem roten Ziegeldach entzündet wie an einer Streichholzkuppe. Im selben Moment lodern die Pappeln, der Widerschein erleuchtet den ganzen Himmel bis zu den Windrädern, bis zum Kirchturm und noch weit darüber hinaus.

Die Niederelbe

Brigitte Kronauer
»Schweiz meiner Seele«, im Flachland?

Wer von den St. Pauli-Landungsbrücken immer längs der Elbe Richtung Neumühlenkai, Hans-Leip-Ufer, Teufelsbrück, Elbuferweg, Strandweg, Falkensteiner Ufer, wo die Leute im Sommer in Strandkörben wie auf den Nordseeinseln sitzen, elbabwärts wandert, womöglich noch über Wedel hinaus zur pathetischen Horizont-Deichlinie am Fährmannssand mit seinen Lerchen, Lämmern, Austernfischern und vorgelagerter malerischer, das heißt bloß: unregulierter Uferzone, bewegt sich auf seinem Fußmarsch, der viele Stunden dauern wird, nicht nur zunächst an einem großen Teil der Hafenanlagen entlang und, ohne es zu bemerken, bei Övelgönne über den Elbtunnel hinweg. Er marschiert geradewegs auf einen im Juni endlosen Sonnenuntergang zu mit festlich entrolltem Nachhall in einem riesigen Himmel und Wasserspiegel. Er bricht auf in das Bild der Ferne schlechthin, und die Schiffe fahren ihm im Gegenlicht als deren ehrwürdige Wahrzeichen voran. Vielleicht fällt ihm zur Steigerung der Stimmung ins verwegen Historische ein, dass vor über tausend Jahren genau hier die Wikinger, die alten Heiden, in umgekehrter Richtung zur Hammaburg zogen, um sie in Schutt und Asche zu legen.

Denn er geht ja in Wirklichkeit aufs Meer zu, und es wird ihm die ganze Zeit bewusst sein. Wenn er noch nie in Hamburg war, glaubt er vielleicht sogar – es gibt berühmte Beispiele, etwa Stanislaw Lem, Julien Green – , er sei dort schon angelangt. Das ist zwar ein Irrtum, aber der Gezeitenwechsel macht sich hier bereits folgenreich bemerkbar, nicht nur im Fahrplan der Schiffe, im schönen

Heranfluten der Wellen, im gelegentlich fatalen Hochwasser und durch den Spülsaum bei Ebbe, der für die Elbe Garant ihrer selbst in Blankenese eindrucksvollen Unzivilisiertheit ist, vielmehr auch durch Raritäten in Flora und Fauna. Der Schierlings-Wasserfenchel etwa kommt weltweit nur im Gezeitenbereich der Elbe bei Hamburg vor. Die Flussmarschen der Niederelbe beherbergen, nicht weit vom inzwischen mit effektiven Filtern versehenen Wedeler Heizkraftwerk und in Nachbarschaft zu chemischer Industrie und Atomkraftwerk bei Stade, die Hälfte aller europäischen Vogelarten. An der Haseldorfer Binnenelbe mit ihren Altarmen, nordwestlich der Schiffsbegrüßungsanlagen, der berühmten Attraktion für Binnenländer in Bussen, dort, wo sich die Elbe wieder stärker nach Norden wendet, liegt einer der wichtigsten Rastplätze der Welt für Zwergschwäne. Es gibt dort Goldregenpfeifer und Kampfläufer sowie die seltene Schachbrettblume. Aber das alles zu Fuß zu absolvieren, wäre eine maßlose Übertreibung, eine Kraftsporttour, zu der die Elbe optisch gerade nicht einlädt. Sie ist ja kein Fluss. Die Elbe ist ein Strom. Strom: feierlich gedehntes O. Ein Strom fließt träge, gelassen und benötigt zu seiner räumlichen Entfaltung wie beim Sprechen Zeit und Platz.

Das Urstromtal der Elbe zwischen dem südlichen und nördlichen Moränenwall, der die Gegend ein bißchen weniger flach macht, wurde von den letzten beiden Eiszeiten geformt, als das Wasser der Inlandgletscher Richtung Nordsee abfloss. »So breit!«, staunen nicht nur Ortsfremde, ähnlich wie Karl Roßmann in Kafkas »Amerika«-Roman gleich bei seiner Ankunft sehr signifikant staunte: »So hoch!«, nämlich über die Freiheitsstatue. Ein ambivalentes Verwundern dort wohl eher. Hier, an der Elbe, ist es die schiere Andacht gegenüber der, zahllosen Varianten des Lichteinfalls entsprechend, französischblauen, nebelgrauen, manchmal fast lackschwarzen, manchmal silbrigweißen und gleißenden, waagerecht lagernden Majestät.

Besonders oft hörte man den Ausruf – ich habe ihn früher gern mit einem gewissen Lokalstolz provoziert – im Einzugsbereich meines Stadtteils Nienstedten, eines ursprünglichen Fischerdorfs.

Es ist das wohl älteste Kirchspiel im Westen Hamburgs, auf dem hohen Elbufer gelegen, mit Blick vom »Nienstedtener Balkon« übers Wasser weg auf den jenseitigen Geestrücken, die blau-grünen Harburger Berge.

Hervorgerufen wurde die Verblüffung über die Breite durch das Mühlenberger Loch, jene Ausbuchtung der Elbe nach Süden, bevor die Kette der langgestreckten Elbinseln beginnt. Geht man etwa beim Hirschpark, bekannt wegen eines vorübergehenden Domizils des Dichters Hans Henny Jahnn, von der Elbchaussee kommend auf die Franz-Gartmann-Treppe zu, taucht plötzlich über dem Boden ein Glitzerstreifen auf, der mit jedem Vorwärtsschritt immer mehr Raum einnimmt. Dann wird schlagartig die ganze, steil zur Tiefe abfallende Treppenlandschaft mit kleinen Zwischenetagen sichtbar, eine durch hohe Bäume rechts und links verstärkte Sichtschneise auf die nun unten liegende und im eigenen Absteigen mit jeder Stufe sich voller darbietende Wasserbreite zu. Beweis, dass in seltenen Fällen auch ein Weg, der hinabführt, ins Erhabene stilisieren kann.

Damit ist es nun vorbei.

»So nah?« wird jemand, der längere Zeit nicht hier war, ungläubig rufen. Das liegt an den von »Senat, Bürgerschaft, Bundesregierung, Bundespräsident, der EU-Generaldirektion und der EU-Kommission legitimierten« (so ruhigen Blutes im Juni 2000 Dr. Mirow, Wirtschaftssenator der damals rot-grünen Regierung, zugleich Mitglied im Aufsichtsrat der Dasa, auf einem Abend mit rebellischen Obstbauern und Bürgern aus Blankenese), von zahlreichen Fachleuten als wirtschaftliche Torheit diagnostizierten Erweiterungsbauten des Finkenwerder Airbus-Werks, wo Hallen und Rollbahnen für den Riesenjet (A 380) der DaimlerChrysler Aerospace AG (Dasa) gebaut werden. Zukunftsfroh und ohne zu fackeln fortschrittlich ins unter Naturschutz stehende, größte europäische Süßwasserwatt namens Mühlenberger Loch hinein. Von etwas erhöhtem Standpunkt sieht man jetzt auf die stark verengte, zubetonierte Elbfläche. Es seien nur zwanzig Prozent zugeschüttet, heißt es, aber eine einzigartige Landschaftsansicht und Aussicht

und schweifende Blickflucht wurde durch eine Fabriklandschaft zugestopft, wie den vielen Widersachern des Projekts – und keineswegs nur den um ihre Immobilien und Gesundheit bangenden Reichen, obschon dieses Argument für sonst intelligente Leute verführerisch war und sie kirre machte – visuell durch Fakten das ohnmächtig aufsässige Maul. Außerdem werden weitere zwanzig Prozent verlanden, und vor allem ist ausgerechnet der biologisch produktivste Teil der Tideelbe zerstört worden. Seine Schlickvorkommen gelten als eine der Hauptnahrungsquellen der Elbfauna und als Bioreaktor, in den sich die Fische bei Sauerstoffmangel im Strom flüchten. Von der Funktion des Mühlenberger Lochs für die Zugvögel ganz zu schweigen.

Hinzu kommen Lärm und Kerosinabgase der landenden und startenden Flugzeuge. Ob das Widmungsschild für Günter Grass, das Fans eines Tages an einem Findling unten an der Treppe angebracht hatten, vor Schreck vom eiszeitlichen Irrblock abgefallen ist? Jedenfalls ist es verschwunden. Dass die Dasa-Anlage im instabilen Untergrund verschwinden möge, bleibt die letzte Hoffnung ihrer Gegner, die sich nicht durch halb versprochene, direkte und indirekte Arbeitsplätze beirren lassen, erst recht nicht bei der gegenwärtigen Stagnation der Branche. Von erhöhten Stellen des rechten Elbufers starren Leute fassungslos auf das zügig wachsende Monstrum und schütteln die Köpfe über die vielen Verkaufsschilder vor den Häusern von Teufelsbrück bis Blankenese. Manche unken sowieso von einem Ausverkauf der Elbchaussee. Das mag übertrieben sein, aber gerade fällt mir ein, dass die Hamburger Anfang des neunzehnten Jahrhunderts ihren Dom abgerissen haben und noch in den Siebzigern des 20. Jahrhunderts den Altonaer Bahnhof. Ich war Augenzeuge, wie die Abrissbirne auf die roten Türmchen eindrosch.

Vielleicht ist das der Fluch, wenn man zu lange in einer Gegend wohnt und sie so sehr favorisiert hat: Neuankömmlinge werden eventuell begeistert sein von dem, was übriggeblieben ist. Ich selbst gehe dort möglichst nur noch bei Nebel oder im Dunkeln rum. Bei Tage verdirbt es mir jede Freude. Es ist der spezielle Geruch von

Macht, schönheitsresistenter Pragmatik und noch zwei, drei anderen schwefligen Ingredienzien, der von dort drüben mit jedem Tag spezifischer herüberweht. Es handelt sich – ich würde es gern höflicher sagen – nicht nur um eine ökologische und optische, sondern auch psychische Verpestung.

Im Botanischen Garten von Klein-Flottbek aber, Nachbarort Nienstedtens elbaufwärts, wird jener so seltene, ansonsten unspektakuläre Schierlings-Wasserfenchel, der auf Hamburgs tidebedingte Vorlandflächen angewiesen und durch deren Reduktion extrem gefährdet ist, in einer Tide-Versuchsanlage gezüchtet. Schon immer haben mich solche künstlichen, illusionslos mit Illusionen spielenden Naturanlagen interessiert. Dieses kleine Naturmuseum tut es besonders, und neuerdings ist es für mich, da anderes weggefallen ist, das Juwel der Umgebung. Dort vereinigen sich in zaubrischer Mischung Wissenschaftlichkeit und das Gemütvoll-Schwärmerische von Clematislauben und Seerosenteichen, kiebig-kleingärtnerische Wirsingreihen mit abrupt wechselnden Landschaften des ganzen Globus en miniature, Modell und souverän überwachter Wildwuchs. Ursprünglichkeit wird nicht vorgegaukelt, aber phantastische Assoziation auf kleinstem Raum provoziert. Es gibt überwältigende Naturandeutungen, in die man infantile Vorstellungen von ungezügelter Wildheit einfüllen kann. Unter dem Druck einer in die Enge getriebenen Ökologie wird diese zeitgenössische Kostbarkeit noch notwendiger und auch passionierter gehegt. Das wissen ihre vielen alten und vielen jungen Besucher nur zu gut. Nachsichtig zieht die Natur in die für sie angelegten Winkel ein und macht ihre Liebhaber glücklich: »Man braucht nicht viel Besonderes zu sehen. Man sieht so schon viel« (Robert Walser).

Und was ist mit der echten, »authentischen«, ursprünglichen Landschaft, der zum tiefen Durchatmen unersetzlichen, auf die sich ein Botanischer Garten doch in allem bezieht und ohne die ich mich in einer Gegend wohl nie wirklich heimisch fühlen könnte?

Sie befindet sich zwanzig Autominuten elbabwärts von Nienstedten, zwischen Pinneberg und Rissen. Es ist das etwas über 500 Hektar große Wald-Heide-Moorgebiet Klövensteen, in dem es in unverkennbarer Komposition nach Nadelhölzern, Sand, Erika, Waldmoder und Tümpeln riecht, wo man in kleinen Mulden schlafen, an Baumstümpfen diskret picknicken kann, und wo auf den dazwischengestreuten Koppeln gefleckte Pferde trotzig näherkommen, wo man Maronen und Birkenpilze sammelt, ganze Sommernachmittage an Tümpeln mit blauen Lupinen und Blick auf kleine Wollgrasmeere verdöst, gestürzten Bäumen im Dunkel beim Verwittern zusieht und zu allen Tages- und Jahreszeiten, aber vor allem bei leichter Dämmerung glaubt, bereits im menschenleeren Finnland zu sein. Alle paar Meter ändert sich etwas, und hier findet man sie, die »Schweiz seiner Seele« (Melville), abgebildet und begehbar in sonnigen und düsteren Naturkabinetten. Im Roman »Berittener Bogenschütze« habe ich diese Landschaft vor siebzehn Jahren mit ihrem »sanft flammenden Gras« sogar einer gewissen Gisela als deren Kindheitsumgebung vermacht.

Am weitaus schönsten war's im südlichen Teil, der ein reichliches Zehntel des Ganzen darstellt, im Schnaakenmoor. Dass es sich um ein Naturschutzgebiet handelt, blieb stets unverkennbar. Man hat sich ja deshalb auch immer sehr achtsam benommen. In den letzten Jahren jedoch änderte sich etwas einschneidend. Einzelbäume und ganze Kiefernwäldchen wurden geschlagen, die Flächen sumpfig, überschwemmt, unbetretbar, die meisten der Wege peu à peu versperrt. Es blieben nur noch einige verteufelt sture Achsen, von denen aus man die entstehenden, entweder trockenen oder nassen Areale überblicken kann. Plötzlich auch hier fassungslos starrende, kopfschüttelnde Wanderer!

Allerdings ist die Gegend – recht verstanden – dabei noch nördlich-hinreißender geworden, nämlich extremer, und darauf kommt es ihren Gestaltern aus guten Gründen an.

Weniger auf deren alte Bewunderer. Die müssen lernen, ihren Geschmack umzustellen, statt egoistisch zu grollen. Hier wird nicht eine bestehende, ins Herz geschlossene Landschaft geschützt, sondern eine urtümliche, historische, früher viel ausgedehntere Moor-, Dünen-, Heidelandschaft in Ansätzen wiederhergestellt und offenbar eifersüchtig gehätschelt, damit das Rare nicht von der robusteren Normpflanzendecke verdrängt wird. Nur so können sich seltene Arten in Flora und Fauna, über die genau Buch geführt wird, ansiedeln und ausbreiten. Klingt das nicht betörend: Ästiger Igelkolben, Krückenkegelmoos, Torfmosaikjungfer, Hufeisenazurjungfer?

Entstanden ist die Landschaftsphysiognomie nach der letzten Eiszeit, als der Sand aus dem Urstromtal der Elbe den nördlichen Geestrücken hinauf- und ins Land hineinwehte. Zwischen den so gebildeten Dünen ergaben sich Senken, in denen das Wasser nicht mehr abfließen konnte, so dass sich allmählich Hochmoore aufbauten. Beides sorgte weiträumig für das typische Muster von trockenen und nassen Flächen mit einer entsprechend hochspezialisierten Vegetation, die auf nährstoffarme Böden angewiesen ist. Der Wald um das Schnaakenmoor wurde im Mittelalter gerodet, es entstanden beweidete Heideflächen. Das wurde anders vor etwa 100 Jahren, als man das Gebiet bis auf zehn Prozent durch Entwässerungsgräben und Aufforstung für Land- und Waldwirtschaft zu nutzen begann.

Zehn Prozent und unzusammenhängende Reste aber, die für den arglosen Naturgenießer den Reiz der Abwechslung bedeuten, reichen nicht aus, um das ehemalige Biotop zu reanimieren. »Unerlässlich sind möglichst weite Flächen, Vernässung, Entkusselung. Die Hauptgefahren sind Entwässerung, Verbuschung und Zufluss von Nährstoffen aus der Landwirtschaft«, erklärt Herr Stökl, Mitarbeiter des Naturschutzreferats Altona, während wir das Gebiet abschreiten. Schon als Jugendlicher und dann im Zivildienst war er im Naturschutz engagiert und sorgt jetzt dafür, dass junge Leute aus verschiedenen Nationen beim arbeitsaufwendigen Entfernen der Birkensämlinge helfen, eben »entkusseln«.

Ob er ahnt, was ich in Kopf und Herz alles umgraben und anders schichten muss, während ich neben ihm her durch mein ehemaliges, variationsreiches, mit rötlichem und goldenem Gras vor finsteren Waldrändern möbliertes Reich, über die gefrorenen, gewaltigen Profilspuren der zum Landschaftsschutz eingesetzten Traktoren stapfe und er Pläne erörtert, die ich bänglich einzusehen beginne, obschon sie mir den Zutritt zu meiner moderaten Wildnis rauben und sie auch optisch tiefgreifend verändern?

Herr Stökl ist beides, leidenschaftlich im Artenschutz engagiert und gelernter Landschaftsarchitekt. Ihn freut, dass es hier wieder Sonnentau, Torfmoos, Schlangen, Kolkraben und vom benachbarten Tiergehege ausgewilderte Uhus gibt – er zeigt ein Gewölle, in dem man einen kompletten Rattenschädel gefunden hat – und hofft auf brütende Kraniche in ein paar Jahren, hat aber ebenso den Blick für das Landschaftsbild. Die weite, geschlossene Fläche, meint er, sei gut für den Artenschutz und fürs Auge zugleich. Kongruenz von Ökologie und Ästhetik also, und das nicht nur als Utopie? Vermutlich ist es so, dass jene ihre unumstößlichen Gesetzmäßigkeiten hat, diese aber flexibel ist. Das ästhetische Bewusstsein kann lernen, Notwendigkeiten zu erkennen und sie zu ästhetischen Erfordernissen zu machen. Sicher, das sagt schon der pure Augenschein: Ein typischer Bungalowrasen wirkt nicht zuletzt deshalb scheußlich, weil er, obwohl er als große Grünfläche prahlt, feindlich gegenüber dem Artenreichtum von Flora und Fauna ist. Auch meine zimmerartigen Kleinstlandschaften, Bild an Bild im Abendlicht glimmend, im Morgendunst sich langsam formierend, beschwörende Stellvertreter einer entschwundenen Wildnis, jederzeit von mir aufzusuchen und stundenweise bewohnbar, sind an diesem Fleck, mit seiner einmaligen Chance der Restaurierung geschichtlicher Natur, von geringerer ideeller Schönheit als die radikalen, konventionell nicht sogleich pittoresken Prospekte mit tabuisierten Seen, Sümpfen, Heide. Das muss ich also offenbar begreifen. Werden sie mir ans Herz wachsen wie meine lieblich-spröde, immer private Zwitterlandschaft vorher?

Mein freundlicher Führer legt es gar nicht aufs Überzeugen an, es gelingt ihm aber. Nur, wie steht es auf Dauer mit den maßgeblicheren Leuten?

Das Schnaakenmoor ist europäisches Naturschutzgebiet. Das gilt auch fürs Mühlenberger Loch. So? Und half ihm das, als es ernst wurde? Hamburgs jetzige Regierung aus CDU, FDP und der Schill-Partei hat im Gegensatz zur rot-grünen lediglich zwei Aussagen zum Naturschutz in der Koalitionsvereinbarung notiert, nämlich dass erstens der Straßenrand von Unkraut befreit werden muss und zweitens die Landwirte nicht mit überzogenen Forderungen vom Naturschutz zu behelligen sind. Wahrlich Meilensteine ökologischen Denkens! Für das Schnaakenmoor, beruhigt Herr Stökl, bestehe jedoch wohl nur bei großen infrastrukturellen Projekten Gefahr, etwa beim Bau eines Großflughafens. Damit sei hier kaum zu rechnen.

Gut, dann will ich also Vertrauen fassen zu der neu eingerichteten und weiter wachsenden Urlandschaft! Schon einmal, vor ein paar Jahren, habe ich ja überrascht begriffen, dass man auch über Verstand und Information in eine heiße, nicht nachlassende Landschaftsliebe einsteigen kann. Das war allerdings weit weg von hier, zwischen Hochtälern und Gebirgsgeröll der Schweiz.

Die Lüneburger Heide

Hans Pleschinski
Die Ost-Heide, das tolle Nichts

Endlich wieder einmal Plattdeutsch: »Wenn een Wittinger Kind ok noch so wid geiht / So wid, dat hei nich hürt, wenn die Betklock sleiht / So hangt sin Hart doch an Wittingen fest / As an den Eekbohm dat Katteker-Nest!« – »Wenn ein Wittinger Kind auch noch so weit geht / So weit, dass es nicht hört, wenn die Betglocke schlägt / So hängt sein Herz doch an Wittingen fest / Wie am Eichbaum das Eichhörnchen-Nest!«

An diese Glocke kann ich mich nicht präzise erinnern. Fortwährend erklang unterschiedliches Geläut vom backsteinernen, ungefähr tausend Jahre alten Kirchturm. Viertelstunden, volle Stunden, Hochzeit- und Beerdigungssignale hallten über die roten Dächer und das landschaftliche Nichts. Die Ost-Heide, in der auch mein Heimatort Wittingen liegt, existiert zwar als flacher, regnerischer Raum, aber kaum als Begriff. *Heide* kennzeichnet bereits eine Leere. Der Brache noch ein *Ost* voranzustellen, war für die Bewohner zwischen Wolfsburg und Uelzen vielleicht zuviel der Selbstverkleinerung und Bescheidung. Nie als Ost-Heidjer, sondern lieber als Niedersachsen richteten sie sich in den Ortschaften Ausbüttel, Vollbüttel, Allesbüttel, Neudorf-Platendorf, Gannerwinkel und Wittingen ein. Bauern, Imker, Pendler des VW-Werks, immer mehr Angestellte und Rentner.

Eine Landmasse von fünfzig mal fünfzig Kilometern – eine Brache, ein Nichts? Der Münchner, der Piemontese, der zufällig die Bundesstraße 4 entlangfährt, wird es so empfinden. Geduckte Dörfer, Kühe, Abzweigungen in Moore, Wimpelgirlanden fürs

Schützenfest, Großmütter auf Fahrrädern im Wind – dazu dauernd ein Blick ins Endlose, wo Himmel und Wiesen sich berühren. Hier scheint die Anti-Toskana zu sein.

Die Heide-Landschaft gab es ursprünglich nicht. Sämtlicher Urwald wurde jedoch im Mittelalter in Lüneburg unter den größten Salzpfannen Europas verheizt, sodass eine Art Tundra mit Heidschnuckenherden entstand. Erst 1866, nach dem preußischen Sieg über das Königreich Hannover, dessen blinder König Georg wenig Widerstand leisten konnte, wurde wieder aufgeforstet.

Öde Weite, Leere? – Gifhorn und Bodenteich locken mit den, wie es heißt, einzigen Biedermeier-Kirchen Deutschlands. Das versteckte Kloster Isenhagen ist ein Juwel. Mit den Flussperlen der Ise wurden einst Bischofsgewänder bestickt. Der Hügel im Klosterhof hat sich aus den Knochen der Nonnen etlicher Jahrhunderte aufgeschichtet. Der Kreuzgang ist indes noch nicht ganz fertig. Während der Großen Pest im vierzehnten Jahrhundert wurden, wegen des Aussterbens der Bevölkerung, die Bauarbeiten unterbrochen. Als Kind konnte ich mich durch die unverschlossene Pforte ins Zisterzienserkloster einschleichen und die gotischen Schränke öffnen, die beim Einzug der Novizinnen reihenweise auf dem Dachboden abgestellt worden waren.

Die Ost-Heide ist ein wieherndes Paradies für Reiter. Auf den Gehöften bewegen sich mehr Rösser als Bauern. Zu den neueren Attraktionen der breiten Weite zählen Luftkurorte sowie das *Otterzentrum*, wo der Interessierte die Lebensweise und Aufzucht von Marder-Arten begutachten kann. Ein gewisses High-Life bietet Wolfsburg, in dessen Stadthalle die *Deutschen Meisterschaften im Gewichtheben*, *Das Frühlingsfest der Volksmusik mit Carmen Nebel* stattfinden und seit einhundertfünfzig Jahren Roger Whittaker und Vicky Leandros auftreten.

Als ich sechs oder sieben Jahre jung war, verfrachtete mich eine Tante in eine van-Gogh-Ausstellung in der Autostadt. Ich sollte die genialen Sonnenblumen lieben lernen. Verfrüht, aber gut.

Wer an Heimat denkt, macht ein Fass auf, aus dem es zuerst tröpfelt. Dann ersäuft man unter den Fluten.

Ich hatte Glück. Mein Leben in der Ost-Heide war gesegnet. Durch die üblichen Verheiratungen innerhalb eines Orts, was hin und wieder zu seltsamem Nachwuchs führte, besaß ich in unserer Heidestadt an die sechzig »Onkel« und »Tanten«. Sie waren Stellmacher, Tischler, Witwen, Schlachter, Bäckermeister, so dass ich als Kind Nougatringe und Brote nur warm aus dem Ofen aß. Wir selbst betrieben ungefähr seit dem Siebenjährigen Krieg eine Schmiede. Mein 1945 aus dem Osten herangespülter Vater führte den Handwerksbetrieb fort, und ich erinnere mich, dass er und seine Gesellen in atemberaubenden Aktionen rotglühende, riesige Eisenreife auf die Holzräder von Erntewagen brannten. Unsere Kundschaft, typische Heidjer, bleibt das Personal zu einem deutschen Zeitroman: Onkel Fritz, Großbauer aus Eutzen, brachte uns jeden Sonnabendmorgen zwei, drei Kilo Thüringer Mett ins Haus und fütterte mit den Hackbrötchen jeden, der durch die Küche lief. Auch den Bauern *Pipen*-Piep darf ich nicht vergessen. Von diesem Pfeifen-*Pipen*-Schmaucher hieß es, dass er seine Stiefel selbst im Bett nicht auszog, so dass er in jedem Zimmer Kuhfladenreste und Landduft hinterließ. Derweil bekam in unserm Nachbarhaus Onkel Otto, Gerbermeister, mit achtzig Jahren zum dritten Mal eigene Zähne. Ein medizinisches Wunder. Die vielen Kinder, die sich allerorten tummelten, waren bei jedem Familiengeschehen einfach zugegen und wurden nur dann ausquartiert, wenn Oma oder Opa, zumeist »an Zucker«, in ihren Schlafzimmern starben.

Ich empfinde mich, besonders durch die Heide, als Übergangs-, als Brückenmensch. Ich lugte noch in Pökelfässer und fürchtete mich vor der hauseigenen Räucherkammer. Ich erlebte, wie der *Telschow-Platz*, benannt nach Hitlers Gauleiter, allmählich wieder »Sportplatz« hieß. Während meiner Kindheit waren Bücher offenkundig noch etwas Besonderes und von Heide-Bürgern Begehrtes. Im Fünftausend-Einwohner-Ort existierten drei Buchhandlungen, heute ist es noch eine halbe, mit Ikebana-Anleitungen zwischen Papierwaren. Eine Ortschaft und eine Landschaft wirken auf den Besucher mittlerweile saniert und sind mitgewachsen in bundesdeutschen Entwicklungen. Kleine Läden, Unternehmer sind selten geworden, der Mittelstand schrumpft. Wie um sich selbst zu veröden und ihr Eigenleben in den Welttrend einzufügen, weisen Gemeinderäte Baugrund für riesige *Schuh-Center* und *Lampen-Märkte* aus. Bisherige Kleinstadtleben erlöschen. Pensionäre und Volksbank-Angestellte sind dauernd im Urlaub an der Algarve und auf Mauritius. Im ehemaligen Südfrüchteladen bemühen sich Neubürger aus Rumänien um ihre Handy-Kundschaft. Natürlich nicht tot ist so ein norddeutscher Ort, in dem Menschen leben. Heimat- und Gewerbevereine, Nachbarschaften veranstalten sogar eine wahre Flut von Straßenfesten mit immer raffinierteren asiatischen Genüssen. Allerlei Traditionskriminelle – tatsächlich oft aus der zerfallenen Sowjetunion? – halten gleichzeitig die Eigenheimbesitzer in Atem. In einer Bankfiliale der Gegend wurde eine Kassiererin bereits zum dritten Mal als Geisel genommen, fand sich in Weißrussland wieder und besteht nun darauf, in ländlich-rüstiger Art, nach ihrer nächsten Entführung eine Gratifikation zu bekommen.

Ist das langweilige Lüneburger Ost-Heide? – War es selten und, wie es so ist, nur für den, der selbst langweilig ist. Partner in zerrütteten Ehen flüchten sich aus Kästorf übers Wochenende zum Seitensprung nach Hamburg. Die Amnesty-International-Gruppe pflegt seit Jahren Patenschaften für Straßenkinder in Bolivien. Drei ortsansässige Pastoren gerieten nach ihrem Spargelkauf und Frühschoppen am Himmelfahrtstag im Auto von der Straße ab und wurden mit einem Großgottesdienst gemeinsam beigesetzt.

Das Land zwischen der Aller und dem Hannoverschen Wendland ist wie jeder Landstrich voller Gesichter und Geschichten. Vom nahegelegenen Bergen-Belsen, vom verschwundenen jüdischen Kurzwarengeschäft Nathan in der Langen Straße wird noch immer nicht gesprochen. Der *Dorfnarr* Otto, der unter der NS-Diktatur sterilisiert wurde, marschiert beim Schützenfest nicht mehr hinter der Blaskapelle her. Auf der *Rentnerbank* am Wall hockt keiner mehr zum stundenlangen Klönschnack. Längst begraben ist der Invalide aus dem Ersten?, Zweiten? Weltkrieg, der morgens jahrzehntelang ohne Füße, mit Krücken an unser Gartentor gelehnt stand und sich mit den Passanten, dem Speditionskutscher

Meinecke – »Ik bring' Sie was!« – unterhielt. Stattdessen bringen nunmehr eifrige chinesische und türkische Gastronomen die deutschen Wirte vom *Lönskrug* und *Braunschweiger Hof* ins Hintertreffen.

Die Schulranzen und die Kleidung der Grundschüler sind mittlerweile so bunt, dass ich fürchte, solche phosphoreszierende Strahlkraft wird selten, zumal wenn sie sich vor ihrem PC krümmen, in ihrem Innern aufblühen. Meine Schulnachfolger des Jahres 2003. Was lernen sie am Fuße der 136 Meter hohen Wierener Berge in Deutsch, Geschichte und Musik? Schon zu meiner Zeit war die musische Ausbildung in Niedersachsen eher ein Stiefkind. Wir lauschten dem *Freischütz* auf Schallplatte und sangen einmal pro Jahr für die Benotung »Ein Männlein steht im Walde, ganz still und stumm«.

Ist die Ost-Heide die Anti-Toskana?

Auf einen selbst und ein paar Umstände kommt es an. In dieser Region – »Nichts als Gegend«, wie mein Onkel Traugott behauptete – war moderne Weltgeschichte heftiger zu erleben, und sie klingt noch nach, wie in Florenz. Der Todesstreifen zwischen der DDR und der Bundesrepublik riegelte als Ergebnis des Zweiten Weltkriegs das krautige Idyll im Osten ab. Wer Vibrationen einer Landschaft zu spüren vermag, fährt weiterhin mit einem Schlucken, einem Staunen von Niedersachsen nach Sachsen-Anhalt, vom Kreis Gifhorn in den Kreis Salzwedel hinüber. Den Wachtturm, von dem vor kurzem noch die Todesschützen der *Volksarmee* auf *Republikflüchtlinge* zielten, hat mittlerweile vielleicht eine Weberin oder Töpferin bezogen. Wo die Weststraße nun in eine frischer geteerte Oststraße übergeht, war vierzig Jahre lang das Resultat deutscher Geisteskrankheit, des Mordens, alles irdisch Hässlichen zu erkennen, das Minenfeld, die Selbstschussanlagen. Heute funktioniert es nicht mehr so einfach. Doch bis zum Ende der Teilung musste man in diesem Grenzgebiet, drei Kilometer vor unserer Haustür, zwangsläufig zum Geschichtswissenden werden. In einem Waldstück, von der Aussichtsplattform des Bundesgrenzschutzes, blickte man in das benachteiligte Ostdorf Waddekath. Wenn man in die DDR schaute, zwischen verfallenden Scheunen, LPG-Gänsen eine bedrückende Stille wahrnahm, gewann man ein bejahendes Verhältnis zum Westen und zur mangelhaften, unersetzlichen Demokratie. Hin und wieder fuhr ich als Gymnasiast zum Stacheldraht, beobachtete Lastwagen der *Volksarmee* und sagte mir: »Lieber hier die Fünf in Mathe als drüben eine Eins im Sport.« In der Altmark, der östlichen Nachbarin der Heide, sind die Gebäude unterdessen fast durchweg renoviert. Oft liebevoller als im Westen. Etwas Gedrücktes, Verunsichertes ist bei den Bewohnern auf der Ostseite der Ex-Grenze bisweilen spürbar. Die Menschen, die sich 1989 hier in die Arme fielen, leben vierzehn Jahre danach recht stumm nebeneinander her. Die persönlichen Werdegänge sind noch zu unterschiedlich. Ein Ostdeutscher ärgert sich über die Selbstgefälligkeit eines Westnachbarn. Der Niedersachse missgönnt einem Altmärker die mitunter höhere Rente, als er sie, trotz seiner D-Mark-Einzahlungen, bezieht. Es ist also gut, dass altmärkische und ostheidische Gesangvereine sich zum Adventskonzert treffen, Handballklubs miteinander wetteifern, der Baumkuchenhandel floriert. Im Vergleich zu anderen Problemen der Welt sind die deutsch-deutschen Harmonisierungsreibereien nichtig.

Grausam ist die Lüneburger Gegend an heißen Sonntagnachmittagen. Sommerglut lastet über Rüben. Radfahrer strampeln ächzend zu den Naturschutzgebieten für das Heidekraut Erika. Die Joghurtschnitten stehen steif und schweigen. Motorradfahrer jagen *full speed* über die Pisten. Protestantismus in jeder Birkenrinde. Theologische Seelenfreiheit. Und dann und wann ein Krankenwagen.

Spontan wird hier selten jemand zum Grillabend eingeladen. Früh kriecht die Abendkühle auf die Terrassen. Man holt die Strickjacke und schenkt Aquavit nach. Selbstmordgedanken. Sich vor lauter landschaftlicher Flachheit mit den Mooren des Gemüts im Elbeseitenkanal ertränken. Aber was wird dann aus den Kindern, und wer wird den Rasen mähen? Deutsche feiern und halten durch. Gelassenheit haben sich die wenigsten angeeignet.

Da das Ruheland, nordöstlich von Celle, durch fehlende Metropolen und Natursensationen fast ein Vakuum darstellt, lässt es sich vornehmlich aus dem eigenen Gemüt beleben. Arno Schmidt tat es bücherweise in Bargfeld. Als 1970 ein schneereicher Winter hereinbrach, erklärten meine Freundin Birgit und ich unser Städtchen Wittingen einfach zu »Sankt Petersburg«, und auf Spaziergängen priesen wir »die gleißende Weite Russlands«. Noch ausgefeilter verlief die Landschaftsbereicherung mit meinem Freund Wilhelm. Eine lichte Pappelschonung am Celler Bahndamm nannten wir ausschließlich »Provence«. An manchen Nachmittagen, an denen wir nicht im Heide-Kosmos ausharren wollten, radebrechten wir Französisch: »Pourquoi ne pas aller au cinéma à Brunswick?« Das Närrische, das Freie kann im undefinierten Land gedeihen. Peter spielte vorzüglich Klavier. Da uns von außen wenig Spirituelles geboten wurde, setzte er sich ans Instrument, und wir vertonten im Duett *Das Urteil* von Kafka, mit Koloraturen und Passagen im Walzertakt. Drogen, neben Bier und Korn, waren in dieser Monotonie und Offenheit stets willkommen. In nächster Nähe kannten wir drei Adressen, wo spottbillig LSD zu kaufen war. Halbe Schulklassen wandelten *stoned*, bevor die meisten den Ernst des Lebens bewältigten, durch den Wunderbütteler Busch und übers Weiße Moor, um Sonnenaufgänge zu inhalieren, um sich als Prophet Elias mit einer intuitiven Rede von einem Eichenstumpf vernehmen zu lassen: »Höret, ihr Kinder, der Herr ist unser Hirte und schenkt uns die Natur!« Renate küsste Henning, und Beate schlief auf der Luftmatratze mit Wilhelm. Von der Ost-Heide aus erschien uns Frankfurt am Main als gehetzt, München als dumpf. Die süddeutsche Sperrstunde wird in Gasthäusern und Diskotheken nicht exekutiert. Nur wenn Castor-Transporte nach Gorleben rollen, befindet sich das Land in obrigkeitlichem Belagerungszustand. Hubschrauberstaffeln dröhnen durch die Mittagsruhe.

Ich gebe unvollständig ein Mosaik wieder. Wer in die Ost-Heide fährt, sollte das Mühlenmuseum von Gifhorn besichtigen. Er kann in Beetzhorn Störche stelzen sehen. Nachdem er den von Friedensreich Hundertwasser wild und schön umgestalteten Bahnhof von Uelzen bestaunt hat, wird ihm eine Thermalpause in Bad Bevensen, mit tiefem Einatmen in der Schwefelkabine, guttun. Die Einheimischen um ihn herum sind alle europäischer geworden. Dazu gehört es gewiss, dass weniger das Nationale, sondern das Regionale, als Betonung von Eigenart, neues Ansehen genießt. Kurse im fast verloschenen Plattdeutsch werden angeboten, Heimatforscher graben Schüsseln aus, aus denen der Burgvogt von Knesebeck 1503 seine Suppe gelöffelt hat, Familienstammbäume werden rekonstruiert und gegen die sich vereinheitlichende Welt ins Feld geführt.

Für mich existiert die Ost-Heide als geistige Lebensform und als wünschenswertes Fundament. Es besteht aus der bürgerlichen Souveränität meines elterlichen Handwerkerhaushalts. Aus dem Können und geachteten Anstand, mit dem mein Vater seine Schmiedeaufträge erledigte. Die Steifheit der Menschen schließt nicht aus, dass sie mitunter verrückt sind und das Ungewöhnliche zulassen: »Nun ist Hinrich schon wieder die ganze Nacht allein durch die Feldmark marschiert. Da gibt's doch nix außer Sterne.« Die Ost-Heide ist ein Raum, in dem man entweder lebenslang sich selbst zu Humus verwandelt oder aber Ausbrüche wagt. Die ruhigen Horizonte stellen es einem frei. Dahinter brodelt gewiss packendes Leben! In einer Landschaft, wo man beim Anblick von ungereiften Weintrauben am Fachwerkgemäuer feststellt: »Et was son natten un käuhlen Sommer west, dat die Windruwen nich rip worrn sünd und noch inn Novemberdag an die Hüser rüm hungen« – dort hat Melancholie ihren Platz und ist die Lebensfreude zu einer besonderen Anstrengung aufgefordert. Ist das nicht Mitteleuropa?

Das Wendland

Ingeborg Harms

Der Fluss lässt auf sich warten, kommt aber stets zurück

Am 25. November 1989 gingen hektische Telefonate zwischen Berlin und dem Bürgermeisteramt von Neu-Darchau hin und her. Denn auf der gegenüberliegenden Elbseite, dem sogenannten Todesstreifen, hatte sich an einem Darchauer Buhnenkopf eine Menschenmenge versammelt, die darauf wartete überzusetzen. Die Neu-Darchauer Gemeinde hatte angesichts der weltgeschichtlichen Ereignisse eine Fähre gemietet, die sie gern über die Elbe schicken wollte. Alles, was fehlte, war das Okay aus Berlin. Als es am Nachmittag endlich kam, flutete die vollbesetzte Fähre gemütlich über die Strömung zurück – ein Schauspiel, das bis zum Frühjahr 1945 völlig alltäglich gewesen war. Familien hatten sich über beide Ufer des Flusses ausgebreitet, und die, die aus der besucherfreien Grenzzone nicht bei Nacht und Nebel herüber geschwommen waren, sahen ihre Verwandten jetzt zum ersten Mal. Es soll viel geweint worden sein, als die Barke ankam, wohl mehr über die Symbolik des Moments als aus Gründen des Wiedersehens, das für viele zu spät kam.

Dieser Tag war nicht der letzte, an dem das Dorf über sich hinaus wuchs. Während des Jahrhunderthochwassers im August 2002 galt Neu-Darchau als einer der Krisenpunkte. Tagelang schaufelte die Bevölkerung Sand und hantierte mit schweren Säcken. Wer in diesen lauen Spätsommernächten zum Hafen ging, traf nicht nur auf Wachfeuer und abgestellte Patrouillen, sondern auch auf ein reges Kommen und Gehen der beruflich in alle Winde zerstreuten Dorfbewohner, die plötzlich wieder ein Zentrum hatten. Solche gelegentlichen dramatischen Verdichtungen des Alltags verdanken die Neu-Darchauer letzten Endes nicht Berlin oder Dresden, sondern ihrer Landschaft. Als Relikt der letzten Eiszeit säumt die Elbe für Niedersachsen beachtliche Höhenzüge, die aus Gletschergeröll entstanden sind. Dazu gehört die Göhrde, eines der größten Mischwaldgebiete Niedersachsens, in dem sich Napoleons Truppen 1813 verschanzten, um den über die Elbe attackierenden Lützower Jägern eine legendäre Blutschlacht zu liefern. Kaiser Wilhelm schätzte den alten welfischen Forst als Jagdrevier und ließ eine einspurige Bimmelbahn von Berlin bis in die Göhrde legen.

Vor der Öffnung der deutsch-deutschen Grenze war das im Westen bis an die Göhrde reichende und im Norden vom Elbstrom begrenzte Wendland ein beliebtes Wochenendziel der Berliner. Nach gut zwei Stunden Autofahrt erreichten sie eine verschlafene, bäuerliche Gegend, deren erstaunlich abwechslungsreiche Landschaft mit den Mittelgebirgen in Konkurrenz tritt. Westlich von Hitzacker bewegt sich die Elbuferstraße in Serpentinen an schroffen Anhöhen entlang und eröffnet den Blick auf das stellenweise bis zu 14 Kilometer breite Urstromtal. Immer wieder haben Bauernsöhne den Fluss durch das Anlegen neuen Ackerlands herausgefordert und mussten lernen, dass das Urtal der Elbe gehört, die auf sich warten lässt, aber stets zurückkommt.

So bleiben ihre breiten Ränder das Terrain vereinzelter Fahrradfahrer, Angler und Spaziergänger. In jeder Gemeinde gibt es Eigenbrödler, vor allem ganz junge und alte, die es magisch in die Elbauen zieht und die ganze Tage in der Nähe des trägen Flusses verbringen. Von Gebirgsbewohnern heißt es, dass sie sich mit ihren höchsten Bergen identifizieren. Etwas Ähnliches gilt auch für die Anrainer des norddeutschen Stroms. In der Kindheit beginnt die libidinöse Besetzung der Elbe mit dem Schiffezählen; man identifiziert ihre Namen und Fahnen und winkt den kleinen, über das Deck turnenden Menschen zu, so wie es andere heute – weniger aussichtsreich – von Autobahnbrücken aus machen. Dass sich der Flusslauf in der Ferne in Richtung Hamburg verliert, ist nur ein Aspekt der Größenphantasien, mit denen die Elbe ihre Anwohner

beschenkt. Die aufregendsten Vorstellungen betreffen ihr Urstromtal, dessen Ausmaße die südlichen Anhöhen plastisch markieren. Wer sich in den mit Weiden, vereinzelten Bäumen, Weißdornhecken und Hagebuttenbüschen bestandenen Wiesen umschaut, den kann aus heiterem Himmel die Erkenntnis treffen, dass er sich auf dem Grunde eines gewaltigen Wassers bewegt. Zu diesem Eindruck trägt die Einsamkeit bei, die selbst an Sommertagen in den Elbsenken herrscht. Dann kippt das Trockenbecken in die Vision eines von dichtem Gehölz umschlossenen Dschungelstroms um, wie man ihn heute eher in Borneo oder im Amazonas findet. Tatsächlich gehören die Auenmischwälder mit ihren ineinander verkeilten Eichen, Eschen und Ulmen zu einer der ältesten noch erhaltenen Vegetationstypen des Landstrichs, zu jenem bis ans Wasser reichenden Dickicht des nacheiszeitlichen Atlantikums, durch das zwar nicht mehr Nashörner und Mammuts, aber Ur, Elche und Bären brachen. 1968 wurden einige der Flussregionen zum Naturpark erklärt. Die Bemühungen der Landesregierung, sie in den Nationalpark einzugliedern, scheiterten Ende der neunziger Jahre am Veto regionaler Interessengruppen. Seit einigen Monaten ist das Stromgebiet immerhin zum Biosphären-Reservat ernannt worden. Damit soll auch eine Aufforstung des Auenwalds einhergehen.

Das Rohe, Vorsintflutliche und Giganteske haust auch noch in den Hünengräbern, die, von Touristen kaum besucht, oben in den Wäldern liegen. Und wenn man die Geschichte im Zeitraffer passieren lässt, geben sie dem gemächlichen Wendland unversehens ein kosmopolitisches Gesicht. Seine klobigen Steinmäler, verstreuten »Opferberge« und Schalensteine machen es zu einer Provinz der jungsteinzeitlichen Megalithkultur, deren prunksüchtiger Barbarengeist sich von Mesopotamien über die europäischen Gewässer bis zu den Aran-Inseln erstreckte. Besiegt wurde er von den Reitervölkern des Schwarzmeers, die mit ihren Streitäxten manche Schädel spalteten und deren Urnengrabbeigaben im Wendland viele Gärten düngen.

Oberhalb der südwestlichen Elbhänge beginnt eine schwungvolle Landschaft, die im Sommer vom hypnotischen Gelb der

Rapsfelder und dem Goldgrün wogender Getreideähren überzogen ist. Mit ihrem dahin wallenden Auf und Ab zeichnet sie die Staffeln der eiszeitlichen Endmoränen nach. Zwischen den Feldern verlaufen gedrungene Hecken, deren Versponnenheit die ländlichen Einschnitte vedutenhaft polstert, verschattet und rhythmisiert. Die Höhenstraßen werden von knorrigen Apfelbäumen gesäumt, und wenn sich im Mai ihre weiß-rosa Knospen in feierlich-steife Blüten verwandeln, steht die Zeit für eine Woche still. Abseits von den Hauptverkehrswegen führen kleine Straßen und Hohlwege zu verwunschenen Dörfern mit bemoosten Reeddächern und alten Steinmauern, die Träume von einem erdnahen Leben ohne moderne Technik wecken. In den Siebzigern entdeckten alternative Gruppierungen diese Idyllen. Sie buken ihr eigenes Brot, ließen ihr Korn in den letzten regionalen Mühlen mahlen und begnügten sich mit einer unverwöhnten, fast archaisch-kargen Existenz.

Der gegenüberliegenden Elbseite fehlt von Natur aus das romantische Flair, das dem Auge in den Falten der Landschaft zahllose Geheimnisse verspricht. Zumindest aus westlicher Sicht hat die Geschichte diesen Mangel auf ihre Weise ausgeglichen. Vom bundesrepublikanischen Ufer aus stieß die Sicht an den Deich, über den nur die Giebel alter Fachwerkhäuser schauten. Man nannte das vor allem von Vopos und Vögeln bevölkerte Jenseits der Elbe »Niemandsland«, weil die direkten Elbanwohner von der DDR-Regierung tiefer ins Mecklenburgische ausgesiedelt worden waren. Als die Fähre ihren Betrieb 1989 wieder aufnahm und man das Amt Neuhaus von neuem befahren konnte, übertraf die Poesie der altmodischen Landschaft jede Vorstellungskraft. Auch wenn sie flach wie ein Handtuch war, hatten die allgegenwärtigen Baumalleen, die verwitterten Holzbrücken und unversäuberten, von Kornblumen und Klatschmohn strotzenden Raine den Zauber russischer Märchenfilme. Hier waren Mitte des 13. Jahrhunderts auf Einladung der Herzöge von Lüneburg und Lauenburg viele Holländer hingezogen. Sie legten nicht nur die Elbmarsch trocken, ihnen verdankt das Gebiet auch die Hufendorfstruktur: schmal geschnittene Äcker, die sich hinter den Gehöften ihrer Besitzer kilometerweit erstrecken und bei diversifiziertem Anbau wie bunte Stoffbahnen in der Landschaft liegen.

Die Wenden, die unterhalb der Elbe den östlichen Teil des Wendlands prägten, bauten im 12. Jahrhundert dort ihre wagenburgartigen Rundlingsdörfer mit Namen wie Satemin, Schreyahn und Mommoisel. Ethnologen werden angesichts ihrer Kreisform an die Architektur des afrikanischen Viehkrals erinnert, aber vermutlich sind die verteidigungslinienhaft aneinandergereihten Rundlinge gegen den Ansturm der Sachsen errichtet worden. Ihren unzugänglich-selbstgenügsamen Charakter erhalten diese Siedlungen nicht nur durch den Erdwall, der sie teilweise noch umgibt, sondern auch durch die sternförmig von ihnen ausschwärmenden Ländereien. Das Slawische macht sich in den hintersten Ecken Lüchow-Dannenbergs, wie das Wendland offiziell heißt, stärker bemerkbar. Man betritt sozusagen Tschechowsches Terrain. Die zu den ältesten Waldökosystemen Europas zählenden Kiefernwälder werden dichter und dunkler, und auf den Forstwegen liegt der harzige Geruch frisch geschlagener Bäume. Das atlantische Klima der Lüneburger Heide geht hier ins Kontinentale über. Die Winter sind länger und kälter, die Sommer wärmer, und am lebhaften Himmel wechseln sich dunkelblaue Gewitterfronten mit den galanten Kumuluswolken gemalter Schäferszenen ab.

Weil die Elbe jahrzehntelang ein Grenzfluss war, ist sie weniger gestylt und modernisiert als andere europäische Ströme. An ihren ungleichmäßigen Rändern finden sich von Weidengestrüpp umringte Strände, zwischen denen aus Steinen aufgehäufte Buhnenzungen ins Wasser vorlaufen. Als störungsarmes Biotop haben die Elbauen zahlreiche große und kleine Vogelarten angezogen. Dort rasten Zwergschwäne aus der russischen Tundra, skandinavische Saatgänse, Graureiher und Kranichkolonien, deren ohrenbetäubendes Trompeten tagelang von den Wiesen in die Dörfer hallt. In den kalt-windigen Herbstmonaten erhält die Marsch durch sie einen arktischen Anstrich, wenn man die langbeinigen Störche und Kormorane an diesigen Frühlingstagen durch das Gras stolzieren sieht, wecken sie eher Bilder von afrikanischen Sümpfen. In dieser

Jahreszeit ist die Luft unwiderstehlich prickelnd, und die Schichten der Landschaft heben sich in Pastelltönen aus dem Dunst. Nichts verrät mehr die Turbulenzen des Winters, die schlammigen Hochwasser und das Caspar David Friedrichsche Schollengeschiebe des Januars. Wenn die Eisbrecherflotten und Überschwemmungswarnungen verschwunden sind, liegen die Auen so jungfräulich wie unbesiegbar da, und ihr Besucher beginnt wie von selbst, große Pläne zu schmieden.

Vorpommern

Monika Maron
Krumme Gestalten, vom Wind gebissen

Bäume gibt es kaum, nur die Obstbäume in den Gärten und die Chausseebäume, an denen die Leute sich totfahren, und die Weiden am See. Einige Kilometer entfernt steht hier und da auch ein Stück Wald. Sonst bis an alle Horizonte nur Felder, über die ungebremst der Wind fegt und an kalten Tagen wie eine bissige Hundemeute über die Menschen herfällt; eine Gegend, die außer ihrer Weite und den kleinen kreisförmigen Ansammlungen von Weiden, die wie Augen in den Senken der Felder liegen, wenig zu bieten hat; eine landschaftliche Kriegswaise, arm und zurückgeblieben, getrennt von der großen Stadt Stettin, deren westliches Umland die Dörfer zwischen Löcknitz, Gartz und Schmölln einmal waren; heute der östlichste Zipfel von Vorpommern.

Das ist die Landschaft, die mir vom Leben zum Lieben zugeteilt wurde. Natürlich frage ich mich manchmal, warum es ausgerechnet diese sein musste und nicht eine lieblichere oder grandiosere, reichere, buntere, wärmere, und die einzige Antwort, die mir einfällt, sagt weder etwas über die Landschaft noch über mich, sondern nur über die geopolitischen Verhältnisse zur Zeit unseres Kennenlernens: es lag an der Erreichbarkeit, der räumlichen, finanziellen und zeitlichen Erreichbarkeit. Letztlich gründet jede Liebe in der Erreichbarkeit, hinter der aber, weil sie den Liebenden wohl zu profan und desillusionierend erscheint, lieber Schicksalhaftes vermutet wird.

In der »Ballade vom traurigen Cafe« beschreibt Carson McCullers das Entstehen von Liebe: »Oftmals löst der Geliebte nur all die aufgespeicherte Liebe aus, die bis dahin so lange im Liebenden geschlummert hat.... Die merkwürdigsten Leute können Liebe auslösen. Ein Mann kann ein zitteriger Urgroßvater sein und noch immer ein fremdes Mädchen lieben, das er eines Nachmittags vor zwanzig Jahren in den Straßen von Cheehaw sah. Der Prediger kann eine Gefallene lieben. Der Geliebte kann treulos sein, kann fettiges Haar haben oder schlechte Gewohnheiten, ja, und der Liebende mag das alles so deutlich wie alle anderen Menschen erkennen, doch das berührt das Wachstum seiner Liebe nicht im geringsten. Eine höchst mittelmäßige Person kann Gegenstand einer Liebe sein, die so wild und außerordentlich und schön wie die Giftlilie im Sumpf ist. Ein guter Mensch kann eine heftige und erniedrigende Liebe auslösen, und ein stammelnder Irrer kann in einer andern Seele ein zartes schlichtes Gefühl hervorrufen. Deshalb gelten Wert und Eigenart einer Liebe einzig vom Liebenden her.«

Vor der Liebe, vor dem ersten Blick, steht der Entschluss, lieben zu wollen, den man mitunter vor sich selbst geheim gehalten hat. Dann sieht man hin, verliebt sich und sagt später: es war Liebe auf den ersten Blick. Mein entscheidender Blick traf auf ein verfallenes, von schlammigem Acker umgebenes und in ein unglaubliches, vom Regen klargewaschenes Herbstlicht getauchtes Haus am östlichsten Rand von Vorpommern.

Von da an durfte es keinen Zweifel mehr geben. Das ruinöse Haus, die eintönige Landschaft, ihre wortkargen Bewohner, das Fett-triefende Essen in der einzigen Kneipe, die erdfarbenen Häuser – alles hat man sich so gewünscht, so und nicht anders, weil der Entschluss, einmal gefasst, richtig gewesen sein muss. Und später, als der Vorsatz, schön zu finden, was immer das ländliche Leben bereit hielt, vielleicht an Kraft verlor, war unter seinem Schutz etwas herangewachsen, das in all der Dürftigkeit das Schöne wirklich finden konnte.

Der kleine See, in eine eiszeitliche Mulde gebettet, liegt etwa hundert Meter Luftlinie vom Haus entfernt. Im Sommer verschwindet er hinter den dichten, in allen Grüntönen bis silbriggrau schimmernden Weidenbüschen und taucht erst im Spätherbst in

der jeweiligen Farbe des Himmels hinter dem kahlen Gezweig wieder auf. Wenn man in ihm schwimmt, kann man einige der Häuser auf der Anhöhe sehen, was in mir jedesmal ein rätselhaftes Gefühl irdischer Geborgenheit auslöst. Im Schilfgürtel und dem anschließenden Fenn rund um den See wohnen die Vögel, Wasservögel, Lerchen, sogar Nachtigallen, früher flog ab und zu ein erschreckter Fasan auf; ich weiß nicht, wo er geblieben ist. Und in jedem Jahr animiert uns der Kuckuck, die Jahre abzuzählen, die er uns noch zugesteht. In den Frühsommernächten geht es am See zu wie in der Oper: Soli, Duette, Rezitative, so eindringlich und dialogisch, dass man zu verstehen glaubt, was die Werbenden rufen und die Umworbenen antworten. Unser Nachbar, wie die meisten Bauern in unromantischem Einvernehmen mit der Natur, lehnte eines Nachts, die Bierflasche in der Hand, an der Treppe vor unserem Haus, lauschte der Nachtigall und flüsterte: »Hörst! Hörst! Mann, haut die Dinger raus.« Überhaupt hat mein Nachbar, als er noch lebte, schöne Sätze gesagt. Der erste, den ich mir gemerkt habe, galt uns, als wir unser gerade erworbenes Haus für den Winter vernagelten. Der Nachbar kam auf unser Grundstück und sagte: »Ick frag mich schon die janze Zeit: wer erbarmt sich da über dat Haus.« Das war vor mehr als zwanzig Jahren. Damals waren wir die einzigen Berliner in dem kleinen Ort; inzwischen gehört die Hälfte aller Häuser Städtern und unser schöner schlaglöchriger Kiesweg wurde unter einer makellosen Asphaltdecke begraben, was höchstens von ein paar Städtern bedauert wird, aber natürlich von niemandem, der hier auch im Winter lebt. Die Straße führt durchs Dorf und sonst nirgendwohin, sie endet am Feld hinter dem letzten Haus. Überhaupt kann man fast alle Wege in unserer Gegend nur hin und wieder zurückgehen. Von Schuckmannshöhe nach Battinsthal und von Battinsthal nach Schuckmannshöhe. Wollte man den Rückweg über Krackow nehmen, müsste man die letzten drei Kilometer über die schmale, vielbefahrene, ebenfalls makellose und darum für Spaziergänger lebensgefährliche Chaussee nach Schuckmannshöhe laufen. Auch der neue, mit zwei Betonspuren für die Autoräder ausgegossene Weg nach Storkow, entlang einem der sieben Penkuner Seen, beginnt an einer Chaussee und endet an einer anderen. Und selbst dem von diesem Weg abzweigenden Graspfad zum Os hat man kein anderes Ziel gegönnt als die Chaussee. Dabei gehört der Os zu unseren Attraktionen, was man ihm allerdings nicht ansieht. Eigentlich sieht er aus wie ein normaler grasbewachsener Hügel, und hätte die Naturschutzbehörde ihm nicht das Schild hingestellt, käme niemand auf die Idee, dass dieser Hügel ein Oszug und somit ein zehntausendjähriges Relikt aus der letzten Eiszeit ist, ein seltenes Zeugnis für die geologische Entstehungsgeschichte unserer Landschaft und schützender Hort für bedrohte Pflanzenarten. Hinter dem Os ragen wie Krieger der neuen Zeit fünf Windräder in den Himmel und lassen ihre Schwerter kreisen. »Verhalten Sie sich so, dass Besucher, die nach Ihnen kommen, sich in dieser Landschaft ungestört erholen können«, steht auf dem weißen Holzschild vor dem Os.

Die kleine Stadt Penkun, zu deren Amtsbereich wir gehören und die wie die ganze Region von einer Zukunft mit sanftem Tourismus träumt, weist auf ihrer Website zwei Wanderwege aus, von denen einer 1970 Meter, der andere 1820 Meter lang ist, für Sitzgelegenheiten zum Ausruhen ist gesorgt; Wanderwege wie abgerissene Fäden in der Landschaft. Einzig der Weg rund um den verwilderten Gutspark in Battinsthal, vorbei an der schönen, einem Schinkel-Schüler zugeschriebenen Grabkapelle und dem Friedhof, auf dem nun auch mein Nachbar liegt, nur dieser kurze Weg von zehn oder zwölf Minuten, beschert dem Spaziergänger eine erlösende Ankunft.

Ich habe lange nach einem den Charakter des hier ansässigen Menschenschlags erhellenden Grund für diese einfältige Weggestaltung gesucht, weil es ja an sich demütigend ist, einen Weg, den man gerade hinter sich gebracht hat, Schritt für Schritt zurückzugehen, den Hinweg somit ungeschehen zu machen und die eigene, gerade vollbrachte Anstrengung zu entwerten. Ich bin aber nur darauf gekommen, dass hier eben niemand laufen will und darum auch niemand glauben kann, dass andere hier laufen wollen.

Ob je viele Wege und Raine die Felder zwischen unseren Dörfern durchzogen haben, weiß niemand mehr so genau, es darf aber bezweifelt werden, weil in dieser Gegend schon immer wenig freie Bauern gelebt haben und die großen Felder der Güter von Saisonarbeitern aus Hinterpommern und Polen bestellt wurden, wovon noch die alten Schnitterkasernen zeugen. Auf alle Fälle waren es mehr als heute, denn jetzt gibt es keine mehr. Die meisten wurden umgepflügt, als die Kollektivierung aus allen Feldern eines machte, die übrigen wurden während der letzten zehn Jahre in vermutlich EU-subventioniertes Ackerland oder Brachen verwandelt. Nur die Traktoren hinterlassen wegartige Spuren, auf denen man ins Feld spazieren kann und dann, in der gleichen Spur, wieder zurück.

Gegenden wie unsere bieten dem Zeitgeist wenig Haftung, zu viel Himmel, zu viele Felder und Wiesen und Menschen, die ihrer Landschaft enger anzugehören scheinen als der Zeit, die über sie herrscht. Inzwischen geht man nicht mehr in den Konsum einkaufen, sondern in den Pennymarkt, das verfallene Renaissanceschloss in Penkun hat ein neues Dach, und seine gelbe Fassade leuchtet wieder über den See, auf den neuen Straßen fahren neue Autos. Nur die herangewachsenen Enkelkinder ringen hier und da noch einem alten Trabbi die letzten Kolbenschläge ab. Auf dem Marktplatz ist jetzt zweimal in der Woche Markt; die Schweineställe, deren Dreck jahrzehntelang in die Penkuner Seen geleitet wurden, sind abgeschafft; Vereine wurden gegründet, und es werden wieder mehr Kinder konfirmiert, aber die Jugendweihe gibt es auch noch. Die Jungen ziehen der Arbeit nach in den Süden und Westen oder auf die Bohrinseln vor Norwegen und Frankreich, wo sie viel Geld verdienen und vielleicht sogar Sprachen lernen. Alles ist anders geworden, und alles ist, wie es war: das Gesetz der Jahreszeiten, dem Diktaturen ebenso unterliegen wie Demokratien; die räudigen Flecken auf den Feldern, wo der Boden schlecht ist, der bissige Wind; die gebückten alten Frauen in den Vorgärten, das Misstrauen in jedwede Obrigkeit; der nächtliche Lichtschein über der nahen Stadt Stettin und natürlich der Himmel. Der fahle, diesige Himmel am Morgen, wenn das Gras noch feucht ist; die wechselnde Maskerade der Wolken: Gesichter, Pferde, krumme Gestalten, die der Wind zerfetzt und neu zusammenfügt, die Farbgewitter der Sonnenuntergänge, wenn man aus dem westlichen Fenster sieht, und unheimliche Mondgesichter über dem östlichen. Über diesem flachen Land herrscht der Himmel so unangefochten wie sonst nur über den Gipfeln der Berge. Aber Bäume gibt es kaum, nur die Obstbäume in den Gärten und die Chausseebäume, an denen die Leute sich totfahren, und die Weiden am See.

Die Mark Brandenburg

Günter de Bruyn
An der Krummen Spree

Die Vorzüge der hier zu beschreibenden Gegend bestehen vor allem in dem, was ihr fehlt. Sie hat weder nennenswerte Industrie noch fruchtbare Äcker, weder Landschaften, die allgemein als sehenswert gelten, noch berühmte historische Denkmäler oder Denkwürdigkeiten, und auch in Flora und Fauna kommen Seltenheiten nicht häufiger als anderswo vor. Massentourismus findet in ihr also keine lohnenden Ziele, und da die Zahl der Arbeitsplätze sich mit der Technisierung der Landwirtschaft immer weiter verringert, kehren ihr die jungen Leute den Rücken, so dass die immer schon geringe Bevölkerungsdichte sich von Jahr zu Jahr weiter vermindert und aus den Dörfern bald Reservate der Alten würden, gäbe es nicht auch im Massenzeitalter einige Leute, die hier ihren Wohnort wählen oder behalten, weil ihnen der Mangel an Menschen, Reizen und Geräuschen behagt.

Auch fehlt der Gegend ein ansprechender Name, wie die Bewohner des Breisgaus, des Oderbruchs oder der Goldnen Aue ihn haben. Wer hier wohnt, wird sich auf Reisen bei Fragen nach seinem Zuhause auf größere Räume zu berufen versuchen, den Osten, die Mark Brandenburg oder die Umgebung Berlins; denn er weiß aus Erfahrung, dass die Ortsnamen Beeskow und Storkow, die an Stelle eines Landschaftsnamens seit Jahrhunderten schon seine Gegend behelfsmäßig bezeichnen, sich anderswo nur in seltenen Fällen mit der Vorstellung ihrer geographischen Lage verbinden lassen, sodass bei genauerem Fragen ein weiteres Ausholen nötig ist.

Fährt man mit Bahn oder Auto von Berlin auf den Schnellstrecken nach Osten oder nach Süden, nähert man sich zwar unserer Gegend, wird sie aber verfehlen, weil sie sich noch immer erfolgreich in einem der relativ unberührten Sektoren zwischen den strahlenförmig verlaufenden Hauptverkehrsadern verbirgt. Als Bahnreisender muss man also einen Dieseltriebwagen benutzen, der sich auf einer 1898 verlegten eingleisigen Strecke im gemächlichen Tempo der Bauzeit bewegt. Unbeschrankte Bahnübergänge an Feld- und Waldwegen machen ab und zu das Fahren im Schritttempo nötig, und wenn Gegenverkehr auf einigen Bahnhöfen Wartezeiten erfordert, verschwinden die Lokführer im Bahnhofsgebäude, um Kaffee zu trinken, und die Fahrgäste können sich auf dem Bahnsteig ein wenig die Füße vertreten und eine Luft atmen, die, je nach Windrichtung, Jahreszeit und Wetterlage, nach Kiefernharz, Roggenblüte, frisch gepflügter Ackererde oder auch nach übelriechender Gülle schmeckt.

Geschwindigkeitsbeschränkung ist aber auch dem Autofahrer geraten, wenn er in Straßen minderer Klasse abbiegen muss. Dazu zwingen nicht nur die Straßenbäume, die der Fahrbahn oft einen beängstigend engen Rahmen geben und vielen Rasern, an die kleine Holzkreuze erinnern, schon zum Verhängnis wurden, sondern auch die Unebenheiten, die noch erahnen lassen, dass unter der dünnen, von Baumwurzeln gewellten Asphaltdecke noch das Kopfsteinpflaster der alten Chausseen mit den daneben laufenden sandigen Sommerwegen verborgen ist. Erst in der zweiten Hälfte des vorigen Jahrhunderts, als auch auf dem Lande Kraftfahrzeuge die Pferdefuhrwerke verdrängten, hat man sich, soweit die Finanzen reichten, um eine autofreundlichere Fahrbahnbedeckung bemüht. Die kürzeste Verbindung zwischen benachbarten Dörfern sind aber auch heute häufig noch Feld- oder Waldwege mit tiefen Fahrrinnen und heimtückischen Löchern, die einem Auto zuzumuten nicht ratsam ist.

Am reizvollsten ist es, auf dem Wasserwege in unsere Gegend zu kommen, doch ist diese Art des Reisens unsportlichen Leuten verschlossen, weil dazu kleine und leichte Boote gehören, die man an

Hindernissen, wie defekten Schleusen und geschlossenen Wehren, auch ein paar Meter über Land tragen kann. Leichter geht es mit dem Finger auf der Landkarte, auf der man sich schnell zurechtfindet, wenn man dem Lauf der Spree folgt. Sie entspringt an der Grenze Böhmens, fließt in nördlicher Richtung durch die sächsische Oberlausitz, zersplittert sich im brandenburgischen Spreewald in Hunderte schmaler Arme, fließt danach wieder genau nach Norden, als wollte sie ihr Ziel, nämlich Berlin und ihre Mündung in die Havel, auf dem kürzesten Weg erreichen, wird daran aber durch eine Hochfläche gehindert, die sie zu einem Umweg nach Osten zwingt. Viel fehlte nicht und sie würde die Oder erreichen, ihre Wasser also in die Ostsee ergießen, aber da sich bald wieder ein Durchbruch nach Norden bietet, der ihr erlaubt, kurz vor der Wasserscheide in die ursprüngliche Richtung einzuschwenken, um über Havel und Elbe die Nordsee zu speisen, grenzt sie nun die Landschaft, auf die es hier ankommt, von Süden und Osten ein.

Als Beeskower Platte oder Plateau wird diese Hochfläche von Geologen bezeichnet, und ihre Entstehung wird mit der formenden Kraft der letzten Eiszeit erklärt. Wenn auch einige ihrer großspurig als Berge bezeichneten Punkte die schwindelnde Höhe von fast 170 Metern erreichen, liegt sie im Durchschnitt doch nur sechzig bis hundert Meter über dem Meeresspiegel, ist nirgends ganz eben, sondern hebt und senkt sich unregelmäßig und geht häufig so sanft ins flache Land über, dass Autofahrer, die sie durchqueren, von ihr erst etwas merken, wenn sich die Erhebung an einigen Stellen ein wenig steiler in die Niederung der Spree oder einer Kette von Seen senkt. Radfahrer, denen auch minimale Steigungen nicht verborgen bleiben, pflegen an solchen Hängen, die lustvolles Abwärtsrollen versprechen, eine kurze Rast einzulegen, um den überraschend weiten Blick zu genießen und sich auf schattige Wälder und die kilometerlange sanfte Abfahrt ohne jede Kraftanstrengung zu freuen.

Der Hochfläche fehlen die Wälder; sie zeigt inmitten ihrer weiträumigen Äcker nur vereinzelt dürftige Wäldchen, die der gewaltsamen Flurbereinigung der sechziger und siebziger Jahre wie durch ein Wunder entgangen sind. Auch Feldwege sind nur noch wenige vorhanden, und einige von ihnen haben neuerdings ihre Funktion ganz verloren, weil die neue Beeskower Umgehungsstraße sie abrupt trennt. Vor einem halben Jahrhundert war das noch anders; da waren die weiten Flächen der Felder noch aufgeteilt in viele Parzellen, da gab es unzählige Wege, Feldraine mit Haufen von Feldsteinen, die Jahr für Jahr von den Äckern aufgesammelt wurden, ohne merklich weniger zu werden, Reihen von Obstbäumen, Büsche, alleinstehende Baumgruppen, schmale Gräben und hier und da kleine, schilfumgürtete Teiche, die hier Puhle heißen, und das alles bot Lebensraum für Hasen und Rebhühner, Eidechsen und Schlangen, Feldlerchen und Kiebitze – bis mit der Zwangskollektivierung der Bauern die Großraumwirtschaft begann. Auf unsanfte, nämlich diktatorische Weise wurde da überall im östlichen Deutschland die Mannigfaltigkeit der Landschaft dem technischen Fortschritt geopfert und damit eine Entwicklung zur Moderne vollzogen, die im Westen nicht weniger unerbittlich, aber sanfter und effektiver vor sich gegangen ist. Nach der Wiedervereinigung war nur wenigen Bauern die Wiedereinrichtung einer selbständigen Wirtschaft möglich. Die unter Zwang entstandenen Landwirtschaftlichen Genossenschaften fügten sich unter neuen Namen mühelos und meist auch erfolgreich in die veränderten Bedingungen einer technisierten, durch Subventionen am Leben gehaltenen Landwirtschaft ein.

Es blieb also bei den riesigen, ungeteilten, neuerdings mit Windrädern bestückten Äckern, die sich von einem Dorf bis zum anderen erstrecken, in windigen Trockenzeiten Sandstürme erzeugen und im Frühjahr und Winter auf den Betrachter ermüdend wirken. Im Sommer aber, wenn EU-geförderter Raps mit dem Gelb seiner Blüten auch an trüben Tagen Sonnenhelle verbreitet oder Wolken von Roggenpollen kilometerweit über die silbergrüngrauen, wellenförmig bewegten Flächen der Ähren geweht werden, wird die Einförmigkeit zu einem Naturerlebnis besonderer, nämlich technisch erzeugter Art.

Monoton ist diese Landschaft nur für den Durchreisenden, weil dieser den Zustand, in dem er sie zufällig erlebt, für den bleibenden

hält. Für ihren Einwohner dagegen ist sie bunt und lebendig durch den Wechsel von Wetter und Jahreszeiten. Er sieht sie im Winter, wenn Barfröste die Ackererde in verschlungenen Mustern aufplatzen lassen oder eisige Ostwinde Schnee über die Felder treiben und die Obstbäume an den Chausseen und Feldwegen einseitig weißen, sodass das schneefreie Holz ihrer Stämme und Äste auf der windabgewandten Seite schwarz wie Ebenholz wirkt. Er sieht sie im Frühjahr, wenn Apfelblüten an Wegen und Straßen sich langsam von Rosa in Weiß verfärben, im Sommer, wenn zum Ärger der Bauern das Grün des aufwachsenden Getreides in langen Reihen vom Rot des wilden Mohns überdeckt wird, im Spätherbst, wenn Scharen von wilden Gänsen weitab von Dörfern und Straßen die kurzen Tage auf den Äckern verbringen, um im Abenddämmern mit viel Geschrei zu ihren Schlafplätzen in den Niederungen zurückzufliegen. Er kann beobachten, wie sich in Senken, in denen sich vor der Einebnung der Äcker ein mit Entengrütze bedeckter Tümpel versteckt hatte, ein solcher sich bei Tauwetter wieder sammelt und für einige Wochen die Ackereintönigkeit schmückt. Wer hier wohnt, lebt, ob er will oder nicht, mit dem ständigen Wandel. Er kennt die im Herbst und im Frühjahr zu meidenden Wege, die sich im Sommer wieder halbwegs regenerieren, und er leidet mit Pflanzen und Tieren unter den häufig auftretenden Trockenzeiten, die die Ernten auf den meist sandigen Böden gefährden. Nirgends in Deutschland, so kann er oft hören, regnet es so wenig wie hier.

Monoton wirken auf den ersten Blick auch die Dörfer, die tatsächlich vieles gemeinsam haben, bei genauerer Betrachtung aber ein eignes Gesicht zeigen, mehr oder weniger schön. Bei allen ist die Siedlungsform ihrer Entstehungszeit im dreizehnten oder vierzehnten Jahrhundert, die des Straßen- oder Straßenangerdorfes nämlich, in ihrem Kern noch erkennbar, und die Neubauten, die zum größten Teil aus den letzten Jahrzehnten stammen, passen sich der alten Straßenführung meist an. Die Vierseithöfe, die heute, von Ausnahmen abgesehen, ihre bäuerlichen Funktionen verloren haben, sind inzwischen meist umgebaut worden; in den hinter ihnen liegenden Gärten sieht man kaum noch Gemüsebeete; Geflügel und Kleintiere werden wenige noch gehalten; und Menschen zu Fuß sind auf den Dorfstraßen selten zu sehen. Und doch gleicht keines der Dörfer dem anderen. Hat man in einem dem gepflasterten Gehweg die Bäume geopfert, so werden in einem anderen Straße und Anger noch von alten Linden beschattet, und statt der modischen Vorgärten schließen noch immer Backsteinmauern die Höfe vor fremden Blicken ab. Hier werden die Toten noch auf dem feldsteinummauerten Kirchhof inmitten des Ortes bestattet, dort hat man weitab, zwischen zwei Dörfern, zur gemeinsamen Nutzung eine neue Begräbnisstätte mit pflegeleichten betonierten Einfassungen angelegt. Der Dorfteich, der hier noch Enten, gäbe es sie, erfreuen könnte, ist andernorts als Löschteich ummauert worden, im dritten Dorf ausgetrocknet, und im vierten hat man einen Spazierweg, den niemand benutzt, um ihn herumgeführt. Unterschiedlich gestaltet sind auch die Anger, auf denen früher neben Kirche und Schule nur Schmiede und Backofen standen, von denen in neuerer Zeit aber Teile von den Gemeinden verkauft und privat bebaut wurden, sodass man sie kaum noch als solche erkennt. Mal ist die Dorfstraße in ganzer Länge zu einem Teil der verkehrsreichen Bundesstraße geworden, mal wird diese von jener gekreuzt und teilt das Dorf in zwei Hälften, und manchmal, in besonders glücklichen Fällen, führt die Chaussee am Dorf ganz vorbei. Unterschiedlich sind auch die Kirchen, die etwa jedes dritte Dorf zieren. Es gibt die Feldsteinbauten des Mittelalters, die alle mehr oder weniger umgebaut, auch verschandelt wurden, die Fachwerkbauten des achtzehnten Jahrhunderts, einen barocken Zentralbau, den hier niemand vermuten würde, und natürlich auch Neugotisches mit schlanken Türmen, die höher als die hier üblichen mit ihren schlichten Zeltdächern sind. Gemeinsam aber ist ihnen allen der schlechte Besuch am Sonntag. Sie füllen sich nur zu Weihnachten, weil man von ihnen die gemütvolle Stimmung erwartet, die man zu Hause nicht mehr erzeugen kann.

Als Theodor Fontane, um Stoff für seine »Wanderungen durch die Mark Brandenburg« zu sammeln, zwei Fahrten in unsere Gegend machte und sie dabei ein »romantisches Land« nannte, meinte er damit nicht das kahle Plateau, sondern die waldreichen Niederungen in Richtung Storkow. Ziel waren ihm der Scharmützelsee und zwei Adelssitze, Groß Rietz und Schloss Kossenblatt nämlich, über die er dann viel zu erzählen weiß. In den Höhendörfern auf seinem Wege sieht er dagegen nur die Unfruchtbarkeit der Böden, und durch die Armut der Einwohner lässt er sich zu der Behauptung verleiten, dass eine dürftige Lebensweise Geiz und Misstrauen fördert und dem Charakter nicht gut bekommt.

Der Scharmützelsee, den Fontane sozusagen entdeckte, wurde schon bald nach 1900 für die Berliner zu einer Sommerfrische mondäner Art. Wer es sich leisten konnte, hier ein Landhaus für den Sommer zu bauen, hatte vor allem am Schwimmen und Segeln Interesse und setzte kaum einen Fuß in die nahen Höhendörfer, wo es nur langweilige Äcker gab. Bei dieser Trennung der Sphären von Vergnügen und Arbeit ist es bis heute geblieben. Nach Krieg, Nachkrieg und jahrzehntelanger Besetzung der Kuranlage durch sowjetische Offiziere blüht der Kurort Bad Saarow heute wieder, aber die seefernen Dörfer werden davon kaum berührt. Ähnlich verhält es sich in der ganzen Gegend, nur wo Wald ist und Wasser, findet man Ausflügler und Urlauber, nur an Badeseen entstehen Hotels, Campingplätze und Imbissbuden. Ruhebedürftige Individualisten sollten sich also an die verachteten Plateaudörfer halten oder die Einsamkeit in wenig bekannten Niederungen suchen, in denen kein zum Baden und Bootfahren geeigneter See lästige Besucher lockt.

Nur Kundige werden zum Beispiel den schmalen Plateaueinschnitt finden, in dem ein dünnes Rinnsal, ohne ein Dorf zu berühren, vier verlandende Seen und mehrere Wiesen, die offensichtlich vor Zeiten einmal Seen waren, miteinander verbindet, um schließlich, zwischen mannshohem Schilf und Erlenbüschen versteckt, in die Spree zu fließen, die, wie gesagt, die Hochfläche im Süden und Osten begrenzt. Manche der vielen Seen liegen ziemlich versteckt in den Wäldern, auf die breite Spreeniederung aber wird jeder Durchreisende stoßen, sie in ihrer Eigenart jedoch erst kennenlernen, wenn er auf Fahrzeuge verzichtet und auch nasse Füße nicht scheut. Denn die üblichen Merkmale des Märkischen, der Sumpf und der Sand, liegen auch hier oft nur einen Schritt voneinander entfernt.

Wenn die Spree den Ober- und den Unterspreewald durchlaufen hat und sich am Südrand der Hochfläche nach Osten wendet, beginnt zwischen dem Neuendorfer und dem Schwieloch-See eine Strecke von fast zwanzig Kilometern, auf der sie sich in tollen Kurven durch die geräumige Niederung windet und ihre Wasser auch immer wieder auf Nebenarme verteilt. Sie tut also so, als wollte sie hier einen dritten Spreewald bilden, und verführt dadurch Gastwirte dazu, den werbewirksamen Namen auch für sich zu verwenden, doch ist der Erfolg dieser Täuschung glücklicherweise bisher nur gering. Außer Anglern, die das Alleinsein lieben und sich nicht gern nach dem Fangerfolg fragen lassen, wird man hier, selbst in der Nähe der wenigen Dörfer, auf Spaziergängen kaum einem Menschen begegnen, und nur in den Sommerwochen wird man vereinzelt Paddler mit der schwachen Strömung vorbeiziehen sehen. An den Ufern entlang gibt es keine Wege, geschweige denn Straßen, überall aber weglose Wiesen, Schilffelder mit Wildschweinpfaden, sumpfige Erlenwälder, und nur dort, wo Nebenarme an die Hänge der beidseitigen Höhen stoßen, reichen die trockenen Kiefernwälder, in denen sich verschlungene Wege immer finden lassen, bis an das Wasser heran.

Als Krumme Spree wird dieser Abschnitt des Flusses bezeichnet, in dem er sich zwischen der Hochfläche von Beeskow und der von Lieberose bewegt. Früher war er von hier ab schiffbar, weshalb die Brücken, die ihn überquerten, Zugbrücken waren, von denen heute nur eine, als Nachbau, erhalten ist. Bis zum Ende des neunzehnten Jahrhunderts konnte die Krumme Spree nur von flach gebauten, den Spreewaldbooten ähnlichen, kleinen Lastkähnen befahren werden; sie transportierten vorwiegend das Holz der damals wie heute waldreichen Gegend nach Berlin. Erst eine Flussregulierung und der Bau zweier Schleusen um 1900 erlaubten auch den Verkehr mit größeren Schiffen, doch kam, der Konkurrenz der Eisenbahn wegen, die Frachtschiffahrt hier bald zum Erliegen, und nur in den

Sommerwochen wurde der Fluss ein wenig von Wassersportlern belebt. Doch auch damit war es 1987 zu Ende, weil die Schleuse in Kossenblatt ihren Betrieb wegen Baufälligkeit einstellen musste und nun keine Verbindung mehr zu den Berliner Gewässern besteht.

Um die Größe eines geplanten Neubaus der Schleuse gibt es seit Jahren Streit. Während die örtlichen Behörden von der Belebung des Tourismus durch Fahrgastschifffahrt träumen, wollen die Naturschützer hier nur Sportboote dulden, die vor hundert Jahren vorgenommenen Begradigungen wieder rückgängig machen und die damals totgelegten Nebenarme mit dem Hauptstrom wieder verbinden. Dass die Graureiher, die noch vor drei Jahrzehnten in Scharen hier lebten, Horstkolonien auf den Kiefern des Niederungsrandes bauten (und mit ihren Kotmassen die Nistbäume zum Absterben brachten), heute aber nur noch vereinzelt auftreten, nach der Renaturierung des mäandernden Flusses zurückkehren werden, ist aber kaum anzunehmen; denn auch dann wäre das Hauptproblem der Spree nicht beseitigt: ihr zu niedriger Wasserstand.

Hochwasser, unter dem die fünf an der Krummen Spree liegenden Dörfer jahrhundertelang zu leiden hatten, ist heute nicht mehr zu fürchten. Die Niederungswiesen, die früher, auch zur Freude der Reiher, im Winter und im Frühjahr überschwemmt wurden und Fischen Laichplätze boten, bleiben heute zu jeder Jahreszeit trocken, da die Spree von Jahr zu Jahr weniger Wasser führt. An ihrem Oberlauf in der Lausitz wird es ihr seit Jahrzehnten durch den Abbau von Braunkohle abgegraben, und wenn die Tagebaue stillgelegt und geflutet werden, so dient dazu auch das Wasser, das der Spree in ihren unteren Bereichen fehlt.

Von den sechs Brücken, die heute die Krumme Spree überqueren, heißt eine Zollbrücke und erinnert an die Grenze zwischen Preußen und Sachsen, die hier bis 1815 verlief. Auch viele Dorf- und Flurnamen verführen zu historischen Reminiszenzen, weil sie noch von den slawischen Ureinwohnern zeugen, den früher Wenden genannten Sorben, die hier erst im Laufe des 18. Jahrhunderts allmählich deutschsprachig geworden sind. Im Mittelalter noch zur

Niederlausitz gehörig, war Beeskow-Storkow erst im sechzehnten Jahrhundert brandenburgisch geworden und bildete mit anderen Gebieten zusammen eine Zeitlang den sogenannten Kurmärkisch-Wendischen Distrikt. Da dessen Dörfer in der Mehrzahl den königlichen Domänenämtern untertan waren, gibt es nur wenige erwähnenswerte Adelssitze. Unter den Hohenzollern-Herrschern war nur einer, der Interesse für diese Gegend zeigte, der Soldatenkönig Friedrich Wilhelm I. nämlich, der in seinen letzten Lebensjahren manchmal die Einsamkeit Kossenblatts suchte, um hier, von der Gicht geplagt, seine seltsamen Bilder zu malen. Sein Sohn Friedrich der Große dagegen, den diese Landstriche mit ihren endlosen Wäldern wohl an die verhassten Jagdausflüge erinnern mochten, die er als Kronprinz von Wusterhausen aus hatte mitmachen müssen, kam nur notgedrungen auf seinen schlesischen Feldzügen manchmal hier vorbei. Verglichen mit Rheinsberg und Potsdam schien ihm das hier nur Wildnis. Zwar blieb das spreeumflossene, etwas düstere Schloss Kossenblatt bis zum Ende der Monarchie im Besitz der Krone, aber kein Monarch ließ sich dort je wieder sehen.

Die Tourismuswerbung hat also in der Beeskower Gegend an Denkwürdigkeiten aus preußischer Zeit wenig zu bieten. Und da die Relikte des Mittelalters, wie die Stadtbefestigung und die nach Kriegszerstörung im Wiederaufbau befindliche Marienkirche, sich alle in der Stadt Beeskow befinden, muss man sich als Lockmittel für den Fremdenverkehr vor allem auf die Natur berufen, wobei man diese gern als pur bezeichnet, was sie aber nicht ist. Denn alles, was einen hier freut, ist Kulturergebnis: die Äcker und Wiesen, die Pappelreihen am Ufer und die Straßenbäume, die alte Eiche auf der Dorfaue und die helle Birke im Kiefernwald. Hier, wie überall in der Mark, ist die sogenannte Natur eine mit natürlichen Mitteln gestaltete Kulturlandschaft, deren Vorzug in erster Linie in ihrer dünnen Besiedlung und dem Mangel an Touristen besteht.

Doch mit diesem Vorzug zu werben, wird sich hüten, wer ihn zu schätzen weiß.

Das Münsterland

Burkhard Spinnen
Zuhause im Normalen

»Hat der Kaiser einen Sabel, wird das Wetter miserabel. Hat der Kaiser einen Hut, wird das Wetter wieder gut.« – Der Kaiser war der gleichnamige Berg in den Alpen; einen Säbel hatte er, wenn ihm ein Wolkenband in halber Höhe vor der Nordwand hing, einen Hut, wenn seine Spitze in den Wolken verschwand. Jeden Morgen stand ich als erster auf und brachte dann meinen Eltern die Nachricht, ob wir mit Säbel- oder Hutwetter zu rechnen hatten. Einen großen Teil des restlichen Urlaubstages verbrachte ich ebenfalls mit der Betrachtung des Kaisers und der ihn flankierenden Gebirgszüge.

Ich habe damals oft darüber nachgedacht, warum meine Eltern in die Berge fuhren. Die Berge waren, so hieß es auf Nachfrage, schön. Man könne sie stundenlang ansehen. Und selbst wenn man sie nicht ansehe und stattdessen abends in der bayerischen Gastwirtschaft sitze, so wisse man doch, dass draußen die Berge seien, und das allein mache, dass man sich besser fühle.

Die Berge waren also schön. Schön war auch das Meer gewesen. Dahin waren wir vor ein paar Jahren gefahren, als ich noch zu klein war, um über den Sinn des Urlaubs nachzudenken. Ich erinnerte mich aber in Bayern noch gut genug an Jesolo, um zu wissen, dass man auch das Meer stundenlang anschauen konnte. Meine Eltern hatten das getan. Und vermutlich hatten sie sich auch abends in dem italienischen Hotelzimmer, von dem aus man das Meer nicht sehen konnten, besser gefühlt.

Aber wodurch genau diese Steigerung des Lebensgefühls? Offenbar, so ungefähr lautete damals meine Antwort am Fuße des

Kaisers, weil ein Mehr an Natur, oder besser: eine extremere Ausformung des Landschaftlichen den Zustand des Menschen verbessert. Das Gebirge ist nun unzweifelhaft ein solcher Extremfall, da es aus gewaltigen Auftürmungen der verschiedensten Naturmaterialien besteht: Felsen, Almen, Latschenkiefern, Geröll, Gletscher und so weiter. Das Meer ist auch so ein Extremfall, weil es nur aus Wasser besteht, dies aber in dauernder und sehr attraktiver Bewegung hält und zudem an den Strand schlägt, der ebenfalls nur aus einem einzigen Material besteht. Dergleichen extreme Kompositionen schaut man an und fühlt sich besser. Besser als anderswo.

Besser etwa als bei uns zu Hause. Das stützte meine These, denn zu Hause kam Landschaft nur in einer geradezu erschütternd normalen Version vor. Wir kamen vom Niederrhein, aus Mönchengladbach. Bei uns gab es keine Berge, kein Meer, nicht einmal Hügel oder Seen, selbst bis zum Rhein waren es dreißig Kilometer. Wir lebten in einer Plusminusnull-Landschaft und waren daher die idealen Urlauber. Wohin wir auch fuhren, es konnte nur mehr und stärkere Landschaft werden; wohin wir auch fuhren, wir konnten uns nur besser fühlen.

Später habe ich mir dann erklären lassen, dass auch der Niederrhein eine spezifische Landschaft mit spezifischen Reizen sei; und einmal bin ich sogar einen Märzsonntag lang mit meinem flammneuen ersten eigenen Auto, einem 75er Volkswagen Polo, in Zickzacklinien von Xanten nach Goch gefahren, nur um persönlich in Augenschein zu nehmen, was man mir über die melancholische Romantik des flachen Landes erzählt hatte. Ich habe dabei tote Rheinarme gesehen, Kopfweiden und Nebelschleier über dem Bruch. Aber die Kindheitsüberzeugung saß zu tief. Das war keine Landschaft, das war eher die Abwesenheit davon, das war nur, was unbedingt notwendig ist, um die nackte Erdkugel zu bedecken, damit wir uns nicht den Kopf an ihr aufschlagen. Hier wegzufahren, dauernd und weit, hätte mir damals eine ganz natürliche Bewegung scheinen können.

Hätte! Aber nein – ich litt durchaus nicht an Fernweh. Denn die Berge hatten mich vor Jahren ebenso maßlos gelangweilt wie das

Meer, und nachdem ich zu Ostern 1971 als Konstellation von felsigem Land und bewegtem Meer die Insel Mallorca kennen gelernt hatte, waren die Urlaube mit meinen Eltern zu Ende gegangen und keine eigenen an ihre Stelle getreten. Selbst wenn das Interrail-Ticket ganz umsonst gewesen wäre: Ich wollte wirklich nirgendwo hin, wo es schön ist! Mit zwanzig ähnelte meine Beziehung zu Landschaft und Natur der, die ich zur Musik hatte. Ich war unmusikalisch, und wäre das Wort nicht anders besetzt, müsste ich mich zudem unnatürlich nennen. Jedenfalls war ich für die Schönheiten des Rheintals so unempfänglich wie für die eines Schubert-Liedes, und die Größe der Berge sagte mir so wenig wie eine Beethoven-Symphonie. Die Alpen: Lärm für die Augen.

Warum erzähle ich das alles? Ich soll doch über die westfälische Parklandschaft schreiben. Aber glauben Sie mir, ich bin mitten im Thema. Denn tatsächlich verschlug mich im Herbst 1976 die wissende Willkür der Zentralvergabestelle für Studienplätze (ZVS) nach Münster in Westfalen, und obwohl ich dorthin eine Sprachgrenze (Benrather Linie) und – ebenso erkennbar – eine Mentalitätsgrenze überschreiten musste, fand ich mich doch in der gleichen Plusminusnull-Landschaft wieder, die ich verlassen hatte. Auch um Münster herum nur Flachland ohne nennenswerte Erhebungen, ohne bedeutende Ansammlungen von stehendem oder bewegtem Wasser oder andere geologische Konstellationen, die als Landschaft im emphatischen Sinne nach begeisterter Anschauung verlangten. Ich konnte mich praktisch wie zu Hause fühlen und tat das auch. Die Landschaft hier forderte nichts von mir, und das gab ich ihr gerne.

Nach neun Jahren in Münster heiratete ich eine Münsteranerin, nahm mit ihr zusammen eine Wohnung und bekam ein schlechtes Gewissen. Denn damals sah es so aus, als würden wir auf nicht absehbare Zeit in Münster wohnen bleiben (was wir auch getan haben), und das, da meine Beziehung zu dieser meiner neuen – Achtung, jetzt kommt ein schweres Wort: Heimat! ganz wesentlich geprägt war von der völligen Ignoranz ihrer natürlichen Umgebung. Ich tat also, was man in Münster tut, kaufte mir ein Fahrrad und unternahm zusammen mit meiner Frau mehrere Jahre lang regelmäßig ausgedehnte Touren durchs nähere Münsterland.

Münster und die Region sind dafür blendend ausgestattet. Mit drei Gängen am Rad ist man mehr als ausreichend gegen die hiesigen Steigungen gewappnet, dazu sorgt ein System von Radwegen, so genannten »Pättkes« (Pfädchen), dafür, dass man a) fast überall fernab des Autoverkehrs dusselig vor sich hin radeln und b) vermittels des Pättkesführers und einer Komplettbeschilderung des Wegesystems jederzeit wieder nach Hause finden kann. Bei diesen Radtouren nun, auf denen mein Gehirn angenehm leer, um nicht zu sagen frei wurde, frug ich mich dann auch, was ich mich bislang, weiß Gott, nie gefragt hatte: Wie sieht es hier eigentlich aus?

Normal, ja. Genau wie damals am Niederrhein. Das wusste ich schon. Aber was, zum Teufel, macht im Ganzen oder im Detail das Normale aus? Und, gewissermaßen als Existenzfrage an mich selbst, da ich mich ja endlich als Neu-Münsteraner zu betrachten begann: Ist normal schön?

Die Frage klingt fast albern, aber an ihre Beantwortung kann man ein Leben wenden. Ich radelte vorerst weiter. Der Weg macht eine Biegung ins Feld hinein, kehrt aber gleich wieder zum Saum des kleinen Waldes zurück. Dann geht es ein Stück unter Bäumen daher, vermutlich auf der eingesunkenen Schanze einer alten Landwehrbefestigung. Schon ist man wieder aus dem Wäldchen heraus und auf einem glatt asphaltierten Feldweg. Hinten ragt mit ein paar Bungalows ein Vorort in die Felder, aber den muss man gar nicht durchqueren, sondern kann ihn, an Büschen und Wallhecken entlang, umfahren, bis es über einen Entwässerungsgraben, in dem kein Wasser steht, zurück in die Felder geht und – kurzer Blick auf den Pättkesführer – weiter in Richtung des einzeln stehenden Bauernhofes, der seine Scheune mit dem Futteraufsatz hinter einem Wäldchen hervorschiebt. Nicht zu verfehlen.

Und so geht es weiter. Immer von allem Unspektakulären ein bisschen, und das sehr gleichmäßig gemischt. Von oben muss das vermutlich aussehen wie die Modelleisenbahnplatte eines harmonie-

süchtigen Zwangsneurotikers mit Gebirgs- und Gewässerphobie. Das heißt, von oben muss das sehr schön aussehen, fast paradiesisch. Zu ihrem dreißigsten Geburtstag schenkte ich meiner Frau einen Rundflug über Münster und das Münsterland, und als sich bei mir zehn Minuten nach dem Start die ärgste Todesangst gelegt hatte und ich wieder hinausschauen konnte, fand ich meine Vermutung bestätigt.

Ja, ich finde es schön hier! Aber erst seitdem ich weiß, wie man diese durch und durch unauffällige Normalnatur um mich herum nennt, kann ich mich ernstlich an eine Antwort auf die Frage machen, warum ich es hier schön finde. Dieses gewissermaßen unaufgeregte, wie mit ruhiger Hand arrangierte Nebeneinander von Äckern, Feldern, Einzelgehöften, Wiesen, Wällen, Doppelhaussiedlungen und Wäldern heißt nämlich: Parklandschaft. Dabei ist die Parklandschaft keine westfälische oder gar münsterländische Ureigenheit, es gibt sie nach meinen Internet-Recherchen unter anderem rund um Brandenburg, im Ammerland, am Niederrhein (!), in Kenia und vor allem da, wo ihr Name geprägt wurde: in England.

Park landscape. Man darf das nicht für einen Begriff nehmen, da es doch eine Metapher ist! Eine, die aus der *contradictio* entsteht. Denn entweder ist etwas Park (Menschenwerk), oder es ist Landschaft (schiere Natur, also Gotteswerk). Und keineswegs haben ja die abertausend westfälischen Bauern, Dörfler, Planer und Wegebauer das Staffelholz der Absicht, die Landschaft einem Park so ähnlich wie möglich zu machen, von Generation zu Generation weitergegeben. Nein, der Umstand, dass es hier so aussieht, wie es aussieht, hat sich wahrscheinlich aus dem Zusammenspiel etlicher Faktoren – ergeben. Einfach so. Wie von ungefähr liegt diese Landschaft auf der Grenze zwischen den Bereichen, in denen sich die Natur wenig gestalten lässt und ihre ursprüngliche Prägung behält (Gebirge, Küste), und denen, wo sie unter lauter Zivilisation verschwindet. Parklandschaft ist daher kein Terminus für eine gestalterische Absicht, sondern die Metapher für eine Wahrnehmung; für die Wahrnehmung von Mitte, Ausgleich, Balance.

Ein Wort, ähnlich denen für den Geschmack der Weine, der sich auch so unendlich schwer auf allgemein verbindliche Begriffe bringen lässt. Die Parklandschaft ist nicht durch die Anteile verschiedener geologischer oder biologischer Phänomene zu definieren, wesentlich entsteht und existiert sie vielmehr im Auge des Betrachters als genau die Mischung aus schierer Natur und menschlicher Maßnahme, die so wenig wie möglich Aufmerksamkeit fordert und vielleicht von daher signalisiert, dass sie vollständig gelungen ist.

Ich gebe zu, die Begeisterung für solch eine Landschaft stellt sich weder lautstark noch spontan ein, sondern eher durch die Hintertür der Reflexion. Und ich gebe dito zu, dass ich persönlich besonders befangen war. Nach meiner unnatürlichen Vorgeschichte war die westfälische Parklandschaft vielleicht die einzige Erscheinungsform von Natur, deren Konzentration homöopathisch genug ist, dass sie bei mir und auf mich wirken konnte. Aber heute, nach fünfundzwanzig Jahren in Münster, insbesondere nachdem berufsbedingt meine Reisen immer zahlreicher und weiter geworden sind, ist aus meiner etwas umständlich erweckten Zuneigung zum Normalen schon eine Art zarter Abhängigkeit geworden.

Ich habe sie in Sibirien gespürt, wo es im Mai unendliche blassgrüne Birkenwälder gab, in Korea, wo im Herbst die Hügel so leuchtend bunt waren, und in Südfrankreich, wo jede Ecke und jeder Ausblick von einem Impressionisten gemalt werden will. Überwältigend war das alles, ohne Zweifel, aber nach genau dieser Empfindung habe ich, zumindest was die Landschaft betrifft, kein allzu intensives Verlangen; im Gegenteil, wieder zu Hause, habe ich mich in den letzten Jahren jedesmal wohler und zufriedener gefühlt inmitten der hiesig normalen Pracht und prachtvollen Normalität. Und ich ahne schon, dass ich mich dereinst womöglich noch zum Connaisseur des Unspektakulären entwickeln werde. Von was auch immer in Pension gegangen, stehe ich dann, ans Rad gelehnt, irgendwo zwischen Havixbeck und Billerbeck und schaue. Schaue über die westfälische Parklandschaft und überlege mir: Wenn man da hinten links die leicht grotesk verwachsene Baumruine fällen, dafür den frisch verputzten Schweinestall mit etwas Efeu kaschieren würde, dann könnte der Anblick noch eine ganze Spur unaufgeregter sein, mit noch weniger Spitzen der Leidenschaft und des Aufsehens. Ja, vielleicht wäre er dann perfekt.

Die Senne

Thomas Steinfeld
Pepitahut mit Anspruch auf Besonnung

Wenn die Lastwagen, die in einer endlosen Kolonne auf der A 2 aus dem Ruhrgebiet nach Osten rollen, den Fuß des Teutoburger Waldes erreicht haben, schalten sie zurück. Ein helleres Brummen geht durch die Landschaft, und dann zieht das Gefährt mit erhöhter Tourenzahl eine kilometerlange Rampe hinauf, bis oben, auf der Kuppe, auf der im Grunde genommen lächerlich geringen Höhe von gut zweihundert Metern, wieder hinaufgeschaltet wird, und Gütersloh und Verl und Wiedenbrück hinter dem Hügel verschwinden. Dieses Geräusch, dieser bei großer Beständigkeit sich dauernd wiederholende Tonwechsel, erinnert, zumindest aus einiger Entfernung, an das Rauschen des Meeres.

Und mehr vom Meer ist hier. Nicht nur der Kalkstein, aus dem die westlichen Hügel des Teutoburger Waldes bestehen, mitsamt den Abdrücken der einst darin eingeschlossenen Muscheln, Farnblätter und Skelette. Nicht nur, weil diese Landschaft aus den Schmelzwassern der jüngsten Eiszeit entstanden ist. Sondern vor allem, weil es hier den richtigen Sand gibt, den feinkörnigen, hellgelben bis lichtgrauen Sand, der das Gehen so beschwerlich und das kindliche Höhlenbauen so gefährlich macht. Wenn die Sonne auf den Kiefern der Senne, der Landschaft vor den Hügeln, steht, wenn die Kienäpfel aufplatzen und der schwere, süße und ein wenig beißende Geruch von warmem Harz die Luft erfüllt, dann fehlt in dieser Landschaft eigentlich nur noch einer, der seinen Strandkorb über die Düne schleift. Dabei liegt der Strand erst am anderen Ende jener sich über Hunderte von Kilometern erstreckenden

Ebene, die bei Große Bokermann beginnt und in Rotterdam noch nicht zu Ende ist.

Auf dem kargen Boden der Senne, wo Schafe weideten, wo ein paar Bauern, auf dem Gut Dalbke oder auf dem Hof Ramsbrock, ihre Kartoffelfelder pflügten, wo aber auch die von Kassel nach Osnabrück verlaufende Bundesstraße 68 die Autobahn kreuzt, gründete im Jahr 1956 die »Sennestadt GmbH«, ausgestattet mit einem Kapital von dreißigtausend Mark, eine »Stadt im Grünen«. Diese Stadt war eine der größten, aber zugleich unauffälligsten sozialdemokratischen Utopien, die nach dem Zweiten Weltkrieg in Deutschland errichtet wurden, keine Trabantenstadt, deren Zentrum in Bielefeld hätte liegen müssen, sondern ein neues Gemeinwesen einschließlich Industriegebiet, Gymnasium und Kläranlage, eine Stadt für zwanzigtausend Einwohner, deren Autonomie in ihren Grundriss gezeichnet worden war, eine Neugründung, die ganz für sich allein bestehen sollte.

Sich in Sennestadt umzusehen, kostet keinen Eintritt. Und doch betritt man hier ein Freilichtmuseum der Moderne, wie sie in den späten fünfziger und frühen sechziger Jahren auszusehen schien: »Willkürliche Formen wurden im Wohnungsbau der Sennestadt vermieden«, erklärte der Hamburger Architekt Hans B. Reichow im Jahr 1968 seinen Plan, »vielmehr seine Gestaltung auf den neuen Lebensrhythmus, die vermehrte Freizeit und das wohnliche Gesicht ausgerichtet«. Dieses Gesicht aber wirkt heute wie ein Pepitahut, so frisch und noch lange nicht verschlissen, aber auch so alt und ganz und gar aus der Mode geraten.

Es ist angenehm, durch eine Stadt zu gehen, in der die Wege für die Fußgänger durch kleine Wälder führen und von den Straßen für die Automobile getrennt sind, durch eine lockere und kleinteilige Bebauung, in der sich Bungalows und vierstöckige Blocks, Reihenhäuser und ein Dutzend weit auseinander liegender Hochhäuser abwechseln. Und doch ist diesen architektonischen Formen das Leben abhanden gekommen, an das sie sich anschmiegen sollten. Die Wohnungen der ganzen Stadt sind zum Beispiel so ausgerichtet, dass die Sonne stets zur rechten Zeit hineinscheint, in die

Kinderzimmer wie in die Küchen oder in die Wohnstuben, wobei die rechte Zeit sich am Lebensrhythmus des öffentlichen Dienstes zu orientieren scheint. Das mag im Tagesablauf noch funktionieren, aber die Lebensalter haben sich nicht an die Erwartungen der Planer gehalten. Man hatte auf die Alten sehr viel Rücksicht genommen und noch mehr auf die Kinder, und die Stadt ist so entworfen, dass ein freundliches Miteinander der Enkel und der Großeltern gewährleistet sein sollte. Nun besichtigt man die einstige Planung von Kinderfreundlichkeit, aber in der Stadt begegnet man vor allem alten Menschen.

Innerhalb der Symbolik des Aufbruchs, des »Anspruchs auf Besonnung« (Hans B. Reichow), von der diese Stadt beherrscht war, der Erneuerung in Harmonie, Licht und Luft wurden Kinderspielplätze, Schulen und Sportplätze zu Chiffren des Hineinwachsens in die Zukunft. Sennestadt, durchdacht in all seinen Elementen, mit Strategien zur Vermeidung von Unfällen, zur Verhinderung sinnlosen Mopedfahrens wie zur Behinderung des unziemlichen Blicks auf den Balkon des Nachbarn ist ein gigantischer Appell an die soziale Intelligenz. Von Systemvertrauen sprach der Soziologe Niklas Luhmann in solchen Fällen. Und das Systemvertrauen war in Sennestadt hoch angesetzt.

Eine Weile hat das funktioniert, sogar gut, dann schien sich der Enthusiasmus zu erschöpfen. Die Schwimmhalle ist heute für die Öffentlichkeit geschlossen, weil die Stadt den Bademeister nicht mehr bezahlen kann. Aus Sennestadt, der Stadt der jungen Familien, des behüteten Nachwuchses, sind die Kinder fortgezogen, darunter auch ich, und nur die Eltern sind geblieben.

Eine milde Sonne liegt jetzt über dieser Stadt, die vor vierzig, fünfzig Jahren nach dem Muster eines menschlichen Blutkreislaufs errichtet wurde, mit dem Rathaus an der Stelle des Herzens, umgeben vom Stadtteich, daneben die wichtigsten Geschäfte in einstöckigen Flachbauten, das Gymnasium, der Festplatz. Mit einer von einem Bach durchflossenen grünen Lunge, die sich durch den halben Körper zieht, mit Straßen, die sich wie Arterien verzweigen, eine nach der anderen. Tatsächlich wurde in Sennestadt vieles ver-

mieden, was die Trabantenstädte anderswo so schwer erträglich macht: der Müllschlucker, das Parkdeck, der bleischwere leere Raum zwischen den allzu monumentalen Hauskörpern. Nichts ist hier gerade, alles geschwungen, gebogen, in Kurven gelegt. Weich ist diese Stadt, und aller Funktionalismus durch biomorphe Formen gemildert.

Sennestadt gehorcht dem Ideal eines gleichsam natürlichen, autonomen, sich selbst regulierenden Mechanismus, eines selbstlaufenden Systems von in sich kreisenden Systemen, wie Niklas Luhmann es als Gesetz aller Gesellschaften beschrieben hat. Diese Stadt sollte ein Gemeinwesen sein, für das es zwar eine ausführliche Gebrauchsanweisung gab, in dem aber jede Funktion des täglichen Lebens wie selbstverständlich verrichtet werden konnte.

Auf alles, was an bürgerlichen Einrichtungen großartig war oder hätte werden können, wurde hier verzichtet. Es fehlen die Villen, die Fabriken und die Boulevards, die Kunst, die Salons und der Krieg. Nach der großen Niederlage wurde klein gebaut, human, mit viel Grün und fließenden Übergängen ins Ländliche, die Verbesserung der Menschheit fest im Blick. Die britische Armee mochte ihre Kasernen, Fliegerhorste und Übungsplätze in Gütersloh oder Sennelager haben. Über Sennestadt kreisten unterdessen die einmotorigen Knatterkisten und die Segelflieger von den Flughäfen Windelsbleiche und Oerlinghausen, des guten Auftriebs wegen. Die große Geschichte malt in Tarnfarben, gelegentlich auch in Schwarz, Weiß und Rot. Hier aber herrscht die kleine Geschichte und mit ihr das helle Blau, das zarte Grün, das gebrochene Gelb. Jede Bewegung erhielt hier etwas Schlafwandlerisches, dem Historischen war Schrecken und Glanz in Pastelltönen ausgetrieben. Es fehlt nicht nur die Grausamkeit, sondern auch die Größe. Auch deswegen verlassen die Kinder nach ihrem Schulabschluss die Stadt.

Diese Beschränkung, dieser Verzicht auf alle Aufregung hat nicht nur etwas Rührendes, sondern sogar etwas Poetisches: Man hat für das Zeitlose gebaut, man hat von der Sterblichkeit abgesehen, wohl wissend, dass die Dinge eigentlich so nicht gehen können. Ein Spaziergang durch Sennestadt ist auch eine Wanderung durch einen womöglich unfreiwilligen, aber doch bewussten ländlichen Surrealismus, der insbesondere in Ostwestfalen zu Hause zu sein scheint, wo Rinnsale »Bullerbach« heißen und ganze Ortsteile, reich an Konsonanten und arm an Eitelkeit, auf Namen wie »Quakernack« oder »Kracks« hören.

Ob man hätte klüger sein sollen? Dass Sennestadt eines Tages zu den untergegangen Utopien gehören würde, war früh abzusehen – eigentlich schon in den frühen sechziger Jahren, als der wunderbare und tatsächlich funktionierende Plan des Architekten, den Verkehr sich selbst regeln zu lassen, ohne die Einrichtung von Ampeln und Vorfahrtsstraßen, nur dem simplen Prinzip von »rechts vor links« gehorchend, aufgegeben werden musste, weil die Selbstregelung im Widerspruch zum Verkehrsrecht der Bundesrepublik stand. Für alle erkennbar wurde das nahende Ende der Utopie im Jahr 1973, als Sennestadt seine gerade erworbenen Stadtrechte verlor und im Zuge der Gebietsreform der Stadt Bielefeld zugeschlagen wurde. Bielefeld aber war ärmer als der kleine Nachbar, denn in der großen Stadt gab es Viertel ohne Schwimmbad, ohne neue Grundschule, ohne gepflegten Grüngürtel. Sennestadt wurde egalisiert, und damit endete die Bautätigkeit. Und wie zum Hohn über den Traum von einer neuen lebendigen Stadt wurde zur selben Zeit an der Autobahn der Großmarkt »Famila« errichtet, und damit begann das Ende des Herrenausstatters Lükewille und des Haushaltswarenhändlers Jahnke am Stadtring.

Mitte der sechziger Jahre hatte Sennestadt neunzehntausendfünfhundert Einwohner, vierzig Jahre später sind es zweitausend mehr. Im Jahr 2000 wurden elf Häuser gebaut, die Einwohner gehen in Rente, wenn sie nicht schon darin sind, und keiner zieht mehr hin. Aber die kleine Stadt altert nicht in Scham, Verfall und Schande, sondern gewaschen und gescheitelt, mit intaktem Gebiss und bei vollem Bewusstsein. Die alte Bundesrepublik: hier lässt sich ihr Ende besichtigen. Es ist undramatisch. So wenig, wie die Entstehung der Sennestadt eine auftrumpfende Utopie war, so wenig spektakulär ist der allmähliche Untergang. Wer hier wohnt, darf eine Figur sein bis zuletzt.

Der Soziologe Niklas Luhmann, der Theoretiker der selbstregulierenden Systeme, der Anwalt des Systemvertrauens, einer der berühmtesten Professoren der im Herbst 1969 gegründeten Universität Bielefeld, wohnte übrigens in Oerlinghausen. In einem Neubau auf dem Hang oberhalb von Sennestadt.

Das Ruhrgebiet

Stephan Maus
Schlafgänger in versiegelter Landschaft

Am 16. Juli 1799 um neun Uhr morgens ging der preußische Bergbaubeamte Alexander von Humboldt in Cumana im heutigen Venezuela an Land, um den Flusslauf des Orinoko zu erkunden. Am 13. Juni 2002 um neun Uhr morgens machten wir uns auf, den Pleßbach zu erkunden, der die nördlichen Ausläufer des Bergischen Landes mit dem südlichen Ruhrgebiet verbindet. Es ist ein kleiner Bach, nirgendwo breiter als eine Schrittlänge, leicht zu durchwaten. Julia hatte Recht gehabt: Es war einfach gewesen, Ecki von der Expedition zu überzeugen. Jeder kannte ein Stück Pleßbach, aber niemand konnte seinen genauen Verlauf oder gar seine Quelle benennen. Und Ecki wollte immer alles genau wissen. Sollte er.

Anthrazithaltiger Schotter trommelte in den Radkästen, als wir auf dem Parkplatz der Burg Blankenstein hielten. »Erst mal Überblick verschaffen«, sagte Ecki. Der viereckige Wehrturm aus Sandsteinquadern ragte aus den südlichen Ruhrhöhen. »Raubritterburg«, sagte Ecki. »Mord und Totschlag«, antwortete ich. »Hellebarde, Morgenstern und Kettenhemd«, rasselte Julia. Vom obersten Wehrgang aus sah man schon von weitem Surfgeschwader mit feindlichen Wappen auf ihren Segeln über das Freizeitgebiet des mittleren Ruhrtals nahen. Wo früher Kohlenachen getreidelt wurden, drehte sich heute das Schaufelrad der Tretboote und förderte nichts als Fun zutage.

Panorama macht geschwätzig. Ecki umfasste Julias Taille und zeigte nach Norden, über den Stiepeler Berg Richtung Bochum: »Dahinten: Megapole ohne Ende. Alter Hellweg: Handelspfad von

Duisburg bis Dortmund und weiter, alles ein Quark. Laboratorium für Stauforscher. Zusammengenommen die größte Stadt Deutschlands.« »Sieht man nichts von. Alles grün hier. Märklin-Landschaft«, sagte Julia und drehte sich aus Eckis Griff. »Genau. Da unten verläuft die Trasse der ehemaligen Ruhrtalbahn. Heute Museumszug. Direkt neben eurem famosen Pleßbach. Der mündet hier in die Ruhr. Wir gehen erst mal die Schienen entlang. Dann sehen wir schon, wo der Bach lang fließt.« Vom Schieferdach eines mittelalterlichen Hauses im Blankensteiner Dorfkern erhob sich keckernd eine Elster und flog über die bewaldeten Ruhrhöhen. Für einen Moment dachte ich, ein kleines Stück Bergisches Fachwerk hätte sich aus dem Gebäude gelöst und schwebte nun über sattem Grün ruhraufwärts.

Wir gingen los. Ein steiler Weg führte von der Festung durch dichten Buchenwald hinab ins Tal. Ein frisch gezimmertes Tannenholzgeländer verströmte einen harzigen Geruch mit betäubender Wirkung. Eine Krähe krächzte, und es hörte sich an, als zöge sie das rostige Uhrwerk des noch jungen Tages auf. Ecki hatte das Kommando der Expedition übernommen und erzählte die Geschichte des Blankensteiner Burgherren, dessen Verwandter den Erzbischof Engelbert von Köln in einem Hohlweg im Bergischen Land erschlagen hatte. »Nicht allzu weit davon müsste auch die Quelle eures Pleßbachs sein. Friedrich von Isenberg von der Hattinger Isenburg hieß der Mörder. Haben ihn in Köln aufs Rad geflochten.« Julia warf mir einen beunruhigten Blick zu. »Haben wir eigentlich den Kofferraum abgeschlossen?«

Am alten Bahnhof Blankenstein-Burg betraten wir die Gleise der Ruhrtalbahn und wanderten über einem verwucherten Bahndamm durch die sumpfigen Flussauen des Kemnader Feldes. Neben uns der Pleßbach. Welche Bäume! Umgestürzte Weiden vermoderten im Erlenbruch. Aus dem Röhricht erhoben sich kaukasische Herkulesstauden und destillierten ihre giftige Sonnenmilch. Aus den alten Eisenbahnschwellen kochte die Morgenhitze ein narkotisierendes Holzschutzmittel, das uns in beißenden Schwaden in die Nase stieg: Karbolineum. Wir wanderten durch einen Sumpfmoorwald des Karbon-Zeitalters. Königsfarne vermoderten in den mäandernden Seitenarmen der Ruhr. Dieses Urstromtal zog sich von Polen bis zu den Appalachen. Kein Wunder, dass es so stickig war: Wir befanden uns südlich des heißen Erdgürtels. Mückenwolken begleiteten uns. Kontinentalverschiebung kam übermorgen. In den brackigen Äquinoktialwassern gärten abgestorbene Pflanzenteile. Es roch nach Torf. Unter dem miasmenschwirrenden Wasserspiegel wurden Farne, Baumstämme und Schachtelhalme unter Abschluss von Sauerstoff konserviert. Schicht um Schicht spülte die Ruhr Schlamm, Geröll und alte Surfanzüge über die langsam vertorfenden Pflanzenschichten, die sich in den nächsten dreihundert Millionen Jahren durch den Druck und die Erdwärme in Steinkohle verwandeln würden. In diesem Sumpf musste ewiges Fieber herrschen.

Wie ein Echo aus uralten Zeiten erklang im Dickicht ein Tuten. »Scheiße, der Museumszug«, sagte Ecki, der auf einem Stück peruanischer Fieberrinde kaute. Wir sprangen vom Bahndamm in den Uferschlamm des Baches. Schnaufend zog die Dampflok vorbei, in deren Kesseln sich zischend die Transsubstantiation von Kohle zu Zuckerwatte vollzog. Kinder mit eisverschmierten Mündern winkten uns zu, und Ecki und Julia schauten hinter den Museumsfamilien her, als bedauerten sie, dass dieser Zug für sie endgültig abgefahren war. »Ich krieg nasse Füße«, sagte Julia, und wir kletterten den Damm hinauf und gingen schweigend bis zu einem Klärbecken. Der Pleßbach machte eine Biege nach Süden, entfernte sich von der Ruhr und führte uns in ein Tal, das sich tief in die Ruhrberge gegraben hatte. Unter einer Aral-Tankstelle verschwand der Flusslauf für einige Meter und schlängelte sich zwischen den unterirdischen Öltanks her. Hier befanden sich die energiehaltigen Mineralien noch im selben Aggregatzustand wie der Bach. Doch von nun an würde er an festen Energieträgern vorbeifließen: Immer dichter lagerte die Kohle in den südlichen Ruhrhöhen an der Erdoberfläche.

»Typisches Industrietal«, sagte Ecki. »Heißt ja auch Hammertal. Werden also wohl gehämmert haben hier«, erwiderte Julia. Sollte

Ecki vor seinen Schülern dozieren. Dann hatte Julia auch Zeit für mich. Vorausgesetzt, ich musste nicht vor meinen Schülern dozieren. Aber ich versuchte, mir meinen Unterricht zeitversetzt zu Eckis zuteilen zu lassen. Unsere Stundenpläne griffen ineinander wie Zahnräder, die langsam eine uralte, mineralisierte Liebe zermahlten; mit dem Staub befeuerten Julia und ich unsere junge Leidenschaft. Wir wanderten im Straßengraben, den Bach mit seinem Saum aus Erlen, Weiden und Holundersträuchern immer im Blick. »Ist doch immer schön zu sehen, unser Pißbach. Weiß gar nicht, was ihr wollt. Wenn man sich einmal drauf konzentriert, lässt er sich wunderbar vermessen.« Ecki schien zufrieden. Genau wie Julia prophezeit hatte. Er würde sich für die Erforschung noch des unscheinbarsten Bächleins begeistern, solange niemand vor ihm auf die Idee gekommen war. Und das war noch niemand. Selbst die regionalen Wanderkarten hatten den Bach im holzfreien Papier versickern lassen, nachdem er unter der Tankstelle verschwunden war. Wir erforschten unbekanntes Land in der am dichtest besiedelten Region Deutschlands. »Tschö, Ballungsraum. Raus aus der versiegelten Landschaft!«

Über die Jahrhunderte hatte sich vielfältige Kleinindustrie an dem Bach angesiedelt, ihn aufgestaut, Wasserräder hineingesetzt oder Kühlwasser abgezweigt. Viele der roten Ziegelbauten zerfielen langsam und wucherten zu. Julia warf eine leere Cola-Dose in den Straßengraben neben eine Königslibelle, die den unsichtbaren Windschutzscheibentod gestorben war. Tod, dein Vater war Glaser! Je weiter wir uns von der Ruhr entfernten und in das Ursprungsland des Bergbaus vordrangen, desto gelöster wurde Ecki. Wir unterquerten die A 43. Winzig wirkten Julia und Ecki zwischen den hohen Autobahnpfeilern, die Maserung ihrer Verschalung im Beton trugen wie Abdrücke vorzeitlicher Farnbäume. Ecki blickte voller Respekt auf die bleiche Unterseite der vibrierenden Autobahn, die sich sauriergleich über das Tal wälzte. Die Betonplatten saßen in den schwarzen Dehnungsfugen der Fahrbahn wie die Hornschuppen eines Brustpanzers. Kurz hinter der Autobahnbrücke hatte der Sargschreiner Vosskühler Werkstatt und Showroom. Mit den Särgen kam die Natur. Nach einer Stunde hatten wir das Industrietal durchwandert. Der Pleßbach entfernte sich von der Schnellstraße, und mit ihm tauchten wir in kühle Buchenwälder.

Die Landschaft wurde buckliger. In den Hügelketten aus Sand- und Schieferstein hatte die Geologie ihre Muskeln spielen lassen, um Torf zu Steinkohle zu pressen. In den zerklüfteten Höhenzügen erblickten wir immer wieder idyllisch gelegene Bauernhöfe, deren Wetterseite mit Schiefer beschlagen war. Ihr Fachwerk schien eine Projektion der unterirdischen Stollen, Gänge und Kohleflöze auf die kalkweiße Fassade. Die Häuser standen in der Landschaft wie dreidimensionale Grubenkarten. »Bergmannskotten«, sagte Ecki. »Das hier oben war noch vorindustrieller Kohleabbau. Man hat einfach Stollen in die Bergwand getrieben und die Kohle rausgeholt. Nebenher wurde Landwirtschaft betrieben. Ganz anderes Lebensgefühl hier im Süden als in den industriellen Abbaugebieten zwischen Emscher und Ruhr. Da hockten die Bergmänner in Zechenkolonien des Werkswohnungsbaus aufeinander. Kamen weder auf Schicht noch zuhause zu Luft. Der Wohnungsmangel war so groß, dass die Familien Schlafstätten vermieteten. Jeder Haushalt nahm einen ledigen Bergmann auf, der in der Wohnung eines Kollegen ein Zimmer mietete. Hießen Schlafgänger.« Der Pleßbach rauschte, die Autobahn rauschte und auch das Blut in unseren Ohren. »Alle Flöze trugen Frauennamen. Auch unter Tage hieß es *Cherchez la Femme!*«, sagte Ecki und schritt voran. Die Einsturztrichter des oberflächennahen Bergbaus begleiteten uns.

Durch Dickicht war die überwucherte Ruine der Stollenzeche »Elisabethen Glück« zu sehen. Ein strukturkonservatives Eichhörnchen sprang von der Waschkaue, in der sich die Bergleute den Staub vom Leib geduscht hatten, auf das Dach des Lohnbüros. Ein Eichelhäher schwenkte seine blaue Schwanzfeder und schlug Alarm mit seiner Schalke-04-Fanrätsche. Verteidigte sein Revier. Wir wanderten entlang des Gleisverlaufs einer alten Kohlenschleppbahn, die vom Bergischen Land an die Ruhr hinabführte. Links und rechts breiteten sich wogende Weizenfelder aus. Wenn die Bauern im Herbst die Felder umpflügten, ernteten sie Kohle. Hier wuchs das westfälische Schwarzbrot gleich in Brikettform auf dem Acker. Erschienen in diesen Feldern mystische Kornkreise, so zeigten sie die chemische Gleichung für den Inkohlungsprozess. Ein Bussard flog im Sturzflug eine Notrufsäule vor der Autobahnausfahrt Sprockhövel an und bestellte sich eine Mäusepizza.

Je weiter wir in die Höhen kamen, desto kühler wurde das Klima. Der Bach wurde immer schmaler. Unsere Expedition gelangte an den Oberlauf. Zwischen den Notenlinien der Elektrozäune summte die heilige Melodie des unantastbaren Eigentums. Ecki psalmodierte: »In diesen alten Zechenhäusern stehen heute die elektrogesteuerten Fernsehsessel über dreihundert Meter tief abgeteuften Schachtanlagen. Hier isst du dein Schinkenbrot auf der Spitze einer methangashaltigen Luftsäule. Übers Grubentelefon kannst du direkt mit der Hölle telefonieren. Die Leute wissen nicht, über was für Abgründen sie leben«. Am Flussufer konzentrierten dichte Brennesselarmeen ihr biochemisches Abschreckungspotential. Stachelstarrende Disteln griffen auf das konventionelle Waffenarsenal zurück. Aristokratisch wedelte der Königsfarn mit seinem Fächer und träumte von schmal geschnittenen Hedi-Slimane-Anzügen. Ein gemauertes Rohr führte direkt aus einem Entwässerungsstollen in den Bach. An der Mündung dieses tonnlägigen Erbstollens lag ein alter Arbeitsschuh, den das warme, rostrote Grubenwasser aus dem Berg geschwemmt hatte. »Hier leiden die Najaden an Steinstaublunge«, schnaufte Ecki. Eine Hummel prallte ihm gegen die Wange, und er guckte entsetzt. Im Flussbett ruhten große Naturschiefertafeln, über die zahllose Wasserläufer eine kryptische Kalligraphie improvisierten. Wir kamen immer schlechter voran.

Oben in den Berghöhen waren die Reste der alten Kohlebahnanlagen noch deutlich zu erkennen. Hohe Bruchsteinmauern säumten den Schienendamm, der von verwucherten Verladerampen überragt wurde. Der Bach war nur noch ein kleines Rinnsal. Wir waren in der Wildnis angekommen, die eine tiefe Schlucht zugewuchert hatte. Die Trasse der Kohlebahn war in den massiven Fels des Sirrenbergs gesprengt worden. Das Rauschen der Autobahn war nicht mehr zu hören. Wir kämpften uns durch bauchhohen Farn. Rechts und links von uns ragten steile Felswände auf: aufgefaltetes Schiefergestein, das von Nord nach Süd strich und hier und da eine Kohleader aufwies. Wir krochen durch eine umgestürzte Buche hindurch, und vor uns tat sich ein Tunnel auf. Der Schlussstein seines gemauerten Bogens zeigte die Jahreszahl 1911. Über den Tunnel führte in dreißig Metern Höhe eine kleine Straße. Vor dem Eingang sammelte sich Zivilisationsdreck, den man oben von der Straße in die urwaldartige Schlucht geworfen hatte: Autobatterien, ein Schäferhundkiefer und ein Bündel verschnürter Tageszeitungen aus dem Jahre 1978, von Wind und Wetter zu einem Papierziegel zusammengebacken, der von düsteren Nachrichtensedimenten durchzogen war. Die Schlucht hatte die Aura einer heidnischen Kultstätte. In den Buchenzweigen hingen Autofußmatten, von der Tunneldecke baumelten Luftwurzeln. An den Mauern der Unterführung wuchsen dichte Moosfelder, die das Echo von tröpfelndem Wasser schluckten.

Ich hob einen unförmigen Gegenstand aus dem Königsfarn. Er sah aus wie ein riesiger Stalagmit oder eine in Bierteig gebackene Schaufel. »Pannschüppe«, sagte Ecki. Er stand breitbeinig im Farn, wie das Doppelbock-Fördergerüst der Essener Zeche Zollverein, Schacht zwölf. »Muss aus einem Stollen kommen, der mineralische Gase ausatmet. Da unten setzt alles Ablagerungen an: Leitern, Stützpfeiler, Kohleschaufeln. Nach einem Jahr ist alles doppelt so schwer wie vorher. Stollenchemie, Schlagwetter – lebensgefährlich.« Er zog ein Haar aus seiner Nase, das aussah wie ein Spinnenbein. Was nistete bloß in seinem Kopf? Ich blickte in mich und sah nichts als Schwarz. Seit Stunden waren wir der Bewegung der Kohle gefolgt. Vor dreihundert Millionen Jahren hatte sich hier unten im Süden kohlehaltiges Erdreich zu einem Gebirge aufgefaltet. Erosion hatte die Mergel-, Ton- und Sandsteinschichten abgetragen, sodass die Flöze dicht unter die Oberfläche traten. Die Erde kehrte ihr Innerstes nach außen. Ich spürte den Druck dunkler Meridiane in meinem Brustkasten. Auf meiner Zunge schmeckte ich Kohlestaub. In meinem Kopf war Schlagwetter.

»Lebensgefährlich«, sagte ich. »Argh«, gurgelte Ecki, schloss die Augen wie zum Einfahrtsgebet und sank in den Königsfarn. Er lag neben dem Zeitungsbündel wie eine unerfreuliche Meldung. Seine Stirn berührte den verwitterten Lochstein, der auf die Markscheide der Zechen Walfisch I und Nachtigall IV verwies: Die Bergwerksgrenze verlief mitten durch Eckis Kopf; jede Hirnhälfte ruhte über einem eigenen Grubenfeld. Ich ließ die Stalagmitenschaufel sinken. »Geschafft«, sagte Julia. »Endlich. Dachte schon, das würde eine geologische Themenwanderung bleiben.« »Besseren Ort als hier findest du nirgendwo. War so abgemacht«, antwortete ich. Gemeinsam schleppten wir den Leichnam in den stumm tropfenden Tunnel. Auf beiden Seiten der Kohlebahnschienen verliefen zwei Kanalrinnen, die mit schweren Ruhrsandsteinplatten abgedeckt waren. Bei starkem Regenfall floss hier der Pleßbach entlang. Jetzt war er nur ein feuchtes Rinnsal, das nicht einmal mehr plätscherte. Wir hoben drei der Steinplatten zur Seite und betteten Ecki in die rechte Rinne. Anschließend deckten wir sein Grab mit den Kanalplatten ab. In Eckis Grabsteine waren Hammer und Schlägel gemeißelt. Sollte er in den nächsten zehn Millionen Jahren von Kohle eingeschlossen werden, würde er sich in ein spektakuläres Fossil verwandeln. Das Schmuckstück eines jeden Naturalienkabinetts. Besonders die Maserung seiner Cordhose käme gut zur Geltung. Ecki als Leitfossil der Cordära. In manchen Landschaften lernt man, langfristig zu denken. Julia faltete die Hände und stellte ihren Kopf schief. Eine Strähne ihres kastanienbraunen Haares klebte in ihrem rechten Mundwinkel. Sie sah aus wie die Heilige Barbara, Schutzpatronin der Bergmänner, nach einem One-Night-Stand mit dem Bergassessor.

Trotz Krokodilen, elektrischen Aalen und mehreren Jaguararten konnte der Oberbergrat Alexander von Humboldt seine südamerikanische Expedition beenden, ohne Opfer beklagen zu müssen. Am 13. Juni 2002 gegen 18 Uhr brach ich mit Julia durch dichtes Gebüsch und fand mich auf einem Parkplatz wieder. Im Schotter glitzerten Anthrazitpartikel. Vor uns verlief eine schlecht geteerte Straße, hinter der sich eine Kuhweide talabwärts neigte. Wir waren an der Wasserscheide angelangt. Irgendwo unter dem Schotter lag die Quelle des Pleßbachs. Er war nur noch mit Hilfe einer mentalen Wünschelrute zu orten. Links lag die ehemalige Tiefbauzeche »Zur kleinen Windmühle«. Die dunklen Kräfte der Erde tarnen sich mit den charmantesten Namen. Vor uns standen drei Pkw-Anhänger mit Verkaufsbuden aus Pressspan auf den Ladeflächen. Eine der Jahrmarktbuden war blau, weiß und rot lackiert und trug die Aufschrift »Crêpes – Original französisch«. »Paris«, sagte Julia und griff nach meiner Hand. Strukturwandel.

Der Niederrhein

Thomas Kling
Motten unter tiefstehendem Mond

»Jede Landschaft, jedes Schillern der Landschaft enthält jede mögliche Landschaft«, schreibt der schwedische Dichter Gunnar Ekelöf, der selbst durchaus nicht als Pastoral-Lyriker festgemacht werden kann; allein die Tatsache, dass ein bedeutender Exponent der Moderne sich direkt klassische Gedanken über die Darstellbarkeit und Wiedererkennbarkeit von »Landschaft« gemacht hat, verdient unsere Beachtung. Dass dies nun auch schon wieder Jahrzehnte zurückliegt, tut nichts zur Sache. »Jede Landschaft, jedes Schillern der Landschaft ...« – hier scheint es um Übersetzungsprobleme zu gehen, und ich meine damit nicht, ob nun im Schwedischen auch »schimmern« oder sagen wir »flimmern« mitgemeint sein könnte.

Überfliegen wir die Landschaft, sehen wir sie so obenhin an, so können wir sagen: Klar, sie ist klar, sie schillert und flimmert und schimmert, immerhin; vor allem ist das schillernde Ding dort der Fluss, der Luft-Strom, und das ist der Rhein. Und aviatisch-romantisch müssten wir hinzufügen, ein Band, silbern, oder dass der Landschaftsteil »Rhein« durch die Rheinlandschaft mäandert. Das sagt man ja gerne von Flüssen, dass sie mäandern. Und dass sie spiegeln: »Das alles beut der prächt'ge Rhein an seinem Rebenstrand und spiegelt recht im hellsten Schein das ganze ...«; der Refrain dieses verschollenen Liedes der Rheinromantik, das noch auf Ausflugsdampfern der Köln-Düsseldorfer-Linie erklingen mag (das will ich doch hoffen! Weil es passt!), endet so: »... so schön, so schön am Rhein, am grünen Rhein, am Rhein, am grünen Rhein.«

Robert Reinick (1805–1852) hat es geschrieben, in Düsseldorf wohl, da hat er, der Vergessene, an der heute noch berühmten Kunstakademie studiert; ein Maler-Dichter, wie es hieß, ein Multimedia-Talent.

Düsseldorf liegt ja nun weniger am »Rebenstrand« des neuerdings mit dem Label Weltkulturerbe ausgezeichneten Mittelrheintales; Stichworte wären hier: Goethes ethnographisch interessantes »St. Rochusfest zu Bingen« und Turners marktgerecht hergestellte, fulminant flammenden, von Nebeln schimmernden Mittelrhein-Aquarelle, die dann in neuen Druckverfahren in Masse in die Welt gingen, diese Rheinsensation zu preisen. Dies vorerst zur Fundlage.

Düsseldorf liegt am Niederrhein. Und hier beginnen sie, die bewegten und hohen Holländerhimmel. Niederländerhimmel: Die Jacob-von-Ruisdael-Himmel (nenne andere Niederländer), die nie langweilig werden, da sie in steter Bewegung und also Änderung begriffen sind, immerzu verändernden, teils abrupten Licht- und Luftzugwechseln, Windströmen und gewagten Lichtabbrüchen unterworfen – dies ist schon das Schillern, das Schillern der Wolken-Konglomerate, das sich bis zur Küste kaum mehr ändern wird. So hingen sie, als Niederrheinlandschaften in Öl gemalt, als soundsovielter Teil der Düsseldorfer Schule zu Hause: auch als Gewitterwolken-Formationen, tiefhängend, schwarzbedrohlich, sehr melancholisch, also sehr niederrheinisch, fast schon spökenkiekerhaft. Über signifikanten Pappel-Alleen hingen sie (die gibt es). Die vielfach reproduzierten hohen, die Post-Ruisdael-Sommerhimmel, vor denen Korn zu »Häusern«, Garben zu von innen von Hitze dumpf riechenden, mannshohen kratzigen Jurten aufgeschichtet waren, gibt es nicht mehr; stattdessen, wie überall, gibt es die in Zylinderform gepressten Strohrollen in der prallsitzenden Plane, oft fotografiert, wie sie hier auf dem ehemaligen Hubschrauberlandeplatz der Raketenstation Hombroich unter weitem Niederländerhimmel vom nächsten Bauern zwischengelagert werden auf hochgeheiztem Asphalt: Schnittstellen der Landschaft, auch hier, und sie sagen über ihr Rollenverhalten, ihren Bild-Verleih einiges aus.

Wie verhält sich »die« Landschaft – und woraus überhaupt bestünde diese? – , wie verhält sie sich gegenüber der Merianheft-Praktikabilität, die auch nur in der früh-bundesrepublikanischen Schwarzweiß-Variante den Landschaften, so meine ich, ihre Würde gelassen hat? Gegenüber diesen Post-Baedeker-Radwanderweg-Seligkeitsversprechen, aus dem Netz ausgedruckt, kann sie da mit, die Landschaft? Wie hält sie dagegen, wenn »Geo«-Fotostrecken schon als Kunst durchgehen? Schaltet sie um auf Autopilot, die Landschaft? Schaltet sie auf Satellitensteuerung und erklärt direktemang, in modulationsfreier Freundlichkeit, sich selbst und zeigt, beuysmäßig, ihre Wunde?

Was hat sie für Dress-Codes, die Niederrheingegend hier?

Pappeln. Weiden.

Die schlackernden Arme der Windräder auf der Abraumhalde bei Grevenbroich, die den Horizont nach Südwesten hin konturieren, wenn es nicht diesig ist. Ebenfalls in Richtung Südwest: die hellen Wasserdampf-Säulen des Braunkohlekraftwerks, steil und ruhig zu dritt steigend, bei relativer Windstille; bei stärkerem Wind knicken sie ab, und die Wolken suchen, oft fast rechtwinkelig, das Weite. Und weitere Bodenproben.

Dahinter liegt Garzweiler, das Tagebaugebiet, das wanderdünenhaft die vielen modifizierten Dörfer überrollt und planiert, um sie dann auszuheben, zu großer Tiefe. Und die Schaufeln schaufeln, seit vielen Jahren schon und noch auf viele hinaus, die Dörfer weg mit den alten Rodungsnamen. »Die müssen ja alle ihre Toten umbetten!«, sagt leise die Friseuse in H., denn die Friedhöfe der Dörfer werden natürlich mit weggebaggert, und die unerkannten neolithischen Jägerlager mit den Riesenhirschgeweihen, und in der Niers-Niederung steigt das Grundwasser in den Kellern. Versicherungstechnisch sehr ungeklärt, sagt leise der pensionierte Geologe Dr. K., ein Westfale, der erfahren hat, dass es zwanzig Jahre dauert, bis man sesshaft geworden ist. Wie überall.

Anderes hält sich länger. Wie die Fluss-Aussprache, wie die Aussprache eines der Rhein-Nebenflüsse: Die Erft erhält sich gewissermaßen in der Mündung, man spricht sie in dieser Gegend, längs der Benrather Linie, flüssig so aus: Eref – und in fast eben dieser schriftlichen Gestalt taucht sie, die Erft-Flüssin, in den ältesten Urkunden schon auf. Künstliche Erhebungen, kaum vierzig Meter im Durchmesser, heute von Eichengruppen bestanden, liegen da, und dort drüben, in ihren eng gebogenen Kurven, alte Bauern-Fluchtburgen, *earth castles* aus dem frühen Mittelalter, Palisaden-Unterschlüpfe der Raubzeit normannischer Pulks. Es sind unscheinbare knollige Tumuli jetzt in den ehedem ungesunden Brüchen, gekauerte Behelfs-Inseln in den ehemaligen Mooren, in den Brüchen, die hier Broich heißen, wie die Kunst und Auenlandschaft renaturierende Museuminsel Hombroich. Das sind die »Motten«, nur archäologische Werke kennen dieses Niederrhein-Wort, Motten, man hört im Wort den Modder noch, die Matsche, den nassen, vollgesogenen Boden, aus dem hin und wieder steinalte Mooreichen auftauchen, die auch schon mal gespickt sind von Eisen, voller historischer Projektile stecken, sodass das teure Holz nicht bearbeitet werden kann und das gewissermaßen Schwarzlicht aussendende Trumm so bleiben kann, wie es ist; vorne liegen solche Stücke.

Wälder gibt es keine; Waldstücke sind rar, auf alten Karten sind mehr davon eingezeichnet, da gab es schiere Wälder, sie heißen da Bosch und Busch, die Aussprache ändert sich, die Gemarkungsnamen halten fest; die Sagen sind verschwunden, das Rundgehen, das Geister-Umgehen war beliebt, zu Moers nagelte man abergläubisch noch vor hundert Jahren die Fledermaus über die Stalltür.

Es gibt Felder; vor allem gibt es Rübenfelder, Zuckerrüben, Runkelrüben, die geerntet, zu langen, knolligen Wällen aufgeschüttet, die flache Landschaft zum Herbst hin tranchieren. Im Dialekt werden die Rüben als Knollen bezeichnet, und so heißen sie in Holland auch. Knollen ist das ältere, autochthone Wort, Rübe ist schon über das Lateinische vermittelt, in dieser alten Mischungsgegend, und wenn der Tünn Heinen, noch immer unentbehrliche Kraft auf den umliegenden Höfen, obwohl als Knecht längst in Rente und vorher schon »vom Knoche-Aaz, vom Dokter kapott geschriebe«, wenn der Tünn »Knolle« sagt, dann lächelt er,

als sei das ehedem überall gesprochene Platt schon arkanes Wissen, womit er ja Recht hat. Er kennt die Gegend, wie sie vor 1970, vor den »Landzusammenlegungen«, ausgesehen hat, mit Windschutz-Hecken und Hohlwegen, wie dem tief gelegenen, der von Gut Vockrath nach Kapellen verlaufen sein muss, wir sehen von hier aus die Baumgruppe, da hat Franz von Papen früher gewohnt. Auf den Äckern gab es Findlingsblöcke, »Kleefs«, manche waren offenbar von Birken bestanden. Diese Felsen, Flachland-Kliffs, sind vor dreißig Jahren gesprengt worden. Die Zwölf-Jahres-Löcher, auch hier, in den Chroniken. Dabei: früher wehte der Wind keinesfalls so stürmisch wie in den letzten Jahren, was von beiden, vom Tünn wie vom Bezirksjäger L., bestätigt und ernst versichert wird.

Heroische Sprachlandschaften.

Heute ist, hier wie anderenorts, fast kein Taxifahrer mehr zu finden, der Platt spräche. Hochdeutsch, beziehungsweise eine auf dem Hochdeutschen an der Schnittstelle zum Niederdeutschen basierende hochlebendige Umgangssprache hat sich spätestens seit dem Zweiten Weltkrieg durchgesetzt, während noch Mitte des neunzehnten Jahrhunderts am unteren und westlichen Niederrhein, entlang der niederländischen Grenze, oft Privatpost auf Holländisch abgefasst wurde – »Dutch«, gewissermaßen.

Der Düsseldorfer Heinrich Heine (»Köln ist die Toskana einer klassisch schlechten Aussprache des Deutschen«) wendet in den autobiographischen, seine Altstadt-Jugend betreffenden Aufzeichnungen, den ganz gewiss zarten »Memoiren« (die aus dem Nachlass erst zum Vorschein gekommen und, von Erben zensuriert, Jahrzehnte später in der »Gartenlaube« veröffentlicht wurden, und die war immerhin die »Hör zu« des Wilhelminismus – Harry, was für eine Ironie!), Heine also wendet seine ebenso lockere wie präzisionsschützenmäßige Aufmerksamkeit ganz selbstverständlich dem einheimischen Dialekt zu – »dem fatalen Kauderwelsch des Niederrheins«; bemerkenswerterweise lässt er ihm seine Würde, so jedenfalls will es uns (den Zeitgenossen der Post-Dialekt-Epoche) scheinen, indem er das Platt, das ihm alles andere als fremd war,

»Sprache« nennt: »In der Sprache der Düsseldorfer merkt man schon einen Übergang in das Froschgequake der holländischen Sümpfe. Ich will der holländischen Sprache beileibe nicht ihre eigenthümlichen Schönheiten absprechen, nur gestehe ich, dass ich kein Ohr dafür habe.« Und doch ist es das Ohren-Gedächtnis, es »enthält jede mögliche Landschaft«. Von Heine stammt eine wunderschöne, zarte, eine anthropomorphe Beschreibung des Düsseldorfer Hofgartens aus den 1820er Jahren: Man hat zum Glück die alten Schloßgärten der Gegend zuletzt wiederentdeckt.

»… enthält jede mögliche Landschaft«:

Die heroische ist die unheroische Landschaft; ist die vernetzte Sprachlandschaft, die ihrerseits Knoten bildend wirkt. Knotenanordnungen werden so hervorgerufen: urkundengestützt, gestützt von bewaffneten Augen, die schlechten Augen als Zeugen, gestützt auf Mundkunden. So haben wir es – unaufhörlich – mit Blick-Gries, mit Klumpen- und Knollenbildungen, mit Projektionen und Reproduktionen zu tun – alles schimmert! Alles schimmert durch, muss durchschimmern.

Alles geht in die Bildfläche, geht in sie über, wird in die Bildflächen überführt (Bild: Verleih).

Das ist die Landschaft, hier zeigt sie sich, hier kommt sie zum Vorschein, um sich gleich zu verändern, um wieder verändert zu werden: Er erzeugt unauffällige Blick-Knoten, der Niederrhein – egal, wo sie ihn anfangen lassen; es soll Pannemänner geben, die streiten, wo der Niederrhein anfängt! Das alte Wer-gehört-dazu-Spielchen. Was ist das für eine Redensart? Das ist doch völlig egal: Wir sind vom Niederrhein, wir sind Rheinländer, frag Hubert, Marcel oder Norbert.

Das ist die Landschaft, hier zeigt sie sich, hier kommt sie, verändert, zum Vorschein, wie drüben im nächsten Dorf diese bewegte Pappelreihe, die in eine bewegende Pappelkurve überging, die gibt es nicht mehr – hast du Töne? Das macht vielleicht, und natürlich für kurze Zeit nur, den Knoten im Hals. Wir sehen, so weit das Auge reicht, Knollen, da sind Wulste, da sind knotige, knotenhafte und alexandrinisch nicht zu lösende Zusammenballungen, die in ihrer Unauffälligkeit und Marginalität umso mehr auffallen müssen, je flacher das zu beredende Gebiet ist, diese ebenen, durch Huckel kaum unterbrochene Niederrhein-Gegenden; flache Gegend – keltische Ortsnamen darin, von Dormagen bis Nijmegen / Nimwegen, flache galloromanisch besiedelte Ecken, bis nach Xanten, Emmerich, Kranenburg und Kleve, nach Beuys-Country mithin, und weiter, in die Mündungsgebiete hinein des Rheins.

Jetzt aber rumoren Tag für Tag, bis in die Nächte, bis nach Mitternacht die Erntemaschinen, rumpeln die Großsaurier; großäugig tasten sie die Äcker ab, durchleuchten ihre Pisten. Für die Landwirtschaft war hier ziemlich genau 1953 der Einschnitt, als der erste Traktor kam, amerikanische Fabrikate, Lanz. »Da wo in Holzheim das Kaiser's ist, die niedrige Halle, da war eine Traktorenwerkstatt drin.« – »Eines Tages, vielleicht sehr bald schon, werde ich den Versuch machen, das modifizierte Dorf zu beschreiben.«

Ach, habe ich schon der Outdoor-Skihalle Erwähnung getan? Wenige Schneeballwürfe weit, wenn man um die Ecke geht, vom Ackerrand aus sieht man sie. Direkt gegenüber vom Nonnenkloster liegt die Attraktion, An der Skihalle 1 heißt die Anschrift, und nur die rauschende A 46 (für die den armen Nonnen der Chor weggerissen wurde) trennt die rheinischen Partyleute mit ihrem »Anton von Tirol« von den Klosterfrauen, die, während ihre Ohren von dem unseligen Verkehr dröhnen müssen, mit Oblaten-Backen beschäftigt sind. Dieses Teil haben sie auf die anständig begrünte Trienekens-Müllhalde hingebaut, in geschätzten vierzig Metern über Normal-Null. Die Chirurgen vom Neusser Krankenhaus fahren nun, so wird versichert, nach Kitzbühel, um sich in Sachen Skifahrer-Frakturen fit zu machen, weil da drin natürlich vor allem gefeiert wird, in dieser Indoor-Skihalle, einem selten beknackten Blickfang, wie man sich vorstellen kann, und, autsch!, die Knochen und Bänder der Gäste eben eher nicht vortrainiert sind. Die Leute mögen das und sollen bis von Holland hierher kommen.

Es wird langsam dunkel, ich habe den Bildschirm angehustet, und es schimmern darauf rotgrüne Tröpfchen. Der Beamer wird angeworfen, während in der dürren Weide am Zaun sich im Zwielicht zu groteskem Kopfverdrehen ein Eulenpärchen niedergelassen hat, der Beamer summt, und in heiserer Strahlenschau wechseln die Bilder, wie wir sie eingescannt haben. Zunächst aus dem Archivband »Rheinische Heimat« von 1927. Aus diesem Halbleinenband, »herausgegeben unter Mitarbeit von rheinischen Schulmännern« in der Farbe »rehbraun Deutsch«, den wir sehr lange schon als ethnographische Fundgrube ausbeuten, haben wir folgende zwar poröse, nichtsdestoweniger aussagekräftige Schwarzweiß-Abbildungen entnommen, echte Highlights: »Pestwurzhalde an der Niers«, »Landschaft bei Kalkar«, »Cleve, Blick auf die Schwanenburg«, »Xanten, Clever Tor«, »Schloß Moyland«, »Tönisberger Bockmühle« sowie die »Bauernküche am Niederrhein«.

Sie lebt ja aus der Überlagerung, die Landschaft! Aus ihrer Geschlossenheit vor allem auch; aus der Lücke lebt sie, dem Übergang, dem Ungeraden, Nicht-Ebenmäßigen – die Landschaft lebt aus dem Bildverleih. Den Hoch- und Bodennebel-Anordnungen mit den tiefstehenden Monden. Pappeln und schimmernden Trauerweiden. Den schrägverkopften, frisch geschneitelten Weidenstümpfen, die schnell wieder ausschlagen, borstig, und glatt und rotgertig nach den Seiten abstehen. Die Silberpappeln als Wind-Richtungsanzeiger und die schnellwachsende Ölweide, gern als Autobahnrandbewuchs gepflanzt, die Ölweide, die eigentlich eine Pappel ist; schnellwachsend auch die karmesinroten amerikanischen Pflaumenbäume, die nicht tragen, aber guten Schatten geben. Und Sichtschutz, wichtig, Zierde.

Fluggeräusche im Garten noch zwischen letztem Admiral und Boeing, zwischen Lavendel und Einflugschneise. Dass im Sommer die Vögel schweigen, stimmt ja nicht, ganz abgesehen vom Frühwarnsystem der Amseln, den Vogelnamen, die nicht mehr bekannt sind, mehr ahnt man, was da an Rufen zu welcher Art gehören könnte. Abgesehen auch von den ungenierten Jagdrufen der Feldkrähen (Krefeld), wenn sie einen Rüttelfalken erlegen, der dann unter der Schwarzkiefer im eigenen Federngestöber als plattgemachter Rest zu liegen kommt. Schon sind die grünen Aasfliegen da und die schnell zuschneidende Wespe.

Das Weserbergland

Felicitas Hoppe
Idyllen des Verschwindens

Ein blindes und ein lahmes Kind treten durch die schmaler werdende Tür meiner Erinnerung, wenn ich versuche, von meiner Heimatstadt Hameln zu sprechen und vom Bergland der Weser, das sie freundlich umgibt. Denn es sind weder die Hügel mit Fluss noch die Wanderungen über Vogler und Solling mit Blick von der GROSSEN BLÖSSE ins Tal, die meine Erinnerung wach halten, und auch nicht die herrlichen Dampferfahrten mit Aussicht auf Schlösser und Picknicks danach, Stillleben aus hartgekochten Eiern und lässig über den Daumen meines Vaters geschnittener Wurst.

Es sind die Geschichten der Gegend, die dafür sorgen, dass die Verbindung nicht abreißt, als wäre die sanfte, versöhnliche Landschaft, die sie hervorgebracht hat, nur ihre Kulisse und ich als durchreisender Kulissenschieber auf die Welt gekommen, um zufällig, ganz ohne Willen und Zutun meinerseits, neunzehn Jahre im Weserbergland zu bleiben und auf ein blindes und ein lahmes Kind zu stoßen, die hier für immer zuhause sein müssen, weil der Rattenfänger sie nicht mitnehmen will. Dreimal täglich schiebt sich an der bestaunenswerten Fassade des Hamelner Hochzeitshauses eine Plattform aus der uralten Mauer, und vor den Augen ahnungsloser Touristen beginnt im Figurentheater das Spiel des Rattenfängers von vorn. In der ersten Runde als herausfordernder Jäger verkleidet, kühn ins Grün geschnitten die Mütze, Flöte voran, das linke Turnerbein verführerisch in die Höhe gestreckt, zieht der Rattenfänger von Hameln eine lange Kette spitzfindiger Ratten hinter sich her, die immer erst in der Weser ersaufen und nachher wieder zurückkehren müssen.

Die Ratten machen mir keine Sorgen, gierig und tüchtig, in der Linken die Wurst, in der Rechten mein Brot, sind sie jeder Landschaft gewachsen. Als wären sie gar nicht von hier, sondern nur das Präludium der wahren Geschichte, die in das Idyll des zauberhaften Weserberglands unerwartet ein Drama setzt, das auch nicht hierher gehört. Aber wenn sich oben an der Fassade die magischen Klappen ein zweites Mal öffnen und der Rattenfänger in die nächste und alles entscheidende Runde geht, zeigt sich die Szene in neuem Licht. Der Rattenfänger ist umgezogen, Kopftuch statt Kappe, gelb das Gewand, darunter zum Buckel gerundet der Rücken. Er gleicht einer Frau und spielt jetzt die Hexe, die Flöte nach unten statt himmelwärts. Und hinter ihm her schieben sich Kinder, ohne Sinn und Verstand, betört von Musik. Und die Plattform dreht weiter, bis hinter der allerletzten Klappe Fänger und Kinder für immer verschwinden, im KOPPENBERG, wie die Sage behauptet, und niemand hat sie je wieder gesehen.

Zwei Kinder bleiben zurück. Ein blindes und ein lahmes Kind, die nicht schnell genug sind, um Gelegenheiten beim Schopf zu packen. Das Lahme stützt sich auf steile Krücken, den traurigen Kopf hält ein Tuch zusammen, eine seltsame Mischung aus Sehnsucht und Zahnschmerz. Das Blinde, die Augen nach oben verdreht, hält sich am Mantel des Lahmen fest, doch sein Wünschen erhascht nur den Zipfel. Genau wie ich, die ich unten stehe, gerettet wie sie und betrogen zugleich, während sich oben die letzte Klappe schließt und die Musik verstummt. Wie gerne wäre ich mitgegangen!

Stattdessen bin ich geblieben und habe neunzehn Jahre lang immer dieselbe Geschichte erzählt, doch heimlich träumte ich längst von Flucht. Denn wer möchte Chronist sein statt Abenteurer und Zeuge statt Held in dieser harmlosen Weserlandschaft von Kindern, Dichtern und Märchenerzählern, in der man bis heute darüber streitet, wie die Sache tatsächlich gewesen ist. Aussage gegen Aussage hält bis heute jeder Bewohner der Stadt eine andere Fassung hoch: Das lahme Kind sei gar nicht lahm gewesen, sondern

einfach nur stumm, das blinde dagegen nur taub. Aber welcher Stumme erzählt von Musik, und welcher Taube vermag sie zu hören? BUNGELOSENSTRASSE heißt jene Gasse, durch die der Rattenfänger samt Kindern entkam, zu deutsch: ohne Trommel. Die Straße trägt Trauer, hier singt man nicht, und hier wird nicht getanzt!

Meinen Vater kümmert das wenig, denn er ist selbst nicht von hier, sondern auch nur ein Flüchtling, der in seinen Träumen viel weiter östlich in Landschaften unterwegs ist, die vermutlich alles andere als tröstlich und lieblich sind. Aber er nahm jeden Wechsel gelassen, er ist von Natur aus historisch. Mit offenen Armen hat mein Vater das Weserbergland als neue Heimat empfangen und hat sich die Landschaft zu Eigen gemacht, als sei er der Gastgeber und die Landschaft sein Gast. Alles darin hat er für uns dingfest gemacht, alles darin soll den Kindern gehören und gehört uns bis heute. Hier der Stein, dort die Mauer, hier das Haus, da die Stadt. Und alles ein Märchen: Unten der Fluss, oben der Berg, da hinten das Schiff, darüber ein Mond.

Alles hat uns unser Vater gezeigt, er war zugereist und ortskundig aus Leidenschaft. Er kannte die Gegend in- und auswendig, er lehrte uns die Namen der Bergketten und Hügel, benannte für uns die Dörfer und Kirchen, Kapellen und Klöster, berief Helden zu Heiligen und Knechte zu Gutsherren. Er war ein Taschenspieler der Geschichte, ein Geschichtenerzähler, der, um uns die Wanderzeit zu verkürzen, Preise auslobte für die richtige Antwort. Aber im Gegensatz zu Baron von Münchhausen, der noch heute auf seinem halbierten Schlachtross unweit Hamelns in Bodenwerder sitzt, log mein Vater niemals. Falls er überhaupt jemals etwas erfand, erfand er es ehrlich und überzeugend. Sein Fundus war unerschöpflich, sein Geheimnis einfach: Er liebte die Landschaft und ihre Bewohner, er kannte sie alle persönlich, die windigen Könige, Grafen und Kaiser und sogar ihren Mohren, den man in einem Grab auf der Ottensteiner Hochebene zur letzten Ruhe gebettet hat.

Könnte ich meiner Erinnerung trauen, würde ich behaupten, meine Mutter hätte das Grab mit Blumen versorgt, denn von oben ist fast jede Aussicht schön. Nur lässt meine Ungeduld Schönheit nicht zu, ich trat von einem Fuß auf den anderen, weil ich die Landschaft nicht wirklich erfasste. Ich wollte stattdessen Koffer packen und Kopftücher aufsetzen, meine Flöte himmelwärts richten. Alles schien mir zu nah, immer nur Landschaft und ewig verfügbar, das heißt, auch am kommenden Sonntag noch da. Denn es sind nicht die Landschaften, die uns abhanden kommen, wir kommen statt dessen der Landschaft abhanden wie unserer Kindheit, die sich langsam von uns ablöst, um das zu werden, was wir später leichtfertig Erinnerung nennen.

Jetzt sitzen wir wieder in Hameln am Tisch und spielen, wir wären herumgekommen, von Station zu Station, von Posten zu Posten. Wir behaupten, wir hätten nicht viel gemeinsam, nur die Landschaft ist immer noch wirklich und da: Ruhig und träge der Fluss, darüber der Mond, darunter ein Schiff, und auf dem Schiff unser Vater, erster und einziger Kapitän der Oberweserdampfschiffahrtsgesellschaft. Wir sagen Gedichte der Schulzeit auf, als wären Gedicht und Geschichte nur Zufall, nur ein Zitat, denn wir spielen das Unterwegssein ja nur, weil wir die Notwendigkeit der Bewegung nicht kennen. Niemand hat uns verfolgt und vertrieben, wir sind lediglich sportlich, immer aus freien Stücken gegangen. Und überall hat man uns aufgenommen, nirgends zurückgewiesen, während auf den frisch gepolsterten Gartenstühlen zwischen meinem Vater und meiner Mutter ganz andere Kinder sitzen, aufrecht und stumm wie ein Vorwurf, wie der Anfang einer Geschichte, die keiner von uns zu Ende erzählt.

Dabei kenne ich den Schluss der Geschichte genau, denn längst bin ich selbst eine Ratte geworden und habe die halbe Erde umreist und dabei so getan, als gehörte mir alles, als käme es auf die Landschaft nicht an. Aber das ist nicht der Fall, denn wäre ich ehrlich, würde ich jetzt davon berichten, wie ich im letzten Jahr in der glühenden Hitze in die Höhlen von Ajanta geriet, um auf dem riesigen indischen Subkontinent zwischen ewigen Buddhas aus verletzlichem Stein auf dieselbe Touristenriege zu stoßen, die früher neben mir auf dem Marktplatz stand, den Blick nach vorn auf das

Hochzeitshaus und nach oben hin auf die Plattform gerichtet, auf der der Rattenfänger die Runden dreht. Nicht er, sondern wir sind älter geworden, unsere Kameras leichter, unsere Stimmen dünner und unser Wille fadenscheinig. Aber immer noch sind wir ungeduldig und können nicht warten, bis die Musik verstummt und das Geheimnis sich lüftet. Vielleicht auch nur deshalb, weil es in den Höhlen von Ajanta um die Mittagszeit so unbeugsam heiß wird, dass die Landschaft unter der Sonne sich in nichts auflöst.

Und während der Bus den Rest der Gesellschaft auf der Suche nach Schatten rettend verschlingt, bleibe ich stehen. Staubig und dumm in der offenen Landschaft, eine GROSSE BLÖSSE wie überall, während sich am anderen Ende der Straße aus dem gelben Sand zwei Gestalten erheben: Ein blindes und ein lahmes Kind, die dort seit Jahren auf mich warten und sich jetzt, da ich endlich gekommen bin, langsam, aber unaufhaltsam auf mich zu bewegen, die indischen Köpfe in Tücher gewickelt, die bekannte Mischung aus Sehnsucht und Zahnschmerz, die Handflächen deutlich nach oben gedreht, denn ich soll ihnen geben, was ihnen zusteht. Ich soll die Geschichte zu Ende bringen, ich soll einen Punkt in die Zeile setzen, ich soll den Sinn ihrer Landschaft begreifen und die Sinnlosigkeit meiner Reisen, die Kunst des Verschwindens, die nur jene beherrschen, die wissen, wo sie zuhause sind.

Kalter Schweiß bricht mir aus zwischen Wüste und Stein, weil ich weiß, ich kann ihnen gar nichts geben, nur Kleingeld im Hemd, und unter dem Hemd ein nutzloses Herz, das weder die Welt noch die Landschaft begreift. Und wenn ich jetzt sage, ich bin weiter gegangen, so ist das nicht wahr, denn in Wahrheit bin ich gerannt und geflohen, ohne Pferd, ein halbierter lügender Reiter, der weiß, dass sie immer zurückbleiben müssen, während ich nach dem letzten Zipfel greife, um gerettet und betrogen zugleich in der nächstbesten Höhle zu verschwinden, die in der Chronik von Hameln KOPPENBERG heißt.

Das Harzvorland

Henning Ahrens
Mit Monday auf dem Land bei Peine

Auf dem Land, hat Jottzeh mal gesagt, das ist, als wäre man lebendig begraben. Weggegangen ist er trotzdem nicht, und begraben worden ist er auch nicht.

Aber das ist eine andere Geschichte.

Natürlich hieß Jottzeh nicht Jottzeh, nur, alle haben ihn so genannt, auch Milli, seine Freundin, und zwar wegen seiner Vornamen. Johann-Christoph Paulsen hieß er richtig, und er war mein bester Freund, obwohl er mindestens fünfzig Jahre älter war als ich. Früher hatte er alles Mögliche gemacht, im Bergwerk gearbeitet, Bus gefahren und so, und schließlich hat er auch noch geschrieben, Gedichte glaub ich, aber das hat mich nie interessiert, denn ich stehe mehr auf Comics. Er hat auch nicht immer im Dorf gelebt, sondern ziemlich lange in der Großstadt, aber dann hat er Kornmanns alte Klitsche geerbt, denn mit Kornmann war er irgendwie verwandt, und ist hierher gezogen, aufs Land bei Peine.

Ich heiße übrigens auch nicht Monday, das ist nur ein Spitzname, sondern Fritz, und ich weiß auch gar nicht, warum ich das hier schreibe, aber der Ahrens hat gesagt: »Schreib du mal, Monday, du kennst dich aus«, obwohl das eigentlich Schwachsinn ist.

Aber gut: Jottzeh bestand hauptsächlich aus zwei Dingen, nämlich Landschaft und Spazierengehen. Das heißt, er ist durch die Landschaft spaziert, und häufig trug er auch im Sommer Thermoboots. Dann hatte er noch diesen Knüppel, und ohne das Ding setzte er keinen Fuß vor die Tür. Wo ist Heilig?, hat er gebrüllt, wenn er los wollte und den Knüppel nicht fand und Milli oben saß, Briefe schrieb und Kette rauchte. Milli wars schnuppe, wo Heilig war, sie war da ziemlich profan, und oft habe ich das Ding dann gefunden, meist auf der Hutablage in der Diele.

Wenn du schon auf dem Land lebst, hat Jottzeh mal gesagt, dann bitteschön dort, wo es hässlich ist. Und daran hat er sich gehalten, denn hier, zwischen Braunschweig und Hannover, ist es wirklich nicht sehr hübsch. Eher flach. Früher war es auch noch sumpfig, aber zum Glück ist davon nicht viel geblieben, und auch nicht von der Industrie. Hier gabs nämlich alles: Stahlwerk, Hütte und Erzbergwerke – den Emilieschacht in Klein Bülten etwa oder den Tagebau in Telgte –, und es gibt immer noch Kneipen namens »Glückauf« oder »Zum Knappen«, und in manchen Dörfern stehen die Räder der Fördertürme als Denkmäler rum. Aber das ist lange vorbei, und die Stollen sind mit Erde aufgefüllt worden, und dort, wo sie die Erde rausgeholt haben, bei Eixe, ist jetzt ein Badesee. Schade, ich werde die Hütte vermissen, hat Jottzeh mal gesagt, und den Smog. Ob er das ernst gemeint hat, weiß ich nicht, aber kurz vor seinem Tod hat er ganz schön gehustet.

Hier ist alles untertunnelt. Man geht spazieren, in den Wiesen etwa, die Jottzeh so geliebt hat, und darunter verlaufen die Stollen, aus denen sie das Eisenerz geholt haben und auch Fossilien, denn davon gibts hier reichlich, vor allem in den Kiesgruben. Alles aus der Eiszeit und noch älter, und das Eis hat ja mal alles plattgewalzt hier, so platt, dass man einen ziemlich guten Blick hat, vor allem, wenn man auf dem Lahberg steht, einer Grundmoräne. Von dort sieht man den Harz und den Deister und das Stahlwerk in Salzgitter, im Nordwesten das Kohlekraftwerk, im Südosten die Zuckerfabrik, die Kräne des Hafens am Mittellandkanal und auch diese Windräder, die sie jetzt überall hinsetzen. Und Dörfer und Straßen. Ein Wunder, hat Jottzeh mal gesagt, dass überhaupt noch Land übrig ist. Und das stimmt, denn alles wird von Straßen durchschnitten und zerteilt, und die Dörfer stoßen immer weiter in die Felder vor, jedenfalls südlich von Peine. Im Norden, wo der Boden sandiger wird, gabs nie Industrie und auch keine Gastarbeiter, nur

Bauern, und die Frauen tragen da immer noch einen Dutt, hab ich gehört, und Plattdeutsch sprechen sie angeblich auch, genau wie in der Zeit, als die Herzöge von Braunschweig und die Hildesheimer Bischöfe hier in der Gegend ihre Truppen aufeinander gehetzt haben.

Bevor Jottzeh so richtig krank wurde, ist er zweimal am Tag spazieren gegangen, und nachmittags, wenn die Schule aus war und ich meinem Vater nicht auf dem Hof helfen musste, bin ich mit. Geredet haben wir wenig. Wir sind nur gelaufen und haben geguckt, im Wald etwa, dem Gräwig. Da hat Jottzeh auf die geraden Baumreihen der Schonungen geschimpft und über den zugewachsenen Hügelgräbern meditiert. So hat er das jedenfalls genannt. Ich würde eher sagen, dass er im Stehen schlief, aber egal. Nach dem Wald sind wir meist in die Feldmark, in der statt Bäumen Hochspannungsmasten stehen. Gibt nur zwei, drei Blicke, die man werfen kann, ohne dass einem die Dinger in die Quere kommen, zum Beispiel nach Westen, in Richtung Schmedenstedt, auf die drei Weidenbäume, die Jottzeh so verehrt hat. Die Weiden gehören dem Mond, hat er mal gesagt, aber er hat so einiges gesagt, und vieles hab ich nie kapiert, weil es mir ein bisschen zu hoch war.

Das war in der Zeit, als die Hütte noch in Betrieb war und die Kokerei alles vernebelte. Die Eisenzüge fuhren noch an den Wiesen entlang von Groß Ilsede zum Peiner Stahlwerk, und wenn einer kam, hat sich Jottzeh die Nase zugehalten, wegen des Schwefelmiefs. Manchmal ist flüssiges Eisen aus den Pfannen gespritzt und hat das Gras am Bahndamm verbrannt. Und auch die Wiesen wurden noch bewirtschaftet, manche waren sogar umgepflügt, aber die Erde war schlecht: ganz schwarz und pulverig, und Unkraut gabs in Massen. Aber das ist jetzt alles anders, und ich weiß nicht, ob es anders ist, weil Jottzeh nicht mehr lebt, oder ob er nicht mehr lebt, weil es anders ist. Er war da sehr empfindlich. Der Fluss, der die Klein Ilseder Wiesen vom Handorfer Bruch trennt, die Fuhse, ist zwar immer noch begradigt, aber die Wiesen und Weiden sind jetzt flache, schilfbestandene Teiche, auf denen sich alle möglichen Vögel tummeln, und es kommen Ornithologen und solche Typen, und

die Leute, die zu dicht an den Wiesen wohnen, haben Wasser im Keller und sind am Fluchen. Und alles nur, weil die Schwerindustrie weg ist, denn die Hütte hat Grundwasser abgepumpt, und das tut sie nicht mehr, und jetzt ist alles wie vor hundertfünfzig Jahren, als die Bauern Torf gestochen und Reusen aufgestellt haben. Das Vieh hat damals woanders geweidet, in der Feldmark, am Pisserbach. Irgendwann war immer mal alles anders, aber als ich das Jottzeh erzählt habe, hat er nur gelacht, der Idiot, und mit Heilig gegen einen Zaunpfahl gehauen. Solange mein Blick über Schornsteine stolpert, hat er gesagt und erst auf die Hütte gezeigt und dann auf das Kraftwerk, fühle ich mich hier wohl. Und dann hat er einen großen Schritt getan, weil es nachts geregnet hatte und er den Nacktschnecken ausweichen musste.

Vielleicht ist Jottzeh für mich die Gegend, wie sie mal war. Vielleicht ist er aber auch bloß Jottzeh, der im Sommer mit Thermoboots und zu jeder Jahreszeit mit Heilig rumlief und über den sich alle im Dorf das Maul zerrissen, selbst meine Eltern, weil er mit Milli zusammen lebte, die einundzwanzig Jahre jünger war als er, und seinen Garten verwildern ließ. Mit mir hat er immer geredet, als wäre er so alt wie ich oder ich so alt wie er, und Milli mochte ich, weil sie so super Tee einschenken konnte: Kanne halben Meter über der Tasse und zack! – randvoll. Das machte ihr keiner nach. Aber auf dem Dorf hat sie sich nie wohlgefühlt, und nach Jottzehs Tod ist sie weggezogen.

Und jetzt erzähle ich doch mal davon.

Kurz vorher sind wir noch spazieren gegangen. War Spätsommer und ziemlich warm, und die Mücken haben uns gepiesackt. Wolters hat mit seinem Sohn und seiner Frau das Grummet eingefahren, mit der alten Picke, der roten, und zwischen den Schwaden sind zwei Störche rumgestakst. Die hatten gar keine Angst vor den Maschinen. Warum auch?, hat Jottzeh gesagt. Die fliegen um die halbe Welt und sollen Muffensausen vor dem dummen Blech haben? Dann hat er gehustet. Noch lieber als die Störche mochte er die Reiher. Wenn er einen entdeckt hatte, konnte er den stundenlang anstarren, und diese Viecher stehen ja ewig an einem Fleck.

Manchmal heben sie ein Bein oder drehen den Kopf, und das wars. Öde, und ich hab mich immer tödlich gelangweilt und Kaugummi gekaut. Der Reiher ist mein Totemtier, hat Jottzeh mal gesagt, als er so auf der Lauer lag, und er hat wirklich an den Quatsch geglaubt. Hat sich sogar einen Plastikreiher gekauft und zu Hause in seinen Urwald gestellt. Den mochte Milli nicht, sie fand ihn spießig, und da hat sich Jottzeh zuerst mit ihr gezofft, und dann hat er das Ding in die Mülltonne geworfen.

Bei diesem letzten Spaziergang musste ich irgendwann weg, um die Bullen zu füttern, und Jottzeh ist noch in den Wiesen geblieben, weil er unbedingt einen Reiher sehen wollte. Die waren oft beim Fischteich, und da ist es dann passiert – er ist zusammengeklappt und halb ins Wasser gerutscht, und als er wieder zu sich gekommen und nach Hause gekrochen war, ist er ins Bett gefallen und nicht mehr aufgestanden. Milli wollte einen Arzt holen, damit er ins Krankenhaus kommt, aber er hat gesagt, sie solle das bloß bleiben lassen, denn er habe nicht vor, sich um seinen Tod betrügen zu lassen. Ich hab ihn täglich besucht, und täglich wurde er magerer, und am Ende sah er uralt aus: dünne Arme, knochige Brust, und rasieren konnte er sich auch nicht mehr, und dann ist er entschlafen. So haben das die Leute im Dorf jedenfalls genannt. Außer Milli, die behauptet hat, Jottzeh würde sich »verpuppen«. Und sie hat drei Tage an seinem Bett gesessen und darauf gewartet, dass er aus dem Kokon schlüpft. Als ich am vierten Tag nach seinem Tod vorbeikam, hat sie gesagt, es sei soweit, und nun wollten wir ihn in die Wiesen bringen, denn dort solle seine Asche verstreut werden, das habe sie schriftlich. Nicht in einem Testament, natürlich, sondern in einem Brief, den er ihr geschrieben habe, nachdem sie sich kennengelernt hatten. Vor neunzehn Jahren.

Milli hat meist bekommen, was sie wollte. Sie hat Jottzeh einäschern lassen, und sie hat sich die Urne besorgt, obwohl das eigentlich verboten ist, und kam auf unseren Hof. Ich hab noch gefragt: »Bist du sicher, dass das wirklich Jottzehs Asche ist?«, aber sie hat nur geantwortet: »Ich weiß doch, wie er riecht, Monday«, und gesagt, ich solle den Fendt aus der Treckergarage holen und den Düngerstreuer anspannen. Hab ich auch gemacht, und dann sind wir über den Bahnübergang in die Wiesen, der Sommer war schon fast vorbei. Das Licht war ganz schwer und zäh, und beim kaputten Wehr, dort, wo Jottzeh immer so gern gestanden und die Wiesen betrachtet hatte, dort hat Milli die Aschenkapsel geöffnet und das, was drin war, vorsichtig in den Düngerstreuer gekippt. Dann hat sie noch einen Beutel mit getrockneten Blütenblättern darauf gestreut, so ein Potpourri, glaub ich, und ist wieder auf den Trecker gestiegen. »Fahr los!«, hat sie gerufen, und ich hab die Zapfwelle eingeschaltet, und der Düngerstreuer begann zu klappern und hat Jottzeh in den Wiesen verstreut, und das ging schnell, viel zu schnell, und Milli hat zum ersten Mal geheult und immer geschrien: »Gib Gas! Gib Gas!«, und ich hab Vollgas gegeben, und jedes Mal, wenn der Trecker durch ein Schlagloch fuhr, wäre ich fast vom Sitz geflogen, und im Rückspiegel konnte ich die Schornsteine der Hütte sehen, alles wackelte wie wild, und den Emilieschacht und die stäubende Asche – hab ich mir jedenfalls eingebildet, denn sie war so fein, dass sie kaum zu erkennen war – und die Blütenblätter, und dann wars vorbei. Aus und vorbei. Und jetzt gibts keine Rinder mehr in den Wicsen, sondern nur noch Vögel, und auch keine Weiden mehr, sondern nur noch Wasser, und wo Jottzehs Asche abgeblieben ist, weiß der Henker.

Irgendwann war immer mal alles anders, aber er hat ja nur darüber gelacht.

Das Meuselwitzer Revier

Wolfgang Hilbig
Die farbigen Gräber

VORSICHT BISSIGE BELEGSCHAFT!
Arbeitskampfplakat bei Krupp, Rheinhausen.

Irgendwann, es mochte gegen Ende der neunziger Jahre des vergangenen Jahrhunderts gewesen sein, war ich eines Nachmittags in einen der stillgelegten Industriebetriebe eingedrungen, wo ich, noch nicht zwanzig Jahre war dies her, zu Zeiten der noch existierenden DDR gearbeitet hatte. Die Lücken in den Zäunen, die unabgesperrten Tore, durch die mir das unbeobachtet gelingen konnte, fand ich mit dem Instinkt dessen, der für Jahrzehnte zur Belegschaft dieser Werke gehört hatte: zu den werktätigen Massen, wie dies im Jargon jenes Systems hieß, das sich selbst als eine Arbeiter- und Bauernmacht bezeichnete. Die riesigen Fertigungshallen waren leer, alle Maschinen, alle Werkbänke, alle Apparaturen waren aus dem Betonboden gebrochen und abtransportiert worden, auch die unter den Hallendächern laufenden Krananlagen hatte man abmontiert. Die Böden der Hallen waren durchgehend in Geröllfelder verwandelt worden, von der Arbeit unerbittlicher Presslufthämmer, die jedes noch verwertbare Stück aus seiner Verankerung gerissen hatten. Nur die leergeräumten Werkzeugspinde standen, wenn sie nicht umgefallen oder zusammengebrochen waren, rundum an den Wänden, mit halbgeöffneten Türen, an deren Innenseiten noch die eingedunkelten halbzerfetzten Aktfotografien flatterten, die man dort früher, aus Zeitschriften ausgeschnitten, angeheftet hatte. Überall im Geröll der zertrümmerten Fußböden lagen tote Tauben herum, hunderte, eine Unzahl grauer oder graublauer Taubenleichen; sie waren durch die zerschmetterten Fenster hereingeflogen und hatten in den verschachtelten Hallen nicht mehr den Ausgang gefunden. Ich wanderte durch die Gebäude, betrat die ehemaligen Bäder und Umkleideräume, auch hier zwischen den von den Wänden gefallenen Fliesen überall tote Vögel; ich stieg die Treppen zur ehemaligen Werkskantine hinauf: zertrümmertes Mobiliar, zerbrochenes Geschirr, dazwischen jede Menge leerer Schnapsflaschen: man sah, dass hier die Obdachlosen ihre Winternächte hingebracht hatten, die Penner, wie sie nun hießen, was eins der ersten Wörter war, die man aus der Westsprache übernommen hatte. – Ich verließ das Werksgebäude, überquerte die Straße, eine Verlängerung der Hauptstraße, die sich fast geradlinig durch den ganzen Ort zog, und betrat die nächsten, noch größeren Hallen. Auch hier das gleiche Bild: Leere, der aufgerissene Betonboden übersät mit toten Tauben, meine verräterisch laut knirschenden Schritte auf dem Geröll. Nur etwas schien sich erhalten zu haben, etwas Imaginäres: es war die Ausdünstung der Wände, jener vielleicht nur eingebildete brandige, schwärzliche Geruch von altem Maschinenöl, der sich im Verputz der Mauern, seit Unzeiten, wie es mir vorkam, festgesetzt hatte. Und vielleicht nahm ich diesen Geruch erst jetzt wahr… jetzt, nachdem er sich aus den Poren meiner eigenen Haut verflüchtigt hatte.

Ich wusste nichts zu sagen angesichts dieser leer hallenden Räume, in die ich mich wie ein Dieb eingeschlichen hatte: kein Wort des Zorns, keins der Trauer, nicht einmal eine Art von Nostalgie verspürte ich, was ein sehr erbärmliches Gefühl gewesen wäre. Nein, es war hier für diesen Dieb nichts zu holen… seine Beute war nichts als Leere und Sprachlosigkeit, und damit floh er wieder hinaus in die Straße, in der die Dämmerung begann. – Sogar die Streuner und Obdachlosen – die Angehörigen jener im Wachstum begriffenen Klasse des 21. Jahrhunderts, deren deutlichster Wesenszug die Wehrlosigkeit war –, selbst die hatten hier noch mehr organisieren können: sie hatten aus den aufgebrochenen Kantinenschränken Stapel von Tellern, Tassen und Untertassen mitgehen lassen; wofür sie diese brauchten, das wusste niemand. – Für den Dieb aber war nichts geblieben, keinerlei Vergangenheit, kein Gespenst aus Vorzeiten... nur etwas Unsagbares, eine Unbeschreiblichkeit, an der er sich die Zähne ausbeißen würde.

Erst Tage später, auf der Rückfahrt, als er im Bus nach Leipzig saß und aus Ostthüringen hinaus fuhr, fiel ihm ein, er habe dem Ende des Industriezeitalters in den Rachen geblickt. Es war womöglich eine dürftige Phrase, und doch erschien sie ihm zutreffend. Das Obdach der Arbeit, das dem größten Teil der Bevölkerung Ostthüringens Leben und Auskommen garantiert hatte, fiel langsam in sich zusammen. Und es konnte nicht lange dauern, bis auch die leeren Hallen geschleift wurden, dem Erdboden gleichgemacht, um die Grundstücke als Bauland denjenigen zu verkaufen, die nicht in den Straßen herumlungerten, die sich auf Bahnhöfen, von denen keine Züge mehr abfuhren, nicht auf eine Blechbüchse mit Bier stützten. Die Produktionshallen waren leer, die Produktionsmittel waren entsorgt, und die Produzenten tauchten, in zunehmender Zahl, nur noch im Ghetto der Statistiken auf, die von den Arbeitsämtern erstellt wurden ... es gab immer weniger Arbeit, aber es gab immer mehr Arbeitsämter. Die Arbeit war abgewickelt worden, wie dies in der Sprache der Treuhandgesellschaften hieß, welche das daraus resultierende Zahlenmaterial zu treuen Händen verwalteten und es nur manchmal, in Einzelfällen, veruntreuten.

Wie und wann aber hatte das Industriezeitalter in jener Gegend, dem früheren Herzogtum Sachsen-Altenburg, begonnen, womit hatte es angefangen... darüber wusste er nichts, und es gab darüber so gut wie nichts nachzulesen. – Worauf er sich beziehen konnte, waren gewisse Erinnerungen ... besser gesagt: ungewisse Erinnerungen – an seine Kindheit, an seine Jugend und die späteren Jahre –, Erinnerungen, die immer bleicher wurden, die er sich aus der Luft griff, die er sich von Leuten aneignete, die kaum etwas erzählten, und die sich in seinem Kopf in Fälschungen zu verwandeln schienen. Es waren Erinnerungen an seinen Untergang, dachte er, denn ein Mensch ohne Erinnerungen befindet sich offen-

bar auf der schiefen Bahn seines Untergangs. Landschaften, so dachte er, haben etwas Beständiges... aber es gibt in der Umgegend, aus der ich komme, keine Bilder von Bestand.

Die Mehrzahl der Siedlungen im späteren Dreiländereck zwischen dem Herzogtum Sachsen-Altenburg, dem Königreich Preußen und dem Königreich Sachsen ging auf slawische Gründungen im 6. und 7. Jahrhundert zurück, worauf die typischen Endungen der Ortsnamen noch immer hinweisen: Meuselwitz, Rositz, Kriebitzsch, Zechau, Groitzsch; die Dörfer deutscher Kolonisten – in der Regel erst im 12. und 13. Jahrhundert entstanden – hießen dagegen Wintersdorf, Ramsdorf, Starkenberg, Wildenhain oder Falkenhain; es war eine rein landwirtschaftlich geprägte Gegend, deren Böden zu den ertragreichsten in Deutschland gehörten. Auf den von endlosen Forsten umgebenen Flächen spielte die Schafhaltung eine Hauptrolle, in deren Folge die Anfänge von Industrie, Wollweberei-Manufakturen, eingerichtet von Leipziger Unternehmern, die Dörfer zu verändern begannen. Im 17. Jahrhundert entdeckte man, dass in dem Landstrich *brennbare Erde* abzubauen war; dies allerdings gelang erst in den dreißiger und vierziger Jahren des 19. Jahrhunderts in einem alles entscheidenden Ausmaß. Der Meuselwitzer Großbauer *Christian Kluge* war es, der kurz nach 1830 den ersten Braunkohlenschacht einrichtete, in dem ein kontinuierlicher Abbau möglich war, und der damit den landwirtschaftlichen Charakter der Provinz in einer revolutionär zu nennenden Weise untergrub. Die Bauern entwickelten sich zu Industriellen; schon 1860 gab es zweiundachtzig Kohlengruben im Meuselwitzer Revier, Brikettfabriken und andere Nachfolgeindustrien schlossen sich an.

Die Gegend verwandelte sich in einen Hort des Profits – nicht umsonst wurde die Kohle als *schwarzes Gold* bezeichnet –, horizontweit rauchten die Schlote; die riesigen Forste wichen dem Kohleabbau und den Eisenbahnnetzen; um die Wende zum 20. Jahrhundert war der Meuselwitzer Bahnhof ein Güterumschlagplatz, größer als alle übrigen sechsunddreißig Bahnhöfe des Herzogtums Sachsen-Altenburg zusammengenommen. Die Landwirtschaft war beinahe vergessen, die Bauern selbst hatten sie hinweggefegt, ein

Industrieproletariat wuchs heran, das sich aus Zugewanderten aller Herren Länder, besonders solcher aus Osteuropa, zusammensetzte: ich selbst, soviel weiß ich noch, bin der Nachfahre polnischer Bergarbeiter. – Aber mehr weiß ich schon nicht mehr: ich bin ein Mensch ohne Vorfahren, ohne Erinnerung an seine Vorfahren, mein sogenannter Stammbaum verliert sich irgendwo in der polnischen Ukraine... selbst mein Großvater, bei dem ich aufgewachsen bin, schien darüber so gut wie nichts zu wissen. Oder er wollte sich nicht erinnern.

In mir selbst steckt ein sonderbarer Widerstand gegen das Erinnern. Als hätte ich ein Böses in mir zu verdrängen... aber es gab nichts Böses: es gab vielleicht eine grundsätzliche Asozialität, eine Geschichtslosigkeit, eine Verachtung historischer Zusammenhänge. Ich komme aus einer Klasse, die den Boden, auf dem sie fußte, bis in die tiefsten Unergründlichkeiten aufgerissen, umgekrempelt und beraubt hat. Wir haben Wälder gefällt und zerstückt und haben, um der Kohle willen, zahllose Dörfer abgerissen und *überbaggert*, wie dies im Sprachgebrauch der Kohleindustrie hieß. – Und ich habe meine Erinnerungen von mir abgewaschen, immer wieder, wie mein Großvater sie von seiner Haut spülte, in den Waschkauen der Kohlegruben, die er allesamt mit dem Fahrrad bereiste, kilometerweit in der Umgegend um das Zentrum Meuselwitz.

Ich habe mich in den Tagebauen gereinigt, wenn ich auch nicht sagen kann, wovon. Neben den Gruben, den Schächten, gab es noch die Tagebaue, kleinere und größere, es ist mir nicht möglich, sie alle aufzuzählen. Sie lagen in den Wäldern, am Rand der Wälder, am Stadtrand und zwischen den Dörfern: sogenannte Restlöcher, in denen sich die Kohleförderung erschöpft oder nicht gelohnt hatte. Über einigen hatten sich dereinst Dörfer befunden, die man weggebaggert hatte, geblieben waren nur scheinbar nutzlose Restlöcher, die sich größtenteils mit Wasser gefüllt hatten; man war entweder auf Grundwasser oder auf unterirdische Quellen gestoßen. Und nun hießen die Löcher der *Wuitzer Tagebau* – nach dem Dorf *Wuitz*, das es nicht mehr gab –, der *Pahnaer See*, zu dem ich nie vorstieß – aus Scheu, weil es dort ein wildes FKK-Leben geben sollte –, oder der *Eichenkranz*, ein Badesee von fünf Kilometern Länge, gelegen zwischen Meuselwitz und Penkwitz, auf dessen einer Seite bald eine Ausflugsgaststätte entstand, während auf der anderen Seite Asche und Schlacke aus einer Gummiwarenfabrik eingefüllt wurde, und dennoch blieb dieser See für lange Zeit einer der saubersten. Sein Wasser galt als stark schwefelhaltig – und es roch nach Schwefel –, es gediehen darin weder Fische noch Pflanzen. Hautabschürfungen an Knien oder Ellenbogen, die man sich auf den umliegenden Fußballplätzen zufügte, heilten in dem schwefelhaltigen Wasser innerhalb kürzester Zeit ab. Der See war von einer irisierend hellblauen Farbe und von solcher Klarheit, dass man nur wegen seiner Tiefe nicht bis auf den Grund blicken konnte. Andere Seen waren dunkelgrün, die hatten die Farbe des Waldes angenommen, in den sie hineinragten, wieder andere gelblich, lehmgelb, an schönen Tagen aber gelb wie Sonnenblumen, wieder andere grau wie die Tonerde, die man hier abgebaut hatte. Andere ähnelten der Kohle, und auf ihrer Oberfläche schwamm ewiger Staub: man stieg braun aus ihren Wellen, die wärmer erschienen als das Wasser anderer Tagebaue, sie froren im Winter kaum zu. Man musste, um die Erinnerung an die Kohle und an deren Geruch von sich abzuwaschen, in das Wasser anderer, daneben liegender Tagebaue überwechseln. Rund um die Tagebaue erhoben sich die Hügel der Abraumhalden, gelber, grauer oder weißer Sand oder Kies, der aus so tiefen Regionen des Erdinnern stammte, dass er völlig unfruchtbar blieb und keinen Grashalm hervorbrachte. Es war eine Traumlandschaft im Kleinformat: Wasser, Wüste und Wald, ganz so, wie wir es in den Büchern gelesen hatten, die in den fernsten Ländern handelten, in den Ländern ferner grenzenloser Kontinente, wo dergleichen Landschaften grenzenlos und gefährlich waren. Hier waren sie nicht gefährlich, zu unserem Leidwesen, man fand sich sehr leicht aus ihren Wirrnissen wieder heraus.

Nein, es war nicht *Landschaft* zu nennen, worauf wir lebten in unserer Kindheit und unserer Jugend, es waren Verwerfungen von Landschaft, die immer wieder neu verworfen worden waren; wir verfügten über keine Landschaft und hatten daher keine Erinnerungen an ein Gelände, das je beständig gewesen war. Wir hätten Geologen oder Archäologen sein müssen, wenn wir wissen wollten, auf welchen Boden wir unseren Fuß setzten. Es waren wasserne Gräber, an deren Rand wir lebten, und von der Vergangenheit, die in ihnen begraben war, wussten wir nichts. Rund um diese Gräber türmten sich die Hügel des Sedimentgesteins, das man aus dem tiefsten Erdinnern herauf an das Licht befördert hatte. Und wenn wir in den Tagebauen schwammen, wenn wir in ihre farbigen Gewässer hinab tauchten, ohne je den Grund zu erreichen, dann spülten wir die Erinnerung an die fremdartige Gegenwart von uns ab.

Ostthüringen

Lutz Seiler
Schwarze Abfahrt: Gera-Ost

Wenn ich heute dahin fahren will, wo ich als Kind zu Hause war, gibt es viele neue Wege. Zum Beispiel die Abfahrt Nummer 59 auf der Autobahn Nummer 4, ich nenne sie *Gera-Ost*. Auf den Straßenkarten hat man sich für einen anderen Namen entschieden. Worum anderswo selbst mittelgroße Städte mühsam ringen: auf einem Schild an der Autobahn zu erscheinen, hat ausgerechnet das winzige Dorf – das »unbeugsame«, möchte man mit Asterix rufen – meiner Kindheit geschafft. Der Ort zählt 502 Einwohner und heißt *Korbußen*, ein Name, den laut und deutlich auszusprechen mir vor meinen späteren Geraer Fußballfreunden wegen des *-bußen* eine gewisse Qual bereitete. Damals sagte man, der Name des Ortes ginge zurück auf die slawischen Korbmacher, die sich dort einmal angesiedelt hatten um die Korbweiden an der Sprotte, einem kleinen Bachlauf, und um die damals noch in ausreichendem Maße durchfeuchteten Senken zwischen den Hügeln. Mit dem Uranbergbau der achtziger Jahre verschwand das Grundwasser und mit ihm die Weiden. »Das Gemeindewappen zeigt (…) eine schwarz ausgerissene Weide mit grünen Blättern; darunter in Grün ein goldener Handkorb« heißt es in der Satzung der Gemeinde.

Auch meine Mutter hat noch Ruten geschnitten. Zur Bauernwirtschaft gehörte ein eigener Weidenbestand, in einem kleinen, sumpfigen Tal. Auf zwanzig mal zwanzig Metern waren in dem vom Gehöft am weitesten abgelegenen Feld der Großbauernwirtschaft, dem sogenannten »Holzfeld«, Weidenbüsche angebaut. Die Ruten wurden an einen Korbmacher im benachbarten Großenstein geliefert, das heute mit den Ortschaften Korbußen, Bethenhausen, Brahmenau, Hirschfeld, Pölzig, Reichsstädt und Schwaara eine Verwaltungsgemeinschaft bildet. Der Großensteiner Korbmacher lieferte Körbe zum Kartoffellesen, Äpfellesen, Eierlesen sowie Viertelkörbe, die zum Austragen des gehäckselten Futters Verwendung fanden. Außerdem die großen Siedekörbe, die auf dem Rücken getragen wurden und die »Siede«, die vom Dreschen übriggebliebene Schale des Weizenkorns, aufnahmen. Als Zweijähriger stand ich, wenn meine Mutter mit dem Melken der Kühe beschäftigt war, in einem Siedekorb im Mittelgang zwischen den Tieren. Dieser Korb konnte umfallen, wenn ich zu heftig gegen ihn vorging. Nachdem ich einmal durch die Jauche des Mittelgangs gerollt war, wusste ich das und hielt mich zurück.

Auf der anderen Seite der A4 liegen die Vororte von Gera. Gera-Leumnitz, das neben Korbußen auf dem Schild zur Abfahrt 59 steht, hat einen Feldflughafen, der bis an die Autobahn heranreicht. »Unsere Luftwaffe«, hatte mein Großvater gern gewitzelt, mit der Sense beim Heumachen gen Himmel deutend, wenn eine der alten Propellermaschinen über den Feldern kreiste, um junge Leute abzuwerfen, die »zur Verteidigung des Friedens« das Fallschirmspringen einübten. Weiter Richtung Nordwesten überquert man ein paar sanfte Hügel, die ich noch »in den Beinen« habe von den Skiwanderungen der Schulzeit. Einige Jahre hatten wir in Korbußen gelebt, dem zweiten Dorf meiner Kindheit, nachdem das erste namens Culmitzsch für den Uranbergbau geschleift worden war und bevor wir, wie viele der ausquartierten Dörfler, eine der damals begehrten Neubauwohnungen in der Stadt zugewiesen bekamen. Von Korbußen bis Gera-Langenberg brauchte man mit den Skiern vier bis fünf Stunden. Es gab nichts auf diesem Weg außer der großen, gewölbten Schneefläche vor Augen und dazwischen eine oder zwei kleine Pflasterstraßen, auf der die Holzskier angenehm knirschten. Schon in den achtziger Jahren veränderte sich die Gegend. Das große Wohnungsbauprogramm war beschlossen, und Plattenbauten schoben sich von Gera-Bieblach her über die Hügel auf die Dörfer zu. Das widersprach dem Kernpunkt einer Legende,

die sich die Geraer vormals besonders gern erzählten: In Nachkriegszeiten, als man den Viermächtestatus von Berlin noch ernst nahm, hätte »ganz oben« die Überlegung bestanden, Gera zur neuen Hauptstadt eines in baldiger Zukunft vereinigten Landes auszubauen. Gera sei ein absolut aussichtsreicher Kandidat gewesen, hieß es, und davon waren wir alle überzeugt. Nur, weil die »Experten« Bedenken gehabt hätten wegen der unsäglichen Talkessellage, die eine notwendige Expansion der Stadt behinderte, seien nicht wir »Hauptstadt« des neuen Deutschlands und schon gar nicht der DDR geworden. Die gesamtdeutsche Geographie, für die Gera ein halbwegs zentraler Punkt hätte sein können, verlor schließlich rapide an Bedeutung, Gera wurde »Bezirkshauptstadt«. Nach der Grenzöffnung 1989 erinnerten sich die Geraer sofort, wie schnell man nach Hof kommen konnte zum Einkaufen, oder dass es auch nach Bayreuth im Grunde nur ein Katzensprung war.

Wenn ich heute unsere alte Skistrecke ablaufen wollte, die ein Dorf und die Stadt meiner Kindheit verbindet, wäre es unmöglich, in der Loipe zu bleiben. Die Neubauten der achtziger Jahre und die Reihenhäuser der Nachwendezeit reichen bereits bis an das Korbußen benachbarte Dorf Trebnitz heran, das einmal auf halbem Wege in den Feldern gelegen hatte und inzwischen zur Stadt Gera gehört. Trebnitz – das war das Dorf mit dem Bäcker, der sich mit Buttercremetorten in der ganzen Umgegend einen Namen gemacht hatte. Zu jedem Geburtstag besorgten meine Eltern Trebnitzer Buttercremetorte, weiße oder (bei Abgabe von »echtem Kakao«) auch braune, wunderbar verziert die Zahl der Lebensjahre, und im Dekor hatte der Konditor die Sollschnittstellen für sechzehn Keile hauchdünn vorgezeichnet. Man musste rechtzeitig vorbestellen und schätzte sich glücklich, wenn der Name in den kleinen ausgefransten Tortenkalender des »Bäcker Behr« aufgenommen worden war, der links von der Kasse an einem Bindfaden herunterhing. Und obwohl ich Buttercreme mit zunehmendem Alter immer weniger mochte und später kaum noch ertrug: Die Geburtstagstorten wurden immer freudig in Angriff genommen und für köstlich befunden, ein magischer Glanz von Tradition und Erinnerung schien über der im Grunde unerträglich süßen Speise zu liegen, wenn sie am Ehrentag aus dem Kühlschrank gehoben wurde.

Noch vor Trebnitz zog sich unsere Loipe über die Felder hinter der »Bärenweinschänke« entlang, von der damals schon nur der Name übrig war. Statt der Schänke lagen dort die alte Ziegelei und die Lehmgrube, aus der später ein kleiner Teich wurde mit Anglern am Ufer. Schräg gegenüber der »Bärenweinschänke« – eine Bushaltestelle auf dem Weg nach Ronneburg hatte diesen Namen angenommen und überliefert – steht jetzt ein »Globus«-Markt. Gegenüber vom »Globus«-Markt liegt der alte Feldflughafen. Inzwischen landen dort die Manager der angesiedelten Firmen mit ihren Privatmaschinen. Einige müssen dann nur noch über die Autobahn Richtung Korbußen, wobei sie die Abfahrt 59, die ich »Gera-Ost« nenne, benutzen können oder den geräumigen Kreisverkehr, der sich inzwischen über die »Bärenweinschänke« gelegt hat, um von dort direkt ins neue Gewerbegebiet mit dem traditionsheischenden Namen »Korbwiesen« einzufallen.

Für mich war es seltsam und befremdend, dass plötzlich ein Schild mit dem Namen »Korbußen« an der Autobahn auftauchte. Dieses Dorf hatte in meiner Vorstellung viel weiter draußen gelegen, in jeder Beziehung, es hatte nichts zu tun mit Autobahnen. Der Anschluss an die Autobahn schien mir gleichbedeutend mit der endgültigen Zerstörung einer Exterritorialität, wie man sie den Lieblingsorten der Kindheit noch zuspricht, wenn in Wirklichkeit nichts mehr dazu Anlass gibt. Die Einweihung der Abfahrt schien mit einer Entweihung des Dorfes verbunden. Natürlich wusste ich, dass das Dorf schon damals keine Insel war. Trotzdem fiel es mir nicht leicht, die neuen Straßen zu benutzen, zumal sie, wie ich sah, über ein Land führten, das einmal zum Besitz unserer Familie gehört hatte und bis zur »Kollektivierung« von meinem Großvater Erich König bewirtschaftet worden war. Ich war schon geboren, als meine Mutter auf diesen Feldern noch arbeitete und half, die Ernte einzubringen. Sie war die Expertin für das perfekte Fuder auf dem Erntewagen. Wo sie es stapelte, siedeln jetzt Fliesenmärkte und Kfz-Zulieferer. Das an der Abfahrt gelegene Gewerbegebiet

»Korbwiesen« ist erfolgreich und fast vollständig ausgelastet. Ein Ausnahmefall angesichts der einmal mit vielen kommunalen Hoffnungen ins Rennen gegangenen Investruinen entlang der ostdeutschen Autobahnen und Landstraßen.

Das Stapeln des Fuders ist eine Kunst. Wie bei einem Mauerwerk beginnt man an den Ecken, von den Eckgarben ausgehend, in beide Richtungen und legt die Garben versetzt, in einem Verband. In Schichten, mit den Ähren zur Mitte, wächst das Fuder leicht konisch in die Höhe, denn es darf nicht »ausschießen«, und keine der von der Maschine mit einem Faden vorgebundenen Garben soll herausrutschen auf dem Heimweg über die Feldwege. Wenn der Wagen mit dem hohen Fuder einfuhr in den Hof, konnte meine Mutter sich des Lobs ihres Großvaters Edwin sicher sein: »Mensch Mähdel, wie hosden dos widder gemocht!« Edwin König war der letzte ungestörte Bauer auf diesem Land. Dort, wo heute die Abfahrt Nummer 59 und das Gewerbegebiet »Korbwiesen« liegen, ist er an Sonntagen in Großgrundbesitzer-Pose ausgeritten zu den »Reitertreffen« oder »Liedertafeln« nach Bad Ronneburg oder nur, um in der Kurstadt ein Bier zu trinken. Das berühmte Heilbad Ronneburg zog mit seinen strahlenden Wassern reichsweit ein illustres Publikum an. Man konnte in seinem Sonntagsstaat entspannt auf den Bänken um die Quellen sitzen, Bier oder Wasser trinken, seinen Chapeau claque knallen lassen und den exotischen »Ausländern« und gichtkranken Adligen beim Flanieren zusehen. Die Entdeckung der Radioaktivität tat dem Kurbetrieb keinen Abbruch, im Gegenteil. Radiumbäder schossen wie Pilze aus dem Boden, Radiumseife verkaufte sich, und auf dem Etikett der Tafelwasserflaschen aus den staatlichen Mineralquellen Bad Ronneburg garantierte Professor Schiffner von der Berg-Akademie »Radioaktivität und Analyse«.

Im 20. Jahrhundert endet wie so vieles auch die schöne Geschichte vom Balsam uranischer Derivate. Aus Bad Ronneburg wird nach dem Ersten Weltkrieg wieder Ronneburg und nach dem Zweiten die »Grube Ronneburg« mit ihren weithin sichtbaren Kegelhalden. Die Uranhalden, ihr aschgrauer Auswurf, die dünne Birkenbehaarung am Fuß dieser Berge gehörten zum Horizont meiner Kindheit wie für andere vielleicht das nahe Alpenmassiv oder die Trauflinie der gegenüberliegenden Häuserreihe. Die Kumpels der Uranprovinz hatten Schichtarbeit, aber gute Bezahlung, kürzere Bestellzeiten für Automobile und eine monatliche Rate von vier Flaschen Trinkbranntwein, akzisefrei. 0,7 Liter wurden abgegeben für 1,17 Mark. Ein werkseigener Schnaps, den die Bergleute »Kumpeltod« nannten. »Eine Welt im Zwang der Wünschelrute von der Antarktis bis zum Erzgebirge: Uran, Pechblende, Isotop 235! Weithinabreichende Neurose!« Gottfried Benns *Ptolemäer* entstand 1947, der deutsche Uranbergbau hatte gerade die ersten der am Ende 220 000 Tonnen Uran aus der Erde geholt. Fünfhundert Millionen Tonnen radioaktiver Abfall blieben in Ostdeutschland zurück. Aber auf Zwang und Neurose kamen wir nicht beim Anblick der Halden. Nur nachts, mit dem Ohr am Bettgestell, glaubte man etwas zu hören, das unter einem ging. Etwas, wie es Woyzeck, über die Erde stampfend, vernommen haben musste: »Alles hohl da unten«. Diesen Satz hatte ich oft gehört, nachdem das Wasser aus den Teichen plötzlich weggesackt war und gemunkelt wurde, »die Wismut« hätte begonnen, auf der Suche nach den Adern des Pecherzes unser Dorf zu untergraben.

Wer die Uranprovinz noch einmal sehen will, muss sich beeilen. 2007 sollen alle Halden verschwunden sein, dann wird die Bundesgartenschau sich mit ihrer guten dunklen Muttererde über den Schutt gelegt haben. Schon jetzt verändert sich die Landschaft täglich, jeden Tag werden vierzigtausend Tonnen Haldenmaterial bewegt. Besuchern wird der sogenannte »Revitalisierungspfad Nr. 5« empfohlen, der über einen Rundkurs von elf Kilometern allerhand bereithält: Von der Aussichtsplattform am Rande des Tagebaurestloches Lichtenberg kann man den Blick Hunderte von Metern in die Tiefe schweifen lassen. Oder man wandert über Panzerplattenwege am Fuße der beiden weithin sichtbaren, längst ins Bild dieser Landschaft eingeschriebenen Kegelhalden. Natürlich hat man ein Schaubergwerk errichtet, die tatsächlichen Stollen, die sich über eine Länge von über tausend Kilometern durch das Erdreich ziehen, sind aus Strahlenschutzgründen gesperrt. Wo man 1666 die Bad Ronneburger Urquelle mit dem strahlenden Heilwasser entdeckte, steht ein Glaspavillon zur Besichtigung bereit. Die Quelle allerdings ist mit dem Bergbau verschwunden und trotz des im Tagebaurestloch sichtbar ansteigenden Grundwassers noch nicht wieder aufgetaucht.

Die Anschlussstelle 59, die ich »Gera-Ost« nenne, wurde 1996 eröffnet, »zur besseren Anbindung« des Gewerbegebietes »Korbwiesen«. Als »schwarze Abfahrt« gab es diesen Anschluss schon immer. Man bog kurzerhand hinter der Autobahnbrücke rechts ab ins Feld und vom Feld auf die Pflasterstraße, die Korbußen mit Gera verband. Leitplanken gab es noch nicht. An den Freitagen kam mein Vater mit seiner ES 250 über die schwarze Abfahrt von der Arbeiter-und-Bauern-Fakultät in Jena und später vom Studium in Chemnitz zurück, und das Familien-Wochenende konnte beginnen. Dazu zählte, wann immer das Wetter es zuließ, der Sonntagsausflug vom Dorf an die zwei Kilometer entfernte Autobahn. Dabei saß ich meist im Bollerwagen (im Winter auf dem Schlitten), eine Decke im Rücken und auf den Knien das Kostbarste: das Kofferradio. Es war ein *Stern*-Radio in schwarzer Lederhülle, die das Holzgehäuse mit der goldenen Blende über dem Lautsprecher schützte. Hinten im Gehäuse gab es eine kleine Tür, die ab und zu geöffnet werden musste, um zwei neue Flachbatterien einzulegen. Das war unsere Verbindung mit der Welt bis zu meinem elften Lebensjahr, bis 1974, als mein Vater anlässlich der bevorstehenden Fußball-Weltmeisterschaft den ersten familieneigenen Fernsehapparat besorgte.

An der Böschung zur Autobahnbrücke standen ein paar Birken, wo wir Rast machten. Jeder Wagen, der vorbeikam – und das geschah nicht so oft –, wurde besprochen. Ich durfte Typen raten, was selbst für den Vierjährigen machbar war angesichts der eingeschränkten Vielfalt. Hauptereignisse waren die »Westwagen«. Wer einen solchen zuerst kommen sah, stieß einen kleinen Aufmerksamkeitsschrei aus und erwarb Entdeckerehren. An guten Nachmittagen waren es drei oder vier, und dabei war es dann an meinem

Vater, die Typfrage zu klären. Manchmal saß er auch etwas abseits von uns und etwas näher zur Straße. Ich sah, dass er einen kleinen festen Wattebausch geformt hatte, den er sich bei Annäherung eines Wagens an unsere Picknickstelle in Intervallen, mal kurz, mal für länger, ans Ohr gepresst hielt. Ich glaube, er analysierte so, vom Klang her, die Motoren und konnte, ohne hinzusehen, die Typen auch der Westwagen bestimmen. Mein Vater wusste alles über Motoren, er hatte Maschinenbau studiert, begann aber Ende der sechziger Jahre im »Datenverarbeitungszentrum Gera« Systemprogramme für die neuartigen Großrechner zu schreiben und später Computersprachen mit so wundersamen Namen wie *Oracle* zu unterrichten.

Ich habe erst später verstanden, dass unsere Ausflüge über die Felder an die Autobahn Ausdruck einer Sehnsucht waren, eines Fernwehs, das meinte: weg aus dem Dorf, weg vom Hof. Daneben der lange utopische Wunsch nach einem eigenen Wagen, der Anfang der siebziger Jahre mit einem WAS 2101, der damals noch *Shiguli* hieß und später *LADA*, in Erfüllung ging. Ein solides Auto von der Wolga, kantig und schneeweiß.

Schon früh, schon vor unserem Umzug in die Stadt, vielleicht schon während unserer Ausflüge an die Autobahn, entstand in mir ein Sehnsuchtsbild mit umgekehrtem Richtungssinn. Während meinen Eltern der Hinweg entsprach mit dem Ausblick auf die A 4 zwischen Ronneburg und Gera, die den weiteren Fluchtweg vorzeichnete, war für mich der Rückweg gemacht. Wenn ich heute auf dieser Autobahn vorbeifahre und sehe, wie das Dorf am Horizont liegt mit den großen Scheunen am Ortsrand, dem Schieferturm der Kirche und den vier oder fünf herausragenden Friedenseichen, von denen eine Edwin König, der Großvater meines Großvaters, 1871 in die Einfahrt zum Hof gepflanzt hat und die sein Enkel Erich hundert Jahre später zu fällen gedachte, um das Holz an die Möbelindustrie zu verscherbeln, was durch den vereinten Widerstand der Familie verhindert werden konnte – wenn ich heute also dieses kleine thüringische Fachwerkdorf über die Felder hin auftauchen sehe, dann hätte ich Lust, umzukehren, abzufahren, »heimzukommen«. Meinetwegen mit den eigenen Kindern im Bollerwagen, aber auch die sind dafür längst zu groß, und das Dorf der Kindheit ist nur noch aus der Ferne, von der Autobahn gesehen und im Vorbeifahren, was es einmal war.

Der Rheingau

Martin Mosebach
Die sanfte Provinz am großen Fluss

Bei Wiesbaden schiebt sich dem breit gewordenen, seit Basel ungehindert durch die Oberrheinische Tiefebene von Süden nach Norden fließenden Rhein ein Hindernis in den Weg und zwingt die Wassermassen, ihre Richtung zu ändern. Am Südhang des Taunus entlang fließt der Rhein ein kleines Stück von Osten nach Westen. Dieser Südhang fängt die Sonnenstrahlen früher und reichlicher auf als die Hänge Rheinhessens und des Mittelrheins. Von Ingelheim aus, wo die kaiserliche Pfalz lag, konnte man schon zur Zeit Karls des Großen sehen, dass der Johannisberg auf der anderen Rheinseite als erster Fleck im Jahr schneefrei war. Als man in den Weinbergen des Johannisberges ein römisches Winzermesser fand, wusste man, dass es nicht erst die fränkischen Mönche waren, die hier Wein angebaut hatten.

Um den Rheingau zu sehen, begibt man sich noch heute am besten auf die andere Rheinseite nach Rheinhessen. Selten hat man die Gelegenheit, ein ganzes Land, eine abgeschlossene Region deutlich begrenzt und gleichsam wie auf ein Tablett gehoben, zu betrachten. Unten liegt der Fluss, der von lanzettartig geformten Flussinseln mit langen Pappelreihen geteilt wird. An seinem Ufer zieht sich die Reihe der kleinen Städte und Dörfer entlang, jedes mit einem andersartigen Kirchturm: Frauenstein, Niederwalluf, Eltville, Hattenheim, Erbach, Östrich, Mittelheim, Winkel, Geisenheim und Rüdesheim. Dann steigt der Hang an, und die Weinberge mit ihren strengen graphisch wirkenden Rebenzeilen beginnen, welche die Landschaft in winterlicher Kahlheit wie einen

Kupferstich aussehen, sie im dichten Grün später dann wie kreuz und quer gestriegelt wirken lassen und sie im Herbst tiefrot und safrangelb sprenkeln. Hier oben liegen auch noch vereinzelte Dörfer, Rauenthal, Martinsthal, Kiedrich, vor allem aber Schlösser und Klöster: das Zisterzienserkloster Eberbach, die Benediktinerinnenabtei Eibingen, die Schlösser Vollrads und Johannisberg. Und dann kommt ein Wald, der wie eine Bekrönung den Hang zum Horizont hin abschließt. Dieser Wald heißt »das Gebück« und ist ein wirklicher Märchenwald, eine undurchdingliche Brombeerhecke, ein verfilztes Gestrüpp aus dem Mittelalter, als lebende Befestigungsanlage gegen Einfälle von Norden her angelegt.

Der Rheingau ist eine friedliche, reiche, satte, kleine Provinz, die unmittelbar an die Länder der Barbaren grenzt, von ihnen aber streng geschieden ist. Der Rheingau war die Perle im großen Reich der Mainzer Erzbischöfe und Kurfürsten. Für den Rheingau galten besondere Regeln und Gesetze. Der alte Satz: »Unter dem Krummstab ist gut hausen« galt im Besonderen für den Rheingau. Der Rheingau war eines der wenigen Gebiete ohne Leibeigenschaft. Seine Städte und Dörfer hatten, was die politische Organisation anging, etwas Italienisches. Es gab viel Adel im Rheingau, aber wenig Feudalherren. Manche kleinen Ortschaften scheinen, wenn man sich die Geschichte der Höfe, die sich in ihnen aneinanderreihen, erklären lässt, beinahe ausschließlich von Adel bewohnt worden zu sein, kleinen ritterlichen Familien mit stolzen Wappen und überschaubarem Grundbesitz, die sich wie in der Toskana in den ackerbürgerlichen Gemeinden zusammenfanden, ohne sich erheblich zu regieren. Man ahnt, dass der Rheingau, diese wenigen Quadratkilometer Land, in die vielfältigsten Rechtszonen zersplittert war: Klöster, Stifte, kleine Herren, große Herren, Städte mit altem Stadtrecht, schränkten den Bereich, den der Vicedominus des Bischofs verwalten durfte, noch einmal empfindlich ein. Man versteht im Rheingau, dass die politische Idee der Freiheit in einer Epoche der Geschichte wurzelt, in der keineswegs alle, aber doch sehr viele Korporationen spezifische Freiheiten für sich beanspruchten und ihre großen und kleinen Privilegien der Zentralgewalt bis zu deren vollständiger Lähmung vorhielten. War es diese Rechtsvielfalt, dieser Widerstand gegen jeden Zentralismus, der bewirkte, dass sich in der »Pfaffengasse des Heiligen Römischen Reiches« gut hausen ließ?

Bei Rüdesheim wendet sich der Rhein wieder nach Norden, und zwar in einer scharfen Biegung. Von manchen Blickpunkten aus sieht der Fluss hier deshalb aus wie ein großer See, von Bergen umgeben, der Rheingau bekommt hier etwas Schweizerisches. Der große Strom als See ist spektakulär. Man begreift sofort, dass die Reisenden des 19. Jahrhunderts sich hier wohl gefühlt haben. Wer von London aus nach Rüdesheim reiste, hatte hier schon einmal einen Vorgeschmack vom Vierwaldstätter See. Rüdesheim ist deshalb zu einem Gründungsort des Massentourismus geworden. Als die Leute noch nicht nach Bali fuhren, kamen sie häufig doch schon bis Rüdesheim. Im Geist des kaiserzeitlichen Tourismus lag es, die Eisenbahn nicht als bloßes Beförderungsmittel, sondern als einen Teil der Reiseattraktionen zu empfinden. Dies Bewusstsein lebt bis heute in den elektrischen Eisenbahnen fort, in denen Berg und Tal, Dorf und Wiesen nur als Beigaben zur Eisenbahn zählen. In Rüdesheim hat man daher zu den Gründungszeiten des Massentourismus die Bahnlinie und den Bahnhof genau an die Uferpromenade gelegt. Der Reisende mit Lodenmantel und Krimstecher, Reisemütze oder -schleier und Bergstock konnte schon von den stuckverzierten Wartesälen aus die Hauptsehenswürdigkeit, »den Blick« genießen. Von der anderen Rheinseite »grüßte«, wie es hieß, die Rochuskapelle, die bei Goethe vorkam – und nach Goethe in köstlich verrückter Neugotik neu erfunden wurde –, und im Rücken der Reisenden lagen die wie von Bühnenbildnern entworfenen Häuserreihen der Hotels und Weinstuben mit geschnitztem Fachwerk, schmiedeeisernen Weinblättern, gläsernen Weintrauben als Lampen, Sinnsprüchen in Fraktur, Wetterfahnen und Wetterhähnen, Butzenscheiben und gotisierenden Zwergen, Mönchen und Küfern. Wer als guter, pflichtbewusster Bürger hierher kam, sah sich von einer vielgestaltigen, kunstgewerblich verschönerten Feier des Alkoholismus empfangen. Rüdesheim schien die Hauptstadt gemütvoller roter Nasen. In Fresken, Ölgemälden mit nikotinbraunem Firnis und Schnitzereien blickten torkelnde alte Junggesellen mit verdrücktem Zylinderhut, süffelnde Klosterbrüder, schwankende Küfer auf die Besucher der legendären Drosselgasse, die schon auf der Straße die aus den Lokalen herausdringenden Rheinlieder und Weinlieder und Rheinweinlieder gehört hatten. Ein umfangreiches Liedgut ist für die Animation der Reisenden in Rüdesheim geschaffen worden, bei dessen Klang den ausgewiesenen Ästheten die Ekelschauer überlaufen; der Maler Fritz Berneis dichtete in Weiterentwicklung der Rüdesheimer Lieder »Du rheinisches Mädchen vom schweinischen Rhein / Du schweinisches Mädchen vom rheinischen Rhein« und führte das Genre damit auf seinen Höhe- und Endpunkt.

»Rüdesheim« ist für die Deutschen ein Synonym für die Schrecken des Massentourismus geworden. Wer erzählt, wie überlaufen und verdorben er San Gimignano, den Tadsch Mahal oder die Niagara-Fälle vorgefunden hat, sagt, es sei dort »Rüdesheim« gewesen. Nachdem der größte Teil der Welt »Rüdesheim« geworden ist, vermag der intelligente Investigator an diesem schon so früh verbrauchten Platz jedoch vielleicht dennoch etwas zu entdecken. Rüdeheim ist immer noch ein touristischer Ort, aber der Überdruck hat nachgelassen. Das einst abstoßende Butzenscheibenwesen wirkt heute recht interessant. Abgetane Moden, überlebte Sehnsüchte, ein überholter Geschmack bieten ästhetischen Kennern ein reiches Jagdfeld. Rüdesheim war einmal eine Drei-Sterne-Sensation im Baedeker. Hier kann man Kultur-Archäologie treiben. Über der Stadt, mit einem niedrig über die sorgfältig aufgereihten Weinstöcke schwebenden Sessellift erreichbar, erhebt sich das Niederwalddenkmal, die Kolossalstatue einer Germania mit flatterndem Bronzehaar und herrlichem Eichenkranz, aus französischen Kanonen gegossen. Solche Bronzeriesen in der Landschaft liebten die hellenistischen kleineren Fürsten in Pamphylien, Lykien und Karien. Es gehört heute zum guten Ton, über die Germania zu schmunzeln, und so sei denn diese soziale Übereinkunft lustvoll gestört durch das Bekenntnis, dass die Germania einen prachtvollen

Schmuck der Weinberge darstellt und dass es von solchen Kolossalstatuen viel zu wenige gibt. Wenn König Mausolus Statuen errichten durfte, durfte das auch Wilhelm II. In meiner Jugend erklärte ein Invalide mit Zungenschuss das Denkmal den sonntäglichen Ausflüglern. Seine Verletzung stammte aus dem Zweiten Weltkrieg, aber seinen Zuhörern war, als sei er schon bei Sedan dabeigewesen. Germania wurde in seiner Gegenwart zu einer Art Loreley, die um sie geschlagenen Schlachten zu etwas Luftigem, Geisterhaftem. Deutschland wurde im Niederwald über Rüdesheim nicht zu einem Märchen, sondern zu einem Märchen-Park. Und auch im Hochsommer umwehte Germania in den Glaskugeln der Andenkenbuden der immerwährende Wirbel der Schneegestöber.

Was gehört zu den kostbarsten Landschaftserlebnissen in Deutschland? Ein Spaziergang an einem Fluss. Viele hundert Kilometer ist der Rhein lang, aber nur ganz wenige Stellen gibt es an diesem ganz Deutschland durchmessenden Flusslauf, an denen man an seinem Ufer entlanggehen kann. Deutsche Flüsse sind vor allem Verkehrsadern und waren es auch in vorindustrieller Zeit. Im letzten Jahrhundert wurden sie ausgebaggert und in schnell fließende Kanäle verwandelt. An ihren Ufern wurden Autostraßen und Eisenbahnlinien entlanggeführt. Ein deutscher Fluss war einmal von einer Aulandschaft eingefasst, sumpfigen Wiesen voller Anemonen und Dotterblumen, faulender Holzstämme und silbrigen Weidenlaubes. Die Aulandschaft war ein insektensummendes und vogelstimmenerfülltes Stück Land zwischen Wasser und Erde, oft überschwemmt und, wenn die Wasser abgelaufen waren, umso üppiger blühend. Im Rheingau ist ein letztes Zipfelchen dieser Welt nur noch auf den langgestreckten Flussinseln ahnbar. Aber es gibt dafür zwischen Niederwalluf und Eltville noch den alten Treidelpfad, einen der schönsten Spaziergänge im Rheingau.

Auf den Treidelpfaden zogen einst Pferde und Menschen an langen Seilen die Kähne stromaufwärts; sie fuhren zweckmäßigerweise scharf am Ufer entlang. Der Treidelpfad zwischen Niederwalluf und Eltville geht am Rand schon in die Flusskiesel über, die von dem in den letzten Jahren jedenfalls immer klarer werdenden Was-

ser überspült werden; sogar große weiße Flussmuschelschalen sind hier manchmal in großer Zahl zu finden. Weidenwurzelwerk befestigt den schmalen Weg. Hin und wieder findet man ein an einen Pflock gebundenes Ruderboot, als gäbe es hier wirklich Fischer oder Maupassantsche Liebespaare, die auf dem Wasser die Stunden vertändeln. Zur Landseite hin steigt das Gelände sofort steil an. Der Spaziergänger geht zwischen dem Wasser und hohen Ufermauern mit gelegentlichen Pförtchen. Und über diesen Mauern steigen die Gärten und Weinberge der Rheinvillen an, die hoch oben dann mit Türmen und Balkons über den Fluss blicken. Thomas Mann hat in einem seiner schönsten Romane, dem »Felix Krull«, die Villen der Sektfabrikanten von Eltville beschrieben – nicht ganz zutreffend, wie jeder leicht feststellen wird, der die tatsächlich vorwiegend von Sektfabrikanten errichteten Villen am Treidelpfad zwischen Niederwalluf und Eltville sieht. Bei Mann ist die Krull-Villa ein Bauwerk, wie man es in seiner Geschmacklosigkeit eher am Wannsee findet als im Rheingau.

Den Rheingau mit dem Bordelais zu vergleichen, sollte man nur gegenüber Leuten versuchen, die noch nicht an der Gironde gewesen sind, aber die Eltviller Rheinvillen haben etwas Romanisches oder vielleicht sogar etwas Römisches, wie es zur alten Römerstadt Altavilla auch gut passt. Und der Blick von ihren Terrassen ist nicht so leicht zu zerstören. Gerade bei Eltville teilt eine besonders lange Insel den Fluss, die Eltviller Au, deren Bäume das hässliche andere Flussufer mit Zersiedelung und Autostraßen hinter einem grünen Paravent verbergen. Ein weißes Schloss mit Säulenfassade schaut zwischen den Bäumen hervor, ein Sehnsuchtsziel; dorthin möchte man in einem bekränzten Kahn, der von Glühwürmchen umgaukelt ist, wie nach einem Kythera aufbrechen. Schließlich öffnet sich der Ausblick auf den Burgturm von Eltville, der sich wie auf einer Flussansicht des 18. Jahrhunderts ganz scharf an den rechten Rand eines Bildes drängt, das in seiner Mitte nur von Wasser, Himmel und bewegten Baumkronen ausgefüllt wird. Es gab in Deutschland einmal Leser, die eine Landschaft mit besonderer Liebe betrachteten, wenn Goethe sie beschrieben hatte, als hätte der Olympier wie ein rechter Gottvater durch sein Wort diese Landschaft erst erschaffen. Der Treidelpfad von Niederwalluf nach Eltville ist solch eine Goethelandschaft; sanfte Provinz, Klassizismus und Gartenland mischen sich hier harmonisch mit den großen Dimensionen des Flusses, dessen Anschwellen und Fallen wie aus Logen heraus genossen werden kann.

Wie ein Gartenreich war mir der Rheingau immer erschienen, in seiner Abgeschlossenheit wunderbar über die Zerstörungen des Krieges gelangt, als sei dies Land magisch unsichtbar gemacht worden, während Mainz und Frankfurt in Flammen versanken. Als es in den fünfziger Jahren noch keine Autobahn und keine Schnellstraße im Rheingau gab, fädelte man sich, von Frankfurt kommend, bei Biebrich in das gelobte Land gleichsam durch die Hintertür ein. Die Fahrt führte durch die engen Straßen mit Kopfsteinpflaster an Fachwerk- und Buntsandsteinhäusern vorbei. Die klassische Art, in den Rheingau zu gelangen, ist wahrscheinlich zu Schiff gewesen. Vor den kleinen, kompakten, noch als klare Stadtkörper erkennbaren Gemeinden lagen die Flusswiesen, einstmals Gänseweiden und Wäschebleichen. Hinter den Dörfern lagen Kornäcker und Apfelwiesen, denn in den armen Zeiten leistete man sich ein hohes Ethos: nur die allerbesten Böden und Hänge wurden als Weinberge genutzt. Die Weinberge waren sehr klein. Was in Burgund eine Besonderheit ist, war im Rheingau sehr häufig: ganz von Mauern umzogene »Clos«, Weinberge mit schönen, seltsamen, auf alte Legenden und phantastische Überlieferungen bezogenen Namen. Die Liebhaber schmeckten jeden dieser kleinen Weinberge heraus; solch ein Wingert war ein Individuum. Der Winzer, bei dem meine Eltern ihren Wein kauften, hatte ein Pferd und eine Kuh. Im Hof des Anwesens mischten sich die Tiergerüche aus den Ställen mit der dumpf-reinlichen Kellerluft, die aus den Tiefen drang, sowie die Falltür hochgeklappt wurde. Als ich ein Kind war, assoziierte ich mit dem Wort Rheingau Gold: rotgolden gefasste Heiligenstatuen in den gotischen Kirchen, goldenes Licht durch dunkelgelbe Butzenscheiben von Weinstuben, Abendsonnenstrahlen, die durch braune Rheinweinflaschen schienen und sie bernsteinartig schimmern ließen, hellgelbes Weingeglitzer mit Weinstein wie Glas- und Diamantenstaub in der Neige des Römers. Der Rheingau roch für mich nach Weihrauch, Majoran von den Leberwurstbroten, die der Winzer uns hinstellte, und säuerlichem firnen Wein.

Wir kamen aus dem vernichteten Frankfurt, in dem es nichts Altes mehr gab, sondern nur das Nagelneue und das Unmoderne, wir durchstießen, wie ich mich deutlich erinnere, eine unsichtbare Mauer, die irgendwo bei der Ruine des ausgebrannten Biebricher Schlosses lag, und wir befanden uns in einer anderen Welt. Der Rheingau wurde von uns im Ganzen genossen. Es war stets wichtig, möglichst alle seine Schönheitspunkte hintereinander aufzusuchen und ihn mit dem Gefühl zu verlassen, man habe gleichsam in ihm geschwommen und ihn von allen Seiten besessen. Die Schlossterrasse von Johannisberg, die Terrasse des Klosters Eibingen, die Uferpromenade von Eltville, die Weinberge bei Vollrads, braungetäfelte altertümliche Hotels, das wie in der Gotik entworfene, sich wie auf einer Morris-Tapete kräuselnde Weinlaub, bunte gotische Kirchenfenster, und das alles gesehen im animierten Zustand leichter Angetrunkenheit – das war ein Gesamtbild, in dem die einzelne reizvolle Situation vollständig aufging. Der Rheingau war in meiner Kindheit für mich die Vergangenheit in der Gegenwart. Alles, was ich an französischer Literatur las, bevor ich zum ersten Mal Frankreich betrat – Balzac, Alain-Fournier, die ersten Proust-Bände – siedelte ich in meiner Phantasie im Rheingau an. Reiche, alte Provinz, durch große Gestalten der Vergangenheit und durch große Familien mit dem Hauptstrom der europäischen Geschichte eng verbunden, diese ureuropäische Kombination repräsentierte für mich im armselig grauen Nachkriegsdeutschland der Rheingau. Der Rheingau enthielt für mich die Verheißung, dass man als Deutscher glücklich werden kann.

Der Versuch, den Rheingau zu vernichten und ihn zu einem von den übrigen deutschen Regionen ununterscheidbaren Durchgangsgelände zu machen, begann schon in den sechziger Jahren. Zu stark empfanden die Politiker die Fremdartigkeit und Gelungenheit dieses Landstrichs. Hier war einebnende Arbeit zu leisten. Um es vorwegzunehmen: Sie wurde geleistet. Es begann mit einem Plan, der zwar nicht verwirklicht wurde, aber in seiner Radikalität noch heute nur mit Unglauben gehört werden kann. Um die Innenstadt von Eltville zu entlasten, sollte eine Autobahn an dem letzten unzerstörten Uferstück, dem erwähnten Treidelpfad zwischen Niederwalluf und Eltville, auf Betonpfeilern in den Rhein gebaut werden und die Eltviller Uferpromenade mit ihren alten Adelshöfen vom Fluss abschneiden. Der hessische Minister, der dieses Vorhaben beinahe jahrzehntelang mit Brachialgewalt durchkämpfen wollte, weilt noch unter den Lebenden; er heißt – nein, kein Name –, »Nicht gedacht soll seiner werden!« Was der Eltviller Rheinfront erspart blieb, wurde auf die Weinberge abgeladen. Hier braust nun die Autobahn hindurch und lässt die ganze Landschaft plötzlich viel kümmerlicher und zerstückelter erscheinen. Das Umschlossene des Rheingaus ist aufgeschlossen worden, die Landschaft zerfällt. Außer Eltville sind alle Ortschaften jetzt vom Rhein durch breite Rennstrecken getrennt. Neubaugebiete wuchern. An den Hängen ziehen sich die Häuschen hinauf, die alten Städte haben ihre Kontur verloren. Von der Terrasse von Schloss Johannisberg sieht man auf kleinindustrielle Containerbauten; von ferne begrenzen die Hochhäuser von Geisenheim den Blick. Der Rheingau ist für mich heute dem Abendmahl des Leonardo da Vinci in Mailand vergleichbar. Wenn man weit entfernt davon steht, ist das Bild noch da, wenn man sich jedoch nähert, beginnt es in vielen Bröckchen zu verschwimmen.

Zugleich mit seiner Verwüstung durch brutale Straßen, Kunststeinpflaster in den alten Gassen, Siedlungsgebiete, Zusammenfassung der berühmten alten Weinlagen in gesichtslose Riesenfelder, die jetzt im Ganzen den Namen der einst kleinsten und edelsten Lage des Dorfes tragen, ist der Rheingau als Festival- und Gastronomieregion her- und zugerichtet worden. Der ganze Landstrich ist jetzt im Hochsommer mit »Bistro-Tischen« bedeckt, auf denen Lachs-Tatar serviert wird. In jedem alten Gemäuer spielen japanische, polnische und brasilianische Pianisten Brahms und Schubert.

Weinseminare und Degustationsmenüs gehören zum Angebot einst bescheidener Wirtschaften. Was vom Rheingau übrig ist, wird restlos genutzt. Hier liegt nichts mehr brach. Kartoffeläcker und Rübenfelder sind längst Weinberge geworden, um rentable Mengen zu erzeugen. Eine Vergangenheit in der Gegenwart ist der Rheingau wahrlich nicht mehr. Hat man das Recht, das zu bedauern? Es ist eine kuriose Vorstellung, die Landschaft, die wir als Kinder verlassen haben, müsste treu in dem zuletzt gesehenen und gelobten Zustand verharren. Was wir gerne verloren haben, soll sie ewig behalten müssen. So töricht ist die Liebe.

Mainfranken

Burkhard Müller
Fluss, Schloss, Wald

Ich besitze ein Foto, das mir aus dem Nachlass einer Tante zugefallen ist und das ich sehr mag. Es zeigt den Main, und im Hintergrund – aber so, dass es doch als die Hauptsache wirkt – sieht man das Haus, in dem mein Vater aufgewachsen ist.

Auch weniger bemittelte Familien sind zuweilen in Schlössern ansässig; aber dafür müssen die Zeiten schlecht sein. Das waren sie wohl um 1930, als der letzte adlige Besitzer Schloss Rodenbach verkaufen musste und sich kein anderer Käufer fand als ein Bauer des Dorfs, der das Gut als einfachen Hof weiterführte. Natürlich waren die Baulichkeiten viel zu groß. Und so vermietete er das ganze Obergeschoss preisgünstig an die Familie des Dorflehrers, die vier Söhne und sieben Töchter umfasste und für die die Wohnung über der Schule zu klein geworden war. So lebten sie als dauerhafte Notlösung in der Beletage eines Barockschlosses; ja es kann als ihr Stammsitz gelten.

Als Kind hatte ich wenig Einsicht in das Außerordentliche dieses Sachverhalts; es fiel mir nicht ein, mich darüber zu wundern, es verstand sich alles von selbst. Das Schloss kannte ich gut, denn noch immer wohnten eine Tante – eine andere Tante – und ihr Mann darin (sie betrieben eine kleine Samenhandlung), und oft fuhr unsere Familie, die vier Kinder auf dem Rücksitz, die etwa fünfzig Kilometer von Schweinfurt quer durchs Maindreieck zu Besuch; mehrmals auch habe ich dort zusammen mit meinem nächstjüngeren Bruder die Ferien verbracht. Es gab in der Wohnung weder Bad noch Klo, man musste durch das große Treppenhaus. Wir sahen vor allem den Mangel an Komfort und nicht die Pracht, die in drei Fluchten emporstieg, erbaut aus dem warmen roten Stein der Gegend. Etwas von der Schönheit des Baus ging mir auf, als die Verwandtschaft zum Kaffeetrinken auf dem Balkon saß, den Blick über den Fluss hinüber lobte, und im Gespräch die Bemerkung fiel, man täte gut daran, die steinernen Baluster nicht gegen eine Blende aus gewelltem Plastik auszuwechseln, wie es die Nachbarn empfahlen, sondern sie zu behalten, so bröckelig sie auch waren.

Das Foto zeigt das Anwesen, wie ich es damals nicht sehen konnte; auf das andere Ufer des Mains führt an dieser Stelle bis heute keine Brücke. Der Blick hat sich umgekehrt, und nunmehr erst schließt sich das Gut, das sonst einfach da gewesen war, als erkennbares Bild mit seiner Umgebung zusammen. Ich kann heute sehen, dass das Dach nicht passt, weil die alte barocke Mansarde abgebrannt war und nur verbilligt erneuert werden konnte. Ich sehe, wie klein und bescheiden das Kirchlein ist, einen »Dachreiter« hat es bloß, anstelle eines Kirchturms. Unsichtbar bleibt die Bahnstrecke Lohr-Marktheidenfeld, längst stillgelegt, die zwischen Schloss und Kirche hindurchführt. Aber ich sehe, wie wenig Platz zwischen Fluss und Wald dennoch ist, sodass für das Dorf fast nichts an Ackerland hineinpasst. Was mir damals als natürliche Begrenzung vorkam, ja kaum als das, weil der Raum mir groß genug erschien – wird mir sinnfällig als das Düstere, das von der geschlossenen Front des übernahen Forsts ausgeht. Es ist der Spessart, der hier anfängt, um lange nicht mehr aufzuhören, bis heute, zusammen mit dem anstoßenden Odenwald, das größte zusammenhängende Waldgebiet Deutschlands. Hier jagt Siegfried und wird hinterrücks von Hagens Speer durchbohrt; an seinem anderem Ende, in Hanau und Stein, sind die Brüder Grimm zuhause. Ihnen verdankt die Welt das große Geschenk der deutschen Seele, den Märchenwald. Den gab es, wie für alle Kinder, natürlich auch für mich. Aber mit diesem Wald hatte er nichts zu tun, obwohl ein Bruder meines Vaters, etwa zehn Kilometer Luftlinie vom Schloss entfernt, mittendrin als Förster lebte. Erst viel später bin ich fähig geworden, ihn mir seiner Tiefe nach vorzustellen, auch in die Tiefe der Zeit, und eine Ahnung davon zu gewinnen, wie sehr er durch seine schiere Fortdauer an die ununterbrochene Kette alter feudaler Gewalt geschmiedet war, die den bäurischen Jagd- und Holzfrevlern die Augen ausriss (dies schien jedenfalls eine konkrete historische Möglichkeit). Die kindliche Phantasie folgte stattdessen den kleineren Waldstücken, wie ich sie von unserem Wohnort kannte. Der große Forst wies sie ab.

Obwohl der Wald vollständig den Horizont verdeckt und der obere Abschluss seiner Hänge samt dem Himmel darüber sich allein im Spiegelbild des Flusses niederschlägt, zeigt das Foto ein friedliches, ja fast ein fröhliches Bild. Auf der Rückseite trägt es eine Beschriftung, in einer leicht altertümlichen Handschrift, aber doch bereits mit Kugelschreiber verfasst und also dem Datum des Zustandekommens schon weit entrückt. Auch der Fokus ist ein anderer geworden. Der Text spricht vom Hof, das Bild jedoch sieht aus, als hätte es ihn eher zufällig miterfasst, denn gemacht worden ist es ersichtlich des Vordergrunds wegen; auf das Mädchen im Paddelboot kam es an. Ich wüsste gern, um wen es sich handelt; mir, dessen Blick sich abermals gewandelt hat, bleibt es ein Rätsel. Vielleicht ist es eine meiner vielen Tanten; immerhin hat das Foto sich im Schatz der Familie gefunden. Aber ich kann es nicht entscheiden; das Gesicht ist so klein; und auch wenn es anders wäre, bliebe fraglich, ob mein Wiedererkennen so viele Jahrzehnte überspringt. Immerhin hilft das Boot, das Bild in der Zeit zu verorten. Die Dreißiger müssen es gewesen sein, als die neuen Machthaber, statt auf das kernige Germanentum, an das sie dachten, in ihren Gauen auf die dörfliche Verkümmerung stießen, auf die verwachsenen alten »Herrle« und »Fräale« ebenso wie auf die jugendlichen »Griebel«, das heißt Krüppel, und ein so umfassendes wie attraktives Programm auflegten, um dem wenigstens in der neuen Generation durch allgemeine Ertüchtigung abzuhelfen. Es war die hohe Zeit des Barrens und des Keulenschwingens, der Rhönräder und Segelflieger, und wohl auch der Kanuten. Fast alles dieses Gerät war aus Holz, wie die Wagen der pferdelosen »Kühbauern«, die sich mehr in sich selbst als voran zu bewegen schienen, weil kein Teil ohne Wackeln am anderen saß, und die ich in ihrer unglaublichen Langsamkeit noch mit eigenen Augen gesehen habe – doch war es ungleich graziler und schnittiger, sodass es den Stahl, in den es sich bald verwandeln sollte, schon ahnen ließ.

Alles, was das Foto zeigt (das transitorische Boot ausgenommen), besteht noch heute ganz genauso; wenigstens war dies der Fall, als ich den Ort vor fünf Jahren das letzte Mal aufgesucht habe. Den größten Teil der Bildfläche füllt das Wasser des Mains, das Veränderungen nicht einmal von den Jahreszeiten entgegennimmt, geschweige denn aus der Hand der Geschichte. Und doch führt der Anblick des Laubs an den Bäumen und Sträuchern vor der Kirche und des Schattens, der von den Dachtraufen auf die geahnte Intrikatheit des Mauerwerks fällt, das Verlangen nach dem vergangenen Jetzt dieses Sonnentages herauf. Dass sich der vergangene Augenblick so ganz, so überwältigend im Bild hat fangen können: Es bleibt das Wunder der Fotografie, das nach zehn Dekaden, als das Bild aufgenommen wurde, und nach sechzehn, als es mir in die Hände fiel, nichts von seiner Frische verloren hat. Ihr Schwarzweiß, das so lang nur als Überholtheit, als die Gebrechlichkeit einer veralteten Technik angeschaut werden konnte, schützt die Würde des Vergangenen und beflügelt zugleich die Phantasie derjenigen, die heute leben. Wenn ich das Foto betrachte, sehe ich viele Schichten zugleich, als wäre es ein Blätterteig oder eine Lasurmalerei: Meine Gegenwart ist darin und meine Kindheit; die Kindheit meines Vaters und die Zeit, als das Schloss errichtet wurde; dahinter als imaginierter Schatten der Forstbann des Mittelalters und der noch ältere Urwald, den er wahrt; und am ältesten der Fluss, dem man es – das liegt in seiner Natur – nicht ansieht. Der Main ist der große, prägende Glücksfall dieser Gegend, in seinem Lauf der eigenwilligste Mitteleuropas, weit holt er aus in der Abfolge seines Drei- und seines Vierecks, weiter als der Rhein, weiter selbst als die in manchem vergleichbare Mosel, und wandelt in dieser Umschlingung das Nacheinander eines Fließgewässers in ein Tal, fast überall sehr kraftvoll gestaltet, aus dem ein ganzes Land erwächst.

So erschließt sich mir die Landschaft. Über die zweidimensionale, landkartenhafte Summe von Relief, Gewässernetz, Vegetation und Bebauung hinaus konstituiert sie sich durch Gedächtnis – sie *ist* jenes Gedächtnis, zu dem ihre Bewohner, je für sich und in den Linien ihrer Abstammung, nicht imstande sind. Die Geschichte meiner Familie väterlicherseits endet für mich mit meinem Großvater, der zwanzig Jahre vor meiner Geburt starb und dessen Gestalt sich mir nur in karger anekdotischer Verdichtung erhalten hat: Wie er am vollbesetzten Mittagstisch vor den Augen seiner Kinder ein besseres Fleisch aß als sie; wie er einmal beim Kartenspiel fünf Mark verlor und nie wieder eine Karte anrührte. Es zeichnet sich darin die Gestalt eines Patriarchen in Armut ab; es befriedigt mich nicht. Auch sein Vater war Lehrer; doch kenne ich von ihm schon nicht mehr den Namen. Ich weiß nicht einmal, ob vielleicht eine meiner Tanten gepaddelt hat. Nach sieben Jahrzehnten, längstens einem Jahrhundert stoße ich auf ein Schweigen, das ich nicht mehr durchdringen kann.

Darum sind es die Orte, die mir das Geschäft der Erinnerung besorgen müssen, Orte, an denen ich früh gewesen bin, so dass ich später zu ihnen zurückkehren und sie mit veränderten Augen ansehen und befragen kann. Ich vermute, dass es Örtlichkeiten sind, die man als Kind mehr als alles andere in sich aufnimmt und die als Ganzes und in jeder Einzelheit stark präsent bleiben, während Menschen, selbst geliebte Menschen, denkt man an sie zurück, darin fast wie Gespenster herumspuken und schwinden. Die Psychoanalyse hat ausführlich die Wiederkehr der frühen familiären Konstellationen im reifen Leben untersucht. Das gibt sich zeitlos, aber eigentlich ist es doch seicht, denn es tastet an der Kette der Geschlechter nur um ein Glied hinab. Aber dieselbe Kindheit entscheidet über das Verhältnis zu den Orten; darüber, welche Räume man in seiner späteren Biographie wird aufsuchen, erkennen und lieben, mit welcher Vergangenheit man wird in Verbindung treten können.

In Mainfranken ist es vor allem das 18. Jahrhundert, das Zeitalter des Barock. Von ihm ist es so begünstigt worden wie von seinem Fluss. Alle ältere Kunst scheint sich auf einzelne Leistungen zusammenzudrängen, und alle jüngere tut es wieder. Die gotischen

Schnitzaltäre so gut wie die Ölgemälde Picassos sind was für *drinnen*, und darin ohne Freigiebigkeit, vielmehr selber schutzbedürftig. Sie vertragen es nicht, wenn es auf sie schneit oder regnet. Der Barock jedoch, in den Gunsträumen Süddeutschlands wenigstens, bricht auf nach draußen, er weitet sich zur Landschaft. Von seinem Kernstück und Kronjuwel, der Würzburger Residenz (in der ich die eine Hälfte meines Studiums absolviert habe, nämlich die lateinische), ging ein Strom der Anregung bis ins kleinste Dorf, selbst ins arme Rodenbach. In einem reichen Dorf jedoch, wie dem Dorf bei Schweinfurt, wo ich aufgewachsen bin, entfaltet er sich in ungezählten Freiluftskulpturen, in Hoftoren, Heiligenfiguren, Bildstökken, in einer unglaublichen Fülle, aus dem feinen roten Bunt- und ockerfarbenen Keupersandstein der Gegend, ausgeführt mit einer fast gleichmäßig hohen Qualität des Handwerklichen. So hoch ist sie getrieben, dass ihre Schönheit, an Stellen, wo man nie an sie gedacht hat – die Feinheit, mit der ein pfeildurchdrungener Heiliger Sebastian den Unterleib einzieht, oder der sandsteinerne Gram einer Maria um ihren Sohn –, erstaunen muss und als ein unverhofftes Geschenk berührt. Eine sorgsame Anmut grundiert alles (und es war vieles!), was damals geschaffen worden ist, und gönnt selbst den minderen Kunstleistungen Teilhabe und Abglanz, welche die Moderne so hochmütig jedem verweigert, der von der Kammlinie des Absoluten sich auch nur einen Schritt zur Seite wagt. Diese Großmut war das Glück der Epoche, das sich, in seinem festgefügten Niederschlag, bis heute erhält. Noch vor den großen politischen Veränderungen in der Zeit Napoleons, in der letzten Dekade des Jahrhunderts, erlischt diese Kunst auf einmal, als wäre die Wärme ihres Lichts schon ganz der späten Stunde geschuldet gewesen und ihre Sonne dann plötzlich untergegangen.

Hinter den Barock ließ sich für mich mit Mühe in eine andere, noch ältere Zeit der Weg tasten. Zu mehr als der Hälfte war sie ausgelöscht. Denn es hatte sich die furchtbarste Katastrophe der deutschen Geschichte, der Dreißigjährige Krieg, dazwischengeschoben, der die Bevölkerung halbiert und die Wölfe ins Herz Europas zurückgeführt hatte. Dennoch bleibt auch die Zeit, die ihm voraufging, mir auf eine unmittelbare Weise präsent. Die Jahreszahl 1608 stand in Stein gemeißelt am Pfarrhaus, in dem der älteste Bruder meines Vaters als Pfarrer amtierte und seine Schwester – eben jene Tante, der ich den Besitz des Fotos vom Rodenbacher Schloss verdanke – ihm als Haushälterin zur Seite stand. Im Mauerwerk schräg über dem Eingangsportal mit seinen drei Heiligenstatuen in muschelgeschmückten Nischen, einer Frucht der so elend plumpen deutschen Renaissance, prachtbewusst wie ein barockes Gebilde und doch so offensichtlich bar aller Grazie – saß eine Kanonenkugel. Sie saß dort wie das Muttermal auf der Oberlippe Marilyn Monroes; und wir stritten uns, ob man sie dort eingemauert hatte oder ob der abgefeuerte Schuss diese ungeheuer dicke Wand nicht hatte durchschlagen können und einfach ermattet hängen geblieben war. »Pfarrhaus« trifft es kaum, obwohl der Komplex nunmehr als solches diente: Es ist eigentlich eine Burg, die das zugehörige Dorf an der Fränkischen Saale (die bei Gemünden, gerade wo der Spessart anhebt, in den Main mündet) überherrscht, eine dreiflüglige Anlage und an der vierten Seite durch eine hohe Mauer gesichert. Für die zwei Personen, die sie bewohnten, war die Anlage absurd groß; und vor allem galt dies für das Gebirge der gestaffelten Dachböden, die unbeschränkte Mengen des Getreidezehnten aufzunehmen bestimmt waren. Diese Dachböden, drei oder vier übereinander, waren uns als Kindern, die wir uns an Besuchswochenenden und in den Ferien an dieser gänzlich ereignislosen Stätte furchtbar zu langweilen verdammt waren, strikt verboten; es hieß, das Holz der Planken sei morsch, und wir würden, beträten wir sie, von Stockwerk zu Stockwerk durchkrachen. So bargen sie uns ein hohes Geheimnis, viel mehr noch als der Geheimgang, der sich unter einer stets verstellten Falltür in der Eingangsdiele auftat.

Ich habe erst vor kurzem angefangen, mir über die Eigenart dieser anderen Zeit vor vierhundert Jahren Gedanken zu machen, dieser offenbar wohlhabenden Zeit, über der mir trotzdem ein ganz besonderer Unsegen zu hängen scheint. Es ist die entfernteste Schicht des Vergangenen, an die ich noch irgendwie heranreiche, die sich mir auf Rufweite naht. Ich habe damals nicht gewusst, dass gerade in den Jahren, von denen die Gründungsinschrift spricht, im Hochstift Würzburg, also hier, die schrecklichsten, Dörfer auslöschenden Hexenverfolgungen stattfanden.

Es existiert in Mainfranken noch eine dritte, tiefere Lage, in der Geschichte sich verfestigt hat und Deutlichkeit gewinnt: die Spätgotik, die Zeit Tilman Riemenschneiders. Was er gemacht hat, ist wunderbar. Aber es geht mich eigentlich nichts mehr an, hier gab es nichts, kein Gebäude meiner Kindheit. Es gab eigentlich überhaupt kein Gebäude mehr, zu dem eine Privatperson durch familiäre Sonderwege in Beziehung hätte treten können: Denn dazwischen lag ein anderer großer Krieg, der Bauernkrieg, der hier in flächendeckender Verheerung aufgetreten war, schlimmer als sonstwo in Deutschland, und in seiner Erbitterung nur die größten Burgen und Kirchen, denen die Hand seines Hasses nichts anhaben konnte, in erkennbarer Gestalt zurückließ. Ich bin Riemenschneider zu spät, nach dem zehnten Lebensjahr, begegnet, zu einem Zeitpunkt also, in der sich neue historische Heimaten nicht mehr formen können.

Ich kenne, wenigstens in groben Zügen, auch seine Geschichte, und die, worauf er aufbaut; aber sie verliert sich mir in der nichtssagenden Allgemeinheit eines bloßen Wissens. Denn was von Geschichte und Raum wirklich an uns heranzutreten vermag, hängt ab von den Zufällen unserer frühesten Zeit; und manchmal vom Fund eines Fotos.

Das Hohenloher Land

Christoph Bartmann
Es bleibt doch alles so, wie es ist

Spessartblick, so hieß und heißt noch immer der Rastplatz oberhalb von Bad Mergentheim, ein Stück die sogenannte Kaiserstraße hinauf in Richtung Herbsthausen. Man schaute von da in nordwestliche Richtung, das mittlere Taubertal hinunter und weiter zu den waldigen Gegenden vor Wertheim, und dahinter erkannte man bei klarem Wetter die dunklen Kuppen des Spessarts. Sehnsüchtig schauten wir als Kinder in diese ziemlich nahe Ferne, aber weil wir die ferne Ferne nicht kannten, war für uns der Spessart der Inbegriff von allem Fernen. Viel sehnsüchtiger hätte uns die Aussicht auf die Rocky Mountains auch nicht gestimmt. Auf kurvenreichen Landstraßen in den Spessart fahren, das war nach unseren Begriffen ein großer Ausflug, ein Ausflug mit Proviant. Die kleinen Ausflüge gingen nach Weikersheim zum Schloss, oder nach Laudenbach, dort stand eine Bergkirche, nach Langenburg, dort gab es außer dem Schloss auch noch die berühmten Wibele aus dem Café Bauer und ein Oldtimer-Museum, oder nach Krautheim, wo hoch über dem Jagsttal eine Burg stand mit Kanonen davor. Meistens endeten diese Ausflüge damit, dass es meiner Schwester im Fond unseres Käfers schlecht wurde, während ich mir die Zeit damit vertrieb, die Kennzeichen der Autos zu studieren, die uns überholten (selbst überholten wir zu meiner Scham fast nie, höchstens mal einen Traktor, und auch das erst nach einer Tagung des Familienrats). Ich hatte nicht viel Interesse an der Landschaft, aber dafür umso mehr an der Geographie. Wenn der Rest der Familie Blumen pflückte, Federball spielte und die Klappbetten aufklappte, setzte ich mich ans Steuer unseres abgestellten Autos und studierte die Deutsche Generalkarte.

Weil wir wenig kannten, waren wir schnell zu beeindrucken. Ich fand schon Ortsnamen wie Ulm oder Aschaffenburg, abgelesen vom Fahrplan des Mergentheimer Bahnhofs, imponierend. Dass unser Flüsschen, die langsame Tauber, nach zahlreichen Windungen doch irgendwie den Main und über ihn den Rhein und schließlich sogar die Nordsee erreichen würde, war mir ein Trost. Immerhin suchten die Flüsse und Schienen entschlossen das Weite. Mir war mein Geburtsstädtchen zu beschaulich. Eine Autobahn nach, oder besser: durch Bad Mergentheim, das wäre ein Projekt nach meinem Geschmack gewesen. Als sie dann Jahre später kam, führte sie ziemlich weit an Bad Mergentheim, aber dafür nah an Tauberbischofsheim vorbei, das wir auch deshalb nicht leiden konnten, weil unser Landkreis mitsamt Autokennzeichen »MGH« von »TBB« geschluckt worden war, das obendrein durch seine Fechter in aller Munde war. Immerhin hatten wir die B 19, eine stark befahrene Bundesstraße, die von richtig weit herkam. Ich konnte mich endlos an der Poesie der gelben Wegweiser erfreuen, die in nördlicher Richtung nach 45 Kilometern Würzburg verhießen und südwärts nach 31 Kilometern Künzelsau. Dahinter lagen dann ja bald Schwäbisch Hall und sogar Stuttgart, die Hauptstadt des Landes, in dessen wenig beachtetem nordöstlichen Winkel Bad Mergentheim versteckt lag. Stuttgart war weit weg, aber es lag immerhin noch, anders als Frankfurt oder Nürnberg, in den Grenzen meiner Welt. Der Besuch des Stuttgarter Fernsehturms war einer der touristischen Höhepunkte meiner Kindheit. Wörter wie »Großstadt« und »Moderne« lösten Angstlust aus. Was wussten wir davon, wir wohnten ja an der »Romantischen Straße«, auf der Japaner und Amerikaner sommers in Bussen ihrem Ziel, Neuschwanstein, entgegensteuerten, vorbei am Fachwerk und den Butzenscheiben von Rothenburg, Dinkelsbühl und Nördlingen. Das Romantische begeisterte mich damals wenig; es gab zu viel davon. Stattdessen beobachtete ich den Bau der neuen Umgehungsstraße mit Erregung. Man hatte uns noch eine Bundesstraße, die B 290, geschenkt, und nun wurde der Fernverkehr um den Stadtkern herum, aber nah an unserem Haus vorbei geführt. Ich freute mich über jeden Lkw und den Hauch von Transit, den er uns bescherte. So gesehen traf es sich gut, dass wir bald danach wegzogen von Bad Mergentheim, in eine große Stadt am Rhein, in deren Nähe es Autobahnen und Lkw in Hülle und Fülle gab.

Offenbar war ich nicht zum Kleinstädter geboren. Wir waren ja selbst Zugereiste, so wie die meisten Mergentheimer, die ich kannte. Eine Art Völkerwanderung, über deren Gründe ich nichts wusste, hatte die Einheimischen an den Rand gedrängt. Unsere Nachbarn hießen Hupka oder Bednarek, sie waren Vertriebene und kamen aus Gegenden wie Mährisch-Schlesien oder dem Egerland. Sie hatten hier Arbeit gefunden, Bad Mergentheim war nämlich ein aufstrebender Kurort, der meistbesuchte sogar in ganz Baden-Württemberg. Überhaupt herrschte in jenen Jahren ein großer Boom, ein Neubauviertel entstand nach dem anderen, und unaufhaltsam wuchs die Bebauung die Hänge hinauf. Es gab auch allerhand Industrie am Ort, etwa die Parkettwerke Bembé, von denen wir mit Stolz erzählt bekamen, dass sie sogar Kaiserpaläste im fernen Osten belieferten. Neben der verträumten Deutschordensstadt, in deren Mauern das neunzehnte Jahrhundert überdauerte, existierte eine zweite Stadt, in deren Betten Abertausende von Kurgästen nächtigten. Hoch über der Stadt thronte die Kurklinik der LVA, »Gallensteins Lager« genannt, und im Kurpark traf sich ein vorwiegend grauhaariges, aber überregionales Publikum, wenn es nicht gerade Heilwasser trank, bei Minigolf und Promenadenkonzerten. Seitdem der Schäfer Gehrig im Jahre 1826 auf den Tauberwiesen die bitteren Quellen entdeckt hatte, war der Kurbetrieb nach und nach zum wichtigsten Gewerbe am Orte aufgestiegen. Bad Mergentheim hatte, anders als die Bauerndörfer ringsherum, wo mancherorts noch die Gülle die Dorfstraße hinunter floss, fast etwas Mondänes. An der Bahnhofstraße stand das neu erbaute Hotel Viktoria, ausgestattet mit einem Hallenschwimmbad und anderen unerhörten Errungenschaften. Es gab Modegeschäfte, die mit denen in Stuttgart oder wenigstens in Würzburg konkurrieren

konnten. Es gab wohl auch eine Art Kulturleben, und in den vielen Kurcafés vernahm man Zungenschläge, die hörbar von weit weg kamen, aus Berlin vielleicht. Als Einheimischer, wozu ich uns zählte, hielt man sich abseits von den zahlenden Gästen. Der Kurpark mit seinen sorgsam gekiesten Wegen und den akkuraten Blumenbeeten weckte bei unsereinem unangenehme Gefühle. Ruhe war hier das oberste Gebot, denn der Kurgast war ja gekommen, um sich zu erholen. Hier herrschte die Atmosphäre eines ewigen Sommersonntagnachmittags, an dem man, mit frisch gezogenem Scheitel und zwickenden Stoffhosen, an der Hand der Eltern die vorgeschriebenen Wege entlangtrottete. Im Kurpark fing für mich das Ausland an, aber nicht die schöne Ferne, deren undeutliche Umrisse sich beim Spessartblick zeigten, sondern etwas Unerfreuliches, die Erwachsenenwelt.

Kaum dass wir weggezogen waren, holte mich das Heimweh ein, nach Bad Mergentheim, aber mehr noch nach der Gegend ringsum. Auf der Generalkarte fuhr ich mit dem Finger die alten Wege nach, oder ich paddelte auf einem imaginären Faltboot die Tauber von der Quelle herunter bis zur Mündung. Als wir uns das erste Mal nach dem Umzug wieder ferienhalber dem vertrauten Gefilde näherten, ich war inzwischen elf Jahre alt, befiel mich schon auf der Höhe von Marktheidenfeld eine maßlose Aufregung, die sich bei der Fahrt durchs Taubertal von Kilometer zu Kilometer steigerte, bis sich hinter Edelfingen endlich das heimatliche Panorama auftat, die Türme der Schloss- und der Stadtpfarrkirche, der Ketterberg auf der linken, der Wachtturm auf der rechten Talseite und davor viel neu hinzugekommenes Gewerbe. Ich war, was Mergentheim, das Taubertal und Hohenlohe betraf, in der Zwischenzeit sentimental geworden. Meine Technik-Verehrung war der Liebe zum Idyll gewichen. Ich war zum Heimatkundler konvertiert, und daran war ein Buch nicht unschuldig. Es heißt »Hohenlohe« und ist 1958 im Verlag E. Schwend KG, Schwäbisch Hall, erschienen. Die Fotos stammen von Paul Swiridoff, die Texte von Rudolf Schlauch, Pfarrer in Bächlingen unterhalb von Langenburg, Poet, Lokalhistoriker und Vater des Grünen Rezzo Schlauch.

»Hohenlohe«, schreibt Pfarrer Schlauch darin, »ist die Enklave der guten alten Zeit mit all ihren Köstlichkeiten und Rückständigkeiten inmitten einer seelenlos gewordenen Betriebs- und Berufswelt«. Nicht dass ich Rudolf Schlauchs Zivilisationskritik damals schon zu würdigen gewusst hätte, aber ich verstand und verstehe noch, was er sagen will. Hohenlohe, die Ländereien also des alten und verzweigten fränkischen Adelsgeschlechtes gleichen Namens oder, ins Heutige übersetzt, das Gelände, das im Norden von der Tauber, im Süden von der A 6, im Westen von der A 81 und im Osten von der A 7 begrenzt wird, dieses Hohenlohe ist, sagen wir es mit den Worten des Heimatkundlers, noch immer eine der köstlichsten Landschaften, die es in Deutschland gibt. Muss man es auch rückständig nennen? Auf der Homepage des Hohenlohekreises lesen wir, Hohenlohe habe als »Industriepark mit ländlichem Charme gute Zukunftschancen.« Gut nur, dass der Pfarrer Schlauch das nicht mehr erleben musste.

Andererseits hat sich seit den Kindheitstagen so viel hier gar nicht verändert. Und was sich verändert hat, will ich nicht unbedingt sehen. Gerade erst haben wir alles an Ort und Stelle angetroffen, das Wibele-Café in Langenburg, den Schlosspark in Weikersheim, nur die Kanonen von Krautheim waren nicht zu finden. Hohenlohe ist noch immer da, es liegt, wo es immer lag, ein deutsches Herzland und zugleich ein Übergangsland, zwischen Schwaben und Franken, zwischen den heiteren Gefilden des Neckars und den herben der Fränkischen Alb. So wie die Urmeere den Muschelkalk, so hat die Geschichte allerlei kulturelle Differenzen hinterlassen. Den kulturellen Unterschied zwischen Tal und Ebene zum Beispiel, den zwischen Wein und Bier und den zwischen Katholiken und Protestanten. Quer durch das Hohenloher Fürstenhaus und seine Ländereien ging einmal die Konfessionsgrenze, und Kenner konnten noch vor wenigen Jahrzehnten katholische von protestantischen Dörfern an der Position der Misthaufen unterscheiden: vor dem Haus bei den Katholiken, hinter dem Haus bei den Protestanten. Und wer hat nun bei all den Glaubenskriegen den Sieg davongetragen? Wohl nicht, wie an der Mosel oder in

Franken, die Fraktion der Lebensgenießer. Vom Überschwang anderer Weingegenden ist in Hohenlohe nichts zu spüren. Schwer, sich vorzustellen, dass hier der Himmel, und sei's nur für die Dauer eines Rauschs, voller Geigen hängt. Dafür ist man in dieser Gegend zu nüchtern. Kein Vergleich etwa mit dem bäuerlichen, lebenslustigen, katholischen Unterfranken keine fünfzig Kilometer weiter nördlich. So hat hier jeder Landesherr mit der Konfession den Untertanen auch sein Sittengesetz verordnet.

Hohenlohe ist eine Landschaft, in der adlige Herren von erhöhter Warte auf bäuerliche Untertanen hinabschauten. Oben bei den Herren hat Paul Swiridoff gern seine Kamera aufgestellt. Von der Bastion des Waldenburger Schlosses sieht man auf einem seiner Bilder weit nach Norden über die Felder und Hecken der Hohenloher Ebene, eine karge und wenig fruchtbare Hochfläche, die in bewaldeten Schluchten, Klingen genannt, zu den Tälern hin abbricht, die Jagst und Kocher durch den Muschelkalk gegraben haben. Dort unten geht es dann lieblicher und milder zu, auch geschäftiger, je nach Fluss- und Tal-Charakter. Lieblicher an der Jagst, geschäftiger am Kocher, wo ein Wein wächst, an den man sich gewöhnen kann, die »Kocherperle«. Wieder anders im Charakter ist das Taubertal: verwunschen von Rothenburg bis kurz vor Mergentheim, gewerbefleißig von dort bis Tauberbischofsheim, ehe es sich dann vor der Mündung bei Wertheim wieder schließt und eng, still und waldig ausklingt. Aber das ist schon eine andere Geschichte, eine mainfränkische vielleicht. Hohenlohe im engeren Verstand, das sind noch eben Bad Mergentheim und das Taubertal, das sind vor allem aber die parallel dem Neckar zueilenden oder manchmal -trödelnden Flussläufe von Jagst und Kocher und die Ebenen dazwischen, das sind groß gewordene Kreis- und Marktstädte wie Künzelsau und Öhringen, Fürstenschlösser wie Langenburg oder Bartenstein, die Burgen von Morstein und Leofels, die Klosterkirche von Schöntal, die Grünewald-Madonna in Stuppach, die überdachten Holzbrücken über die Jagst und die uralte Krypta unter der Dorfkirche in Unterregenbach, die Weinberge von Ingelfingen und Niedernhall, die Anhäuser Mauer, Relikt eines mittelalterlichen Eremitenklosters, um nur von den Sehenswürdigkeiten zu reden und nicht von der flatternden Wäsche und den in der Vormittagssonne auslüftenden Federbetten, die Swiridoff so gern fotografiert hat. Ein großes provinzielles Behagen strahlen diese Aufnahmen aus, in denen nur ein einzelner Opel Rekord oder ein Motorroller an die Gegenwart von damals erinnern; auf den Dächern noch die alten Schindeln, in den Angeln die alten Fenster, noch keine Spur von der planmäßigen Verschönerung, wie sie bald darauf überall im »ländlichen Raum« einsetzte.

Die »Ansicht vom Dorf Jagsthausen«, ein typisches Swiridoff-Foto, ist komponiert wie ein Landschaftsgemälde aus dem neunzehnten Jahrhundert. Vorn der Wiesengrund mit der fast unbewegten Jagst, in der sich Weiden und Erlen spiegeln. Weiter hinten, eingerahmt von Bäumen, liegt unter einem schwülen Gewitterhimmel das Dorf, eine lockere Ansammlung von Höfen und Gärten, überragt vom Turm des Berlichingen-Schlosses, in dessen Kreuzgang der Ritter mit der eisernen Hand »fröhlich seiner Auferstehung« harrt, wie es auf der Grabinschrift heißt. So einträchtig haben also Bauer und Edelmann einmal nebeneinander gelebt. Die Botschaft Hohenlohes (oder nur die der beruhigenden Bilder von Paul Swiridoff) heißt, dass die alten, feudalen Herrschaftsverhältnisse eigentlich in Ordnung waren, dass ein Umsturz, gleich welcher Art, nur einer zum schlechteren sein konnte. Manche Landschaften hat die Industrie schon vor zweihundert Jahren geweckt. Das Hohenloher Land aber durfte länger und tiefer schlafen als die meisten anderen Gegenden in Deutschland. Was hat hier zuletzt für Aufregung gesorgt? Die Bauernkriege? Oder der Dreißigjährige Krieg? Vielleicht der Untergang der Heiligen Römischen Reiches und der Beginn der württembergischen Herrschaft? Oder die Eingliederung des einstmals habsburgischen Württemberg in das preußisch dominierte Kleindeutschland? Vom zwanzigsten Jahrhundert einschließlich seiner Kriege war, von den Gefallenendenkmälern, den Silos der Landwirtschaft und natürlich den Autobahnen abgesehen, nicht viel zu sehen. Die alte Zeit, wann immer sie zu Ende gegangen ist, sie hätte ruhig noch weitergehen dürfen.

Beim Wiederblättern in Swiridoffs und Schlauchs Buch kommt sie mir entgegen, und ich möchte jetzt gleich einmal am Misthaufen vorbei in eine Hohenloher Bauernwirtschaft hinein und da ein Herbsthäuser Bier trinken, das wäre doch was. Dazu muss man freilich die Misthaufen, die Bauernwirtschaften, die Brauereien und andere Wonnen der Rückständigkeit erst einmal finden.

Dieses Hohenlohe ist eine romantische und schweigsame Landschaft, eine Landschaft der mittleren Proportionen, ohne Dramatik, eine Landschaft der stillen Zufriedenheit, der Einkehr und vielleicht der Wehmut, dass alles nicht immer so bleiben kann. In einem seiner Romane lässt Hermann Lenz, der epische Beschwörer des Hohenloher Friedens, sein Alter ego Eugen Rapp einen Lebenstraum aussprechen: »In einem Turm schreiben, spazierengehen, reiten zwischen Wiesen, Feldern und in Wäldern, also als Landadeliger leben, der 1813 in einem Schlößchen in Hohenlohe-Franken geboren und 1912 daselbst gestorben wäre, so hätte er es sich gefallen lassen.« Ein langes Leben in einem langen Jahrhundert, in einer Gegend, in der die Zeit still stand, zurückgezogen als Landedelmann, das ist ein Traum vom Glück, zu dem die Hohenloher Landschaft mehr einlädt als andere, und Hermann Lenz hat ihn stellvertretend für die Stillen im Lande geträumt. So wie es das tiefe Frankreich gibt, in dem, weit weg von Paris, die Zeit so still steht wie ein Teich in der Hitze eines Sommertages, so lag oder liegt vielleicht in Hohenlohe »L' Allemagne Profonde«. Als alter Mann hat Lenz sich für einen Fernsehfilm noch einmal der Kindheit in Hohenlohe erinnert und dabei so absichtsvoll oder absichtslos schöne Dinge bemerkt wie diese: »Bei grauem Himmel fliegen die Schwalben niedrig durchs Dorf, ein Misthaufen duftet, und viele Dächer haben noch dieselben braunen Ziegel wie ehedem. Wenn da und dort Moos auf ihnen zu sehen ist, denke ich: in siebzig Jahren hat sich hier wenig verändert, und ich habe das Gefühl, es bleibe alles noch eine Weile so, wie es jetzt ist.«

Heute verfängt der alte Zauber, der schon damals vielleicht ein falscher war, noch immer, auch wenn Bad Mergentheim, Künzelsau oder Crailsheim, wie sollte es anders sein, längst »aufstrebende Mittelzentren« mit »optimaler Verkehrsanbindung« und einem »attraktiven Umland« geworden sind. Im Kochertal um Künzelsau geht es fast schon großstädtisch zu, Gewerbepark reiht sich an Gewerbepark, Flachdach an Flachdach; Weltfirmen haben hier ihren Sitz. So muss es auch sein, denn, so wieder die Homepage, »in den Städten und Gemeinden des Hohenlohekreises leben Menschen, die sich trotz ihrer Bindung an diese Landschaft den Herausforderungen der Gegenwart stellen, der Industrie und der Technik aufgeschlossen gegenüberstehen und sich mit Tatkraft und Gemeinsinn für die Zukunft dieses ländlichen Raumes engagieren.« Gar so weit ist es mit den Freuden der Beschaulichkeit also nicht mehr her. Das Verschwiegene dieser Gegend war ja nur die Folge jahrhundertelanger Vernachlässigung, und mit ihr musste es irgendwann ein Ende haben. Hohenlohe, das schöne und strukturschwache, soll sich auf die Zukunft besinnen – was schwer ist, wenn die Vergangenheit so behaglich war. »Strukturschwach«, passt das Wort nicht auch auf die zukunftsabgewandten und wunderbar spannungsarmen Romane des Hermann Lenz? Wir lesen den Schlusssatz aus seinem Roman »Seltsamer Abschied«: »Das Land entfaltete sich hell und weit«, und wissen: Dieses Land heißt Hohenlohe.

Das Saarland

Ludwig Harig

Leuchtende Wolken, Johanniswürmer und funkenwerfende Essen

Unserem Nachbarn Willibald ist nun auch seine Frau Therese nachgestorben. Das Haus gegenüber steht leer, nichts rührt sich mehr in ihm. Käme in Zukunft nicht jemand regelmäßig aus beider Verwandtschaft und schnitte die Spitzen der Fichten ab, begänne rings um das Haus eine Hecke zu wachsen, die jedes Jahr höher würde und endlich das ganze Haus umzöge und darüber hinauswüchse, dass gar nichts mehr zu sehen wäre, selbst nicht der Schornstein auf dem Dach. So märchenhaft es klingen und an die Hecke des Dornröschenschlosses erinnern mag, das Wachsen der Hecke vor unserem Haus beschwört ein Verhängnis herauf: Sie wird uns die Aussicht auf den Brennenden Berg versperren! Wir schauen nicht auf einen Vulkan, aus dem glühende Lava sprüht, sondern auf eine sanft gewölbte Kuppe, in deren Innerem seit Jahrhunderten ein Kohlenflöz glost. Dort quillt feuchter Dampf durch Erdspalten und verdunstet rasch in der Waldluft. Schon sind die ersten Fichtenspitzen in unser Gesichtsfeld gewachsen; was wäre, wenn wir vom täglichen Anblick unserer Berges abgeschnitten würden?

Mein Lebensraum ist klein, einfach in seiner landschaftlichen Erscheinungsform, übersichtlich gegliedert und leicht erklärbar. Es ist eines der drei Kohlentäler rechts der Saar, die von langgestreckten bewaldeten Höhenrücken getrennt sind. Ein Querriegel aus Buntsandstein schließt die Täler ab. Sie seien mit dem Riegel wie die Zähne eines Kamms mit dem Kammbügel verwachsen, lernten wir in der Schule – unser Sulzbachtal sei zwar nicht das schönste und auch nicht das fruchtbarste, aber das vollkommenste in seiner typischen Industriegestalt. Ich bin ein Kind des Sulzbachtals – wie schon Vater und Mutter und auch Vaters und Mutters Eltern, die hier im Dorf geboren wurden und gelebt haben –, ausgenommen Mutters Vater, ein Hunsrücker Bauernsohn, der vom Idarwald herunterkam, um Bergmann zu werden.

Großvaters Neigung zu reibungsloser, in sich geschlossener Wirkungsweise technischer Apparaturen teilte sich meinem Bruder und mir schon früh mit. Es war ihm ein Herzensbedürfnis, uns die Fördertürme mit den sich drehenden Rädern, die Tagebaustollen mit den aus- und einfahrenden Kohlenwagen zu zeigen und die Wechselwirkungen ihrer Arbeitsvorgänge zu erklären. An seiner Hand erkundeten wir die mit schmiedeeisernen Staketentoren verschlossenen Eingänge der Hauptort- und Gegenortschächte, durch die stets ein scharfer Zugwind blies: Unaufhörlich müsse der Wind blasen, damit die Bergleute Luft zum Atmen hätten, erzählte er, doch schon ein einziger Funke genüge, ein schlagendes Wetter zu zünden. Schlammweiher und Schlackenhalde, schon in unserer Kinderzeit nicht mehr genutzt, waren unsere Spielplätze. Von der Halde rieselten spitze Splitter zu Tal, glatt und blau schimmerten sie im Sonnenlicht, schiefriges Blau wechselte in feuriges Rot über. Schroff senkte sich der Abhang in die Tiefe, heulte der Wind auf, er war heiß wie ein Wüstenwind, wir hörten ein Feuer brodeln, wähnten uns in der Hölle. In diesem Spiel- und Vorstellungsrausch rissen wir uns die Haut an den Knien auf, schlugen uns Beulen und Blutergüsse, glitten abwärts in verborgene Schatzkammern. Dort, im Glasfluss, lockte der Zauber, dort, im Goldglimmer, blühte das Glück.

Heute, siebzig Jahre später, hat sich die Halde in einen Birkenhain verwandelt, der die Schlacke begrünt. Seit Jahrzehnten verwildert, liegen Stämmchen und Äste am Boden, von Moos überzogen, von Müll und ausrangiertem Hausrat bedeckt. Doch immer noch läuft der schmale Pfad über die Höhe, verzweigt sich zwischen den krummgewachsenen Birken und schlingt sich um wild aufgeschossene Dornhecken. Als wär's gestern geschehen, sehe ich uns mit

Großvater hinabsteigen, über den Bach springen und durch den gegenüberliegenden Buchenwald emporklettern zur Felswand des Brennenden Berges. Hier lauschen wir, halb erwartungsvoll, halb ungläubig seiner kuriosen Geschichte. Schon der Dichter Goethe, der sonst nur hinter kleinen Mädchen hergewesen sei, habe nach eigener Bekundung als junger Mann großes Interesse an außergewöhnlichen Naturerscheinungen gehabt und sei auf seiner Reise hierher zu den dampfenden Spalten gekommen.

Ich schließe die Augen und erinnere mich, wie Großvater seine Brille aufsetzt, um uns den Text der Gedenktafel vorzulesen: »Wir traten in eine Klamme und fanden uns in der Region des Brennenden Berges. Ein starker Schwefelgeruch umzog uns; die eine Seite der Höhle war nahezu glühend, mit rötlichem, weißgebranntem Stein bedeckt; ein dicker Dampf stieg aus den Klunsen hervor, und man fühlte die Hitze des Bodens auch durch die starken Sohlen.«

Goethes Spur, für uns vorgezeichnet in *Dichtung und Wahrheit*, beginnt in Saarbrücken. Zu Pferd war er mit zwei Freunden von Straßburg gekommen, wohnte beim Saartor an der Alten Brücke und genoss die hellen Juniabende mit Vogelgezwitscher in den Bäumen und Glühwürmchenflimmern im Ufergebüsch des Flusses.

Von Saarbrücken heraus das Sulzbachtal aufwärts folgen wir Goethes Weg über den Querriegel des Hofer Kopfs hinweg nach Neunkirchen: Es sind knapp zwanzig Autokilometer. Fast schnurgerade zieht sich eine eng ineinandergegliederte Kette von Ortschaften dahin, kleine Industriestädte, die große Bergmannsdörfer geblieben sind: Jägersfreude, Dudweiler, Sulzbach, Altenwald, Friedrichsthal.

Kilometerweit geht es an regelmäßig stationierten Imbissbuden entlang, manche zurechtgezimmert aus schäbigen Kunststoffplatten, andere herausgeputzt mit geblümten Markisen. Von Rost- und Currywurst wechselt das Angebot über Kebab und Gyros zu Nasi-Goreng mit Krabben und Chop-Suey mit Strohpilzen. In den Schulpausen versammeln sich Gruppen von Kindern vor den Buden, zu Mittag bevorzugen Erwachsene das tägliche Stammessen; und abends teilt sich die Kundschaft: Die Einheimischen eilen unter die kalten Glühröhren, die Südländer treffen sich unter bengalischer Beleuchtung.

Die gigantischen Supermärkte werden den ganzen Tag über meist von Frauen und Rentnern bevölkert. Die Namen der Märkte suggerieren Optimismus und Gediegenheit, sie heißen *real*, *aktiv*, *plus*, der Bau- und Gartenmarkt preist sich als *Praktiker* an, und die *Teppichwelt von Aro* gaukelt ein Wohlleben aus Tausendundeiner Nacht vor. Mit Tankstellen, Möbelläden und Spielotheken schließen sich die Lücken zwischen den Orten, decken zugleich die Allerweltshäuschen der Kleinbürger zu. Die Häuser sind meist zweigeschossig, ihre Giebel und Dächer beschlagen mit Eternitplatten aus dem Werk, das sich *Ihr Partner fürs Dach* nennt. Nur hin und wieder fangen ornamentale Fensterstürze aus der Gründerzeit den Blick ein, an seltenen Fachwerkgiebeln spiegeln Holzwerk und Putzflächen malerisch zusammen. Zwischen Neubauten mit breiten Satellitenschüsseln und ärmlichen Prämienhäusern wirkt das Jägersfreuder Kriegerdenkmal wie ein vaterländisches Idyll. In Sandstein gehauen steht auf hohem Podest das Inbild des deutschen Reiters, der den bösen Lindwurm zerstampft, daneben Bänke und Blumenkübel, ein versilberter Kohlenwagen, gefüllt mit Gartenerde, bepflanzt mit winterfestem Grünzeug.

Auf dem Parkplatz der Dudweiler Tennisplätze wirbt eine Bautafel für die kulturelle Aufwertung des Brennenden Berges. Eine Gemeinschaftsinitiative URBAN II, kofinanziert vom Europäischen Fonds für Regionale Entwicklung, hat sich des Naturwunders angenommen: Restaurierung und Sanierung wie die Erstellung eines umfassenden Themen- und Informationssystems werden zugesichert. Obwohl von Industriekulturerbe und seiner Pflege die Rede ist, wird nicht ausgesprochen, was weggeräumt und was dazugetan, was unberührbar bleiben und was unweigerlich verschwinden muss. Sollen die gesprengten und zugeschütteten Westwallbunker wieder ausgegraben und erneuert werden, damit die Fledermäuse ein geborgenes Zuhause finden? Was ist mit den Schützengräben, die mitten auf Spazierwegen in betonierten Schützenlöchern enden und den letzten Krieg in Erinnerung rufen? Das Kohlental hat sein Ge-

sicht verloren. Ohne die unverwechselbare Horizontlinie aus Fördertürmen und Kühlkesseln, aus Maschinenhallen und Schornsteinen der Kohlen- und Eisenzeit ist sein Profil nur noch schwer zu lesen. Auch in unserer Landschaft hat sich eine Lebensart herausgebildet. Ausdrucksvolle Physiognomie zeige sich nicht in großen Zügen und ausgeprägter Charakter nicht in großen Handlungen, schreibt Rousseau, es seien die Kleinigkeiten, in denen das Naturell sich erhelle: Über poetische Erfindungen erworben, ist diese Beobachtung der schönste Beleg für die These, die saarländische Ausgewogenheit sei die Harmonie der nicht ausgetragenen Widersprüche. Fritz Zolnhofer aus Schnappach ist der Maler des Kohlereviers. In seinen Gemälden stapfen Bergleute im grauen Schaffanzug auf nassen Zechenwegen, betreuen den blinden Grubengaul und hegen die Begmannskuh, die nur eine dürre Ziege ist. Auf seinem Bild *Menschen blicken ins All* schaut eine Familie in eine ungewisse Zukunft, gesichtslos, mit ausgestochenen Augen, die vom Beschaffensein der Welt mehr wissen als bestellte Propheten.

Zwischen Altenwald und Friedrichsthal überspannt die Autobahnbrücke der A 8 das Kohlental: Vor uns liegt der Riegel, der das Tal abschließt. Womöglich von der Höhe des Hofer Kopfs aus schaute Goethe bei einbrechender Finsternis nach Neunkirchen hinüber, wo ihn das überraschende Feuerwerk der Schmelzöfen erwartete. Auf seiner Spur erreichen wir an Schlammweiher und Schlackenhalde vorbei die um die Mitte des neunzehnten Jahrhunderts abgeteufte Grube Reden. Heute liegt das zu unserer Kinderzeit neu errichtete Zellenhaus schon wieder halb verrottet da: Rost blättert von den Fensterrahmen, Moos wächst auf den Bodenplatten, Cola- und Bierdosen bedecken, zerquetscht und zertreten, die Stufen zum Hauptportal. An der Seite steht, grünspanüberzogen, Fritz Koelles *Bergmann* in Bronze mit einer Grubenlampe am Gürtel. Starke Hände, große Füße, ernster Blick: Die Figur, 1939 entstanden, drückt Kraft und Arbeitswillen aus. Zusammen mit den ins Mäandermuster der drei Türblenden geschlungenen Hakenkreuze beschwört sie den Geist ihrer Zeit. Koelles *Bergmann* erinnert, obwohl fortschrittsgläubig entworfen, an vergebliches Menschenwerk, wohingegen das moderne Räderspiel des Denkmals im Verkehrskreisel der Stadteinfahrt von Neunkirchen den Blick auf die reinen technologischen Prozesse lenkt.

Auf Stahlbeinen horizontal und vertikal montierte Zahnräder symbolisieren das wirksame Ineinandergreifen der Kräfte, das Goethe noch als vergnügliche Wahrnehmung empfand: Er hörte das Wasser und die von ihm getriebenen Blasebälge, das Sausen und Pfeifen des Windstroms ins geschmolzene Erz rauschen und wüten – in jedem Moment das innerste Wesen der Dinge begreifend, drängt es ihn, die Launen der Natur und die Kapriolen der Industrie in einem alles umfassenden, pantheistischen Bild zu beschreiben: »Wie vor einigen Nächten an den Ufern der Saar leuchtende Wolken Johanniswürmer zwischen Fels und Busch um uns schwebten, so spielten uns nun die funkenwerfenden Essen ihr lustiges Feuerwerk entgegen.« Die Natur ist der Industrie gewichen, das Kulturdenkmal übriggeblieben. Außer ein paar imposanten Stahlgerüsten, deren Treppengänge und Röhrengeflechte ins Leere gehen, steht nur noch der Wasserturm der Neunkircher Hütte, ein postmodernes Unikum, umgebaut zum Freizeit- und Kulturtreff mit *Coyote Café* und *Café Stahlwerk*, *Bistro Vis à Vis* und *Restaurant Moonlight*, *Training Center* und *Cinetower 1–4* mit vollklimatisierten Großbildwänden. Ein paar Schritte daneben liegt die ehemalige Stummsche Reithalle, heute ein Ort für Musik- und Literaturveranstaltungen.

Stumm und Röchling, die Stahlbarone, überdauern wie die Kohlebarone Camphausen und Maybach, Brefeld und Mellin nur noch in Straßen- und Häusernamen; Herr Vopelius mit seiner Glashütte und Herr Appolt mit seiner Blaufabrik leben wie Herr Stauf, der Sulzbacher Kohlephilosoph, in Erzählungen weiter. Unsere Fabrikherren sind mit ihren Familien auf dem Sulzbacher Friedhof beerdigt: Die Gebeine der einen ruhen in begehbaren Grabstätten mit dem Aussehen einer Fiale vom Kölner Dom, die Knochen der anderen verwesen in stattlichen Gräbern mit weinenden, geflügelten, auf Amphoren gestützten Bronzefiguren. Die Porzellanhändlerfamilie liegt in einem Glasurgrab aus blauem und weißem Steingut. Alle Namen prangen in den Buchstaben ortsüblich stilisierter Fraktur, die der Friedhofssteinmetz stets auf den Sohn weitervererbt.

Die Räder stehen still; was sich bewegt, sind die Gelenke der Gedankenspiele im Kopf. Nur das Wieder- und Weitererzählen begonnener Geschichten stellt die Landschaft meiner Kindheit wieder her – und bildet sie neu. Großvater, der Bergmann, und Nachbar Willibald, der Elektrosteiger, leben schon lange nicht mehr: Sie hätten kein Verständnis gehabt für diese Art der Aufbewahrung von Urstoff und Handwerkszeug ihrer Arbeit, von Zahnrädern, die sich nur zum Schein drehen, von Röhren, die im Nichts enden. Sie hätten gezweifelt am Ansinnen einer solchen Kunst. »Jede Maschine, in die man nur eingeben kann, die gleichsam alles bei sich behält, nichts herauslässt, korrumpiert die Arbeitswelt, bedeutet wie jeder Leerlauf einen Gegenzug zur Industrie, treibt die Kategorie des Nutzens in den Schatten zurück, vernichtet die Gewinne, die Mehrwerte, die Ausbeutung, das Unrecht der Gesellschaft«: Ein Wort von Max Bense, dem Philosophen und Wissenschaftstheoretiker der sechziger Jahre, über die Käfige des Künstlers Harry Kramer. Schon damals betrachtete ich mit Staunen diese sonderbaren Drahtgeflechte, in denen sich Räder drehen, die über Transmissionsriemen und zierliche Ketten ihre Bewegungen nur zum Schein auf Achsen mit Rollen und Scheiben übertragen. Sie drehen sich zum reinen Spiel. In ihren Geräuschen erklingt der Gegengesang zu Hammerschlag und Schwertergeklirr. Das widersetzliche Räderspiel dieser Mobiles führt die gefälligen Gesten modernistischer Standbilder ad absurdum – »mit einem zärtlichen Hang zur Anarchie«. So ist unsere Kohlenecke auch kein Tummelplatz für einen Poeten, der von ländlicher Abgeschiedenheit und abendlichem Seelenfrieden erzählen will. Jede Anstrengung wäre vergeblich, über den Dreck des Zerfalls den Edelrost einer alten Ordnung zu ziehen.

Endet also die Wiederbelebung zugrunde gerichteter Vergangenheit von Kohle und Stahl im Gleichnis der Kunst, die dieses Tal in einen beschaulichen Ort verwandelt? Hier schlingt sich kein schicksalskundiger Strom um eine bewaldete Bergkuppe, sitzt kein genügsamer Pflüger rauchend im Schatten seiner Hütte: Mit den Orten dieses Tals und den Lebensläufen seiner Bewohner lassen sich keine idyllischen Sittenbilder verflossener Industriekultur malen. Und doch lebt die unzerstörbare Wirklichkeit der Kohlentäler in Erzählungen nach, die über die Beschwörung von leuchtenden Johanniswürmern und funkensprühenden Essen hinausgehen. Goethe hat einen skurrilen Philosophen erfunden, dessen Lebens- und Denkart unserem Landstrich entspricht, worin der Charme des Armseins sich mit der Anmut des Kleinseins verbindet. Es ist Herr Stauf, der ortsansässige Chemiker, den Goethe bei seiner Ankunft auf dem Brennenden Berg besucht hat. Zwar bewundert er dessen Erfindung kombinierter Koksöfen, rügt aber seine Unfähigkeit, ökonomischen und merkantilen Nutzen aus ihrer Anwendung zu ziehen.

Armer, kleiner Herr Stauf, nun haben sich die Literaturwissenschaftler seiner bemächtigt, nun darf er nicht mehr der lebensuntüchtige Sulzbacher bleiben, der herumläuft in einem Schuh und einem Pantoffel und heruntergezogenen Strümpfen, die er fortwährend vergebens wieder hochzieht. Nun darf er nicht mehr dem Reiz der Vergeblichkeit allen Seins frönen, Schaum schlagen und die Energie des Brennenden Bergs ungenutzt verpuffen lassen: Er darf kein vorweggenommener *Lehrling zu Sais* sein, der ja die Natur nicht nutzt, sondern die Natur tanzt und mit Worten die Linien der Bewegungen nachschreibt, wie Novalis ein paar Jahre später erzählt. Nun muss Herr Stauf ein beflissener Techniker sein, der seiner Zeit um ein Jahrhundert vorauseilt und die Wirkkraft der Grenzkohlenwasserstoffe entdeckt.

In ihren Werkanmerkungen haben es die Literaturwissenschaftler nicht bei Goethes Erfindung eines schnurrigen Alchimisten bewenden lassen: Sie haben nachgeforscht, einen Johann Kaspar Staudt im Sulzbacher Kirchenbuch ermittelt und herausgefunden, dass schon drei Jahre vor Goethe ein französischer Chemiker der zusammenhängenden Ofenreihe dieses Herrn Staudt einen Besuch abgestattet und darüber geschrieben hat. Die Zürcher Artemis-

Ausgabe will Goethes poetischen Entwurf eines Sulzbacher *philosophus per ignem*, der sich in abstruse Betrachtungen von Kleinigkeiten und Nebensachen verliert, nicht gelten lassen: Herr Stauf muss ein Herr Staudt sein, sein Name aus *Dichtung und Wahrheit* kommt nicht einmal mehr im Register dieser Goethe-Ausgabe vor – und so verliert sich eine poetische Legende im realistischen Eigensinn eines literaturwissenschaftlichen Anmerkungsapparats. Ich aber als alteingesessener Bewohner dieses Kohlentals, der seine Geschichte weitererzählt, muss Herrn Stauf Gerechtigkeit widerfahren lassen, sein Ansehen wiederherstellen, in seine Strümpfe und Pantoffeln schlüpfen, in seinem Namen meinen Schaum schlagen und meine Öfen in der Begierde schüren.

Die Pfalz

Thomas Lehr
Auf dem Drahtseil zur Schulter eines Riesen

Der Trifels. Der Kaiserdom. Barbarossa und der Winterkönig. Mit dem Wormser Nibelungenschwert über den Dürkheimer Wurstmarkt. Die BASF bei Ludwigshafen, die der Loreley das Rheinwasser trübt. Rudolf Scharping und Helmut Kohl. Blutwurstlyrik und Saumagendiplomatie. Man muss seiner Heimat entrinnen, dachte ich, sobald ich angefangen hatte zu denken. Heimat sollte nichts weiter sein als die lokale Startrampe in die transzendentale Obdachlosigkeit, oder ich wünschte mir, alle gingen fort und für ein paar nachdenkliche Jahre in der Luft umher, damit sie sich selber wiedergebären könnten, wo sie wollten. An welchem Ort hätten wir dann wohl das heftigste Reinkarnations-Gedrängel, die demokratisch ermittelte Wahlheimat? In Oberbayern? In Las Vegas? Am Wolfgangsee oder im Pool auf den Kanarischen Inseln? Oder an der utopischen Stelle, der allein der entronnene Ludwigshafener Ernst Bloch das Recht zusprach, die wahre Heimat zu bedeuten, jenen Ort nämlich, an dem noch keiner war?

Die Pfalz bietet so viele Anlässe wie Möglichkeiten, in die Luft zu gehen. In geografischer Hinsicht entsteht die Vertikale durch den östlichen Abschluss der Rheinebene zwischen Mainz und Karlsruhe, gebildet von Pfälzer Bergland und Pfälzer Wald, während der historische Rückblick gleichfalls nach oben führt, nämlich auf das Palatium, den römischen Palasthügel, der einmal zum Inbegriff kaiserlicher Verweilstätten werden sollte, lange nachdem Cicero und Augustus dort wandelten, im sicheren Unwissen darüber, dass sie dereinst von gewitzten Lokalhistorikern etymologisch in die Zukunft geholt und zu Urpfälzern geschlagen werden würden. Etwas Artistik auf dem Luftspaziergang kann bei der Verfertigung palatinöser Gedanken nicht schaden. Zur sicheren Verankerung aber will ich mein Drahtseil zwischen den beiden zuverlässigen Monumenten ausspannen, die für mich die Gravitationszentren des Heimatempfindens sind, die vor mir auftauchen und mich unweigerlich zu sich hinan- und hinaufziehen, wenn ich eine unmittelbare, plastische Eingebung zum Pfälzer Land suche.

Damit das erste Monument nicht der Speyerer Dom wäre, hätte ich wohl in einer anderen Stadt geboren werden müssen. So aber führt meine Erinnerung unweigerlich durch die lange Leitung der Maximilianstraße auf den tausendjährigen Koloss hin, den romanischen Zeitschlachtkreuzer, der mit seinem Hunderttausendtonnengewicht auf dem idealen, erhöhten Landeplatz zum Rhein hin seinen Thron gefunden hat, der große Usurpator der kleinen Stadt, auf immer unterwegs in die vorletzte millenarische Vergangenheit. Der andere Verankerungspfosten für meinen Balanceakt ist ähnlich prachtvoll, jedoch durch und durch massiv, nämlich der Asselstein, der bei Annweiler als höchster Felsturm der Pfalz weit über die Baumkronen hinausragt. Etwa vierzig Kilometer vom Speyerer Dom entfernt, am Ostrand des Pfälzer Waldes, erscheint er wie auf den flachen Grat des Stummenbergs aufgelaufen in der Gestalt eines schmalen, aber mächtigen und langgestreckten Schiffs.

Das über fünfzig Millionen Jahre alte, gut fünfzig Meter hohe verwitterte Piratenschiff, auf dessen Sonnenbänken sich die Eidechsen tummeln, und das tausendjährige romanische Kirchenschiff mit seinen siebzig Meter hohen Raketentürmen sind Brüder im Steine, sie bestehen aus dem gleichen Material. Zahllose Gebäude in der Pfalz sind aus ihm errichtet worden, Häuser und Bauernhöfe, lange Straßenzüge und Mauern in den Städten, ganze Dörfer, Klöster, Ritterburgen zwischen Weinreben und Laubwaldhügeln. Hinzu kommt eine Legion von Gegenständen des täglichen Bedarfs wie Waschtröge, Schweinetränken, Open-Air-Kruzifixe, Brünnlein und Kanonenkugeln. Man bräuchte nur eine Zahnbürste oder eine Unterhose aus ihm zu machen, schon hätte man eine aussagekräftige künstlerische Karikatur des Landes. Denn der Buntsandstein bildet die Substanz der Pfalz, ihre Urmaterie, den Stoff, aus dem ihre nüchterne und zugleich poetische Wirklichkeit ist. Rauh, bröselig, warm fühlt er sich an, er ist auf den ausgewaschenen und bizarr geformten Oberflächen der Felsen differenziert wie in allen Größen gekörntes Schmirgelpapier. Sowohl in der natürlichen als auch in der behauenen und geschliffenen Form wird er in einer breiten Skala von organischen Rot- und Ockertönen dargeboten. Entstanden ist er infolge von Schuttablagerungen höher gelegener Gebirge vor mehr als 230 Millionen Jahren. Mächtige Schichten und riesige Platten bildeten sich, die im Neozoikum, vor etwa fünfzig Millionen Jahren, originell genug gefaltet, zerbrochen und geschunden wurden, um die mehr als achtzig frei stehenden Felstürme und 140 steinernen Massive des Wasgaus zu formen.

Am Asselstein ist der bisweilen knäckebrotartig geschichtete, wabenförmig zersetzte und mürbe Sandsteinfels fest und hat in den oberen Partien einen leicht grünlichen Schimmer, als spiegele sich auf ihm das Laub der darunter stehenden Bäume. Zwei enorme Risse durchlaufen in vertikaler Richtung wie Kettensägeschnitte die Südwand, sodass das Piratenschiff dreigeteilt wirkt. Wo ein Riss ist, ist ein Weg: Kurz zum östlichen Riss hin ansteigend, auf einem schmalen, ungemütlich abgewaschenen Querband in Hausdachhöhe den westlichen erreichend und ihm folgend, um dann noch weiter westlich, in leichtem Stufenschwung nach oben zu leiten, steigt der 1909 erstmals begangene Ney-Schlemmer-Weg hinauf, eine der schönsten Kletterrouten der Pfalz. Es ist ein so genannter Normalweg, also der leichteste Aufstieg. Auf der klassischen Schwierigkeitsskala wird er mit 4 minus eingeordnet, sodass ihn auch ein Fußgänger unter den Freeclimbern, wie ich einen vorstelle, ganz gut bewältigen kann. »Do wollt ihr nuff? Ihr seid varrickt!« rief uns dennoch ein Pfälzer Wanderer zu, als ich mich das letzte Mal gemeinsam mit meinem Bruder Andreas und zwei Freunden am Fuß der Südwand in die Klettergurte schirrte. Normal, verrückt. Heimat liegt wohl irgendwo dazwischen.

Wenn man samstagabends den Gottesdienst im Speyerer Dom besuchte, galt das als ehrbarer Ersatz für die Sonntagsmesse. So konnte man am nächsten Tag früh zum Klettern oder Wandern aufbrechen. Die Autofahrten von Speyer über Neustadt Richtung Kaiserslautern, Pirmasens oder Bad Bergzabern wären brauchbare irdische Alternativen für den Drahtseilspaziergang zwischen Dom und Fels. Zusammen genommen durchqueren sie das, was ich als Kinderheimat bezeichnen würde. Erweiterte man diese Routen um ein gutes Stück nördliches Gebiet bis Ludwigshafen oder besser Worms und ginge westlich dem Hunsrück noch ein Stück entgegen und an die Hänge, dann hätte man in etwa die im heutigen Sprachgebrauch als Pfalz firmierende linksrheinische Region umschrieben und durchquert. Für mich ist es ein fließender Übergang vom urweltlichen Filz der Rheinauwälder, in denen wir Tarzan spielten und Fische angelten, über das weihwasser- und rieslinggetränkte Pflaster meiner Heimatstadt, durch die gesichtslos reichen, biederen Spargeldörfer der Speyerer Umgebung, die Kartoffel-, Zuckerrüben- und Gemüsepfalz mit ihren – heutzutage vor allem polnischen – Saisonarbeitern, bis zu den Rebzeilen der Weinstraße, den Apfel- und Mandelbäumen auf den Anhöhen der Winzerdörfer und schließlich den Ausblicken auf die Burgruinen und Felsriffe am Haardtrand. Dort im Westen krempelt sich die Rheinebene auf, um Pfälzer Wald zu werden, das größte zusammenhängende Waldgebiet Deutschlands, mit seinen gemächlichen Bergrücken, phlegmatischen grünen Senken und lässigen Erhebungen.

Was fehlt, ist die Stadt, denn man sieht sie nicht vor lauter Städtchen, Unstädten, urbanen Seltsamkeiten. Die Stadt ist etwas, das die Pfalz nicht kann, das in ihr scheitert wie ein ewiger Winterkönig, auch wenn es sie in der ein oder anderen Form gibt und man nicht leugnen will, dass die moderne Schlafsiedlung der BASF, das so dahingebaute, durch ein paar Chicago-Zitate aufgefrischte Ludwigshafen 170 000 Bürger hat, oder Kaiserslautern, ein herbes, bartstoppeliges Provinz-Dornröschen, das zu viel mit den Soldaten und dem Fußball spielt und irgendwie ungeküsst im Walde schlummert, mehr als 100 000 Einwohner besitzt. So behilft sich der Pfälzer, wenn ihm nach Kultur oder schlimmeren metropolitanen Dingen ist, indem er im Dreieck fährt. Um Mannheim und Heidelberg erweitert kann man als Speyerer oder Neustädter eine einigermaßen weite Landschaft mit virtueller beziehungsweise zusammengedachter Metropole erfahren. Das war dann die pragmatische Heimat meiner späteren Jugend- und frühen Erwachsenenjahre.

Dieser Bundesländer übergreifenden Konstruktion liegt die historische Realität der so genannten Kurzpfalz zugrunde. Als Kernland eines kurwürdigen Pfalzgrafen wurde die Kurpfalz im Jahre 1356 in der Goldenen Bulle festgeschrieben und endgültig erst 1815 mit den Beschlüssen des Wiener Kongresses wieder aufgelöst in eine linksrheinische »Pfälzer« Partie, die mit der Hauptstadt Speyer zu Bayern kam, während Rheinhessen mit den Städten Mainz und Worms an das Großherzogtum Hessen ging und der rechtsrheinische Teil um Heidelberg und Mannheim an das Großherzogtum Baden. Die heutigen Dreiecksgefühle sind badischer- und pfälzischerseits wohl eher praktischer Natur, auch wenn man Jahrhunderte lang zusammengehörte in der großen Halfpipe der südlichen Rheinebene, durch die mit Sicherheit mehr Geschichte geflossen ist, als ihr gut getan hat. Die historische Glanzzeit der linksrheinischen Pfalz mit den Dom- und Bischofsstädten Speyer, Worms und Mainz als Bastionen der König- und Kaiserwürde und des transalpinen Christentums unter den Saliern und Staufern fällt ins 11. und 12. Jahrhundert. Dagegen erlangt die Kurpfalz vor allem in der Renaissance und Neuzeit zu Bedeutung, mit rechtsrheinischem Schwergewicht seit dem Bau des Heidelberger Schlosses und der 1386 erfolgten Gründung der Heidelberger Universität, als protestantisches Herrschaftsgebiet mit der spezifischen Variante des »Pfälzer Calvinismus«, um zu Beginn des 17. Jahrhunderts schließlich die kurze und tragischen Rolle einer reformatorischen Führungsmacht zu spielen.

Heimat ist nichts Vernünftiges, nichts leicht und deutlich Abgrenzbares. Vom Drahtseil aus kann man sie distanzierter, gleichsam luftgekühlt betrachten, als vierdimensionalen Raum, dessen Zeitdimension wenigstens mit der eigenen Geburt beginnt und dessen geometrisches Minimum der eigene Körper darstellt. Sie ist ein Assoziationsraum und eine Assoziationsdauer um die Entwicklung eines Individuums, seine ontogenetische Tapete. Man kann sie ausweiten auf vierzig Quadratkilometer und 2000 Jahre, man kann sich auf die für uns doch wichtigeren letzten beiden Jahrhunderte konzentrieren, in denen Pfälzer zu sein nur den Kollateralschaden des Umstands bedeutet, dass man als Deutscher geboren wurde. Man kann das annehmen oder versuchen zu fliehen. Das Weggehen ist gerade in der Pfalz ein natürlicher, das heißt auf die besonderen geografischen und historischen Umständen zurückführbarer Vorgang. Im 17. Jahrhundert geriet die Pfalz mehrere Male unter die Feuerwalzen des Krieges, zunächst durchaus als Folge eigener reichspolitischer Machtspiele ihrer Herrscher. Der »sendungsbewusste« Friedrich IV. (1574–1610) positionierte die Pfalz als protestantische Führungsmacht über ihre Verhältnisse, zu einer Zeit, in der die wahren Machtzentren im deutschen Reich längst schon Wien und Prag waren. Der »Winterkönig« Friedrich V. (1596–1632) verspielte schließlich das Land im böhmischen Roulette, eine Sonderform des russischen Roulettes, bei der sämtliche Revolverkammern mit Patronen bestückt sind, indem er die Wenzels-Krone der protestantischen Stände gegen den Willen des Kaisers Ferdinand II. annahm.

Nach dem Dreißigjährigen Krieg und der damit einhergehenden großen Pestepidemie 1632–1633 verwandelte sich die Pfalz wie unaufhaltsam in das ausgepowerte, bevölkerungsarme Land der Rüben und Reben, in ein Eroberungs-, Durchzugs- und Verwüstungsgebiet. Zwischen Frankreich, den spanischen Interessen in den Niederlanden, dem erstarkenden Bayern und dem einflussreichen Habsburg war man Ende des 16. Jahrhunderts schon in die Rolle des Zwickels, Sprengkeils und Kampfplatzes der künftigen europäischen Großmächte geraten, die Pfalz wurde ein »europäischer Hauptzankapfel«, um es mit Golo Mann zu sagen. Verheerend wirkte sich der Pfälzischer Erbfolgekrieg 1688–1697 aus, ein Behauptungskrieg Ludwigs XIV. gegen die Habsburger Monarchie. Allein in der Zeit zwischen 1660 bis 1789 emigrierten etwa 100 000

Pfälzer, die meisten davon über England in die USA. Pfälzer zu sein, ein »Palatine« oder »Paalzer«, bedeutete Anfang des 18. Jahrhundert nichts anderes, als dem Inbegriff des armseligen Auswanderers zu genügen. Die meisten von ihnen ließen sich in Pennsylvania nieder. Und so kann man heute, wenn man in New York City den Exit 18 nimmt und auf der Route 299 etwa eine Stunde mit dem Auto nach Norden fährt, in der Siedlung New Paltz landen, gegründet 1677 von französischen Hugenotten, die vor ihrer Flucht über den Atlantik einige Jahre lang in Mannheim Asyl gefunden hatten. Im Minnewaska Park und vor den lebhaft bekletterten Felstürmen der Shawangunks kann es einem dann schon einigermaßen wasgauisch zumute werden.

Womit wir erneut in der Südwand des Asselsteins hingen, so ungefähr kurz unterhalb der Mitte. Das so genannte »Z«, eine nasenartig hervorspringende Felsbank, muss überwunden werden. Als ich das zum ersten Mal tat, fiel mir glücklicherweise der Tipp meines Vaters ein, dass man mit dem intuitiv »falschen«, dem rechten Fuß zuerst auf die Nase steigen sollte. Es ist ein guter Rat, aber man gerät dabei mit dem Rücken zur Wand und kann zwischen den eigenen Beinen hindurch den Abgrund bewundern. Womit wir mit den tieferen Tiefen und der spontan aufkommenden Wunschidee der Unverletzbarkeit denn auch bei den Legenden und Sagen angelangt wären, die wild den Heimatbegriff umranken als sein fantastisches Efeu. Als Kind bewunderte ich Siegfrieds High-Tech-Equipment mit Tarnkappe und Drachenblut. Aber der Rest der Nibelungen-Saga, die berichtet, wie der weströmische Heerführer Aëtius und die ihm assoziierten Hunnen das Volk der Burgunder niedermetzelten, schien mir doch immer mehr etwas für die Wormser zu sein, in deren Umgebung dies alles geschah, eine mir Speyerer Gymnasiasten ziemlich rätselhafte, blutrünstige Parallelstadt, mit schier nicht vorhandener, womöglich getarnkappter Bevölkerung (ich brauchte Jahrzehnte, um endlich einen von ihnen kennen zu lernen). Vom Gipfel des Asselsteins herab, aber ebenso aus dem Talgrund von Annweiler, kann man auch die berühmte Drei-Burgen-Sequenz bewundern, in der Anebos, Trifels und Münz auf ihren Palatinbergen so dicht aufgereiht sind wie die Autosymoble auf der Dreispitz-Warntafel für den absehbaren Verkehrsstau. Natürlich hätte ich statt des Kletterfelsens zur Seilverankerung auch den Trifels nehmen können, die Reichsfeste der Salier und ihr bevorzugtes Gefängnis. »Wer den Trifels hat, der hat das Reich.« An diesen historischen Ausspruch erinnerten sich die Nazis und bauten die seit dem 17. Jahrhundert zerfallende Burg 1938 auf unangenehm trotzig-protzige Weise wieder auf.

Wer auf den Asselstein klettert, der hat seine Ruhe, denke ich. Schon als Kind fand ich die Burg Berwartstein kühner und romantischer als den Trifels. Aber die Story vom Entführungsopfer Richard the Lion-Heart, den der Legende nach sein getreuer Sänger Blondel hinter den Gefängnismauern per Echolot ausfindig gemacht hatte, ergriff mich doch sehr. Geschichte gibt es genug in der Pfalz, Sagen und Legenden im idealen Ambiente der Felsburgen und Burgruinen, die wie mächtige rote Wale im Schaum der Laubwälder treiben. So hat man den Jungfernsprung bei Dahn und das hollywoodesk Unbegreifliche der alten Felsburgen neben der Erinnerung an das »Aussaufen« der weinreichen Klöster in den Bauernkriegen und dem musealen deutschtümelnden Gedenken an den letzten Mohikaner Franz von Sickingen. Man kann, was viele Pfälzer Intellektuelle und Freigeister trostsuchend lieben, an die seligen aufmüpfigen Tage des Hambacher Fests denken, die sich wie die gesamte vormärzliche, frühdemokratische Entwicklung der Pfalz vor allem der Inspiration und den Institutionen der »Franzosenzeit« verdanken, einer zwiespältigen Befreiungsherrschaft in den Jahren 1792 bis 1813. Und man kann sich die erneute Flucht Tausender von Pfälzern vorstellen, als nach der Niederlage der Revolution von 1848 ganze 30 000 preußische Soldaten unter dem »Kartätschenprinz« Prinz Wilhelm gegen die Aufständischen der Freiwilligenverbände losschlugen, ohne vorherige Absprache mit dem Königreich Bayern, dem die Pfalz nach dem Wiener Kongress zugefallen war und das seine eigenen Truppen dann hinterher schickte. Die Preußen erschossen, die Bayern steckten ins Gefängnis. Andere Heimatgeschichten knüpfen hier an und auf.

Bayern überhaupt. Knapp jenseits von Edenkoben kann man sich schön ins bajuwarisch-palatinöse Nachdenken verstricken, wenn man unvermutet vor der Residenz steht, die Ludwig I. sich Mitte des 19. Jahrhunderts für seine »toskanischen« Impressionen in guter Hanglage hat erbauen lassen. Die klassizistische »Villa Ludwigshöhe« passt in die Kulturlandschaft wie ein (Bier-)Maß aufs Auge – und so würden wohl etliche Pfälzer die gesamte historische Bilanz der Beziehung umschreiben, die im historischen Kartoffelkeller damit beginnt, dass der Staufer-Kaiser Friedrich II. anno 1214 an Ludwig I. von Bayern die Pfalzgrafenwürde überträgt. 700 Jahre lang gab es nun eine doppelte Wittelsbacherschaft, die erbpolitisch verflochtene Separiertheit in eine pfälzische und eine bayerische Linie, deren Stammhalter sich gegenseitig immer wieder aufs herzlichste umzubringen und anzueignen versuchten, wobei die bevölkerungsärmere und geopolitisch exponiertere Pfalz entschieden unterlag. Wohl nur gegen Ende des 19. und Anfang des 20. Jahrhunderts gab es von der Pfälzer Seite her eine gewisse Zufriedenheit mit dem »Rheinbayern«-Status. 1945 ging man mit wenig Krokodilstränen auseinander, jedoch nicht ohne nostalgische Souvenirs wie gegenseitig implementierte Bierzelte und Weinstuben.

Wenn es bis in die sechziger Jahre des 19. Jahrhunderts noch gerechtfertigt erschien, die Pfalz im Vergleich zu Bayern als unruhiges, demokratisch-fortschrittlich inspiriertes Gebiet anzusehen, dann änderte sich die Situation doch stark in der Nachfolge der Bismarckschen Kriege. Die Pfalz verfiel dem heftigen Chauvinismus der Grenzregion, die sich jetzt nicht mehr hinaus, sondern hinauf, unter die Eisenmäntel der starken Männer des Reichs flüchtete. Die Kriegsbegeisterung 1914 war hier noch unverblümter als vielerorts in Deutschland, die Novemberrevolution fiel dagegen lustlos aus, gerade weil es München so bunt trieb, und die Entwicklung führte weiter von der nationalliberalen Hochburg zu einer der stärksten NSDAP-Bastionen, die bei den letzten freien Reichstagswahlen 1933 mit 46,5 % Hitler wählte. Und so gab und gibt es in der Pfalz einen mir von Jugendbeinen an ärgerlichen Lokalchauvinismus, der sich an jedes von den bösen französischen Ganoven Mélac und Louvois im 18. Jahrhundert niedergebrannte Kloster erinnert, aber die Geschichte der deutschen Manöver und Besatzungen in Frankreich nach 1870, 1914 und erst recht nach 1941 einfach ausblendet, da Hitler ja kein Pfälzer gewesen ist und man nie den großen »Gleichschalter-Wein« getrunken hat (eine fotografisch festgehaltene 5-Liter-Repräsentationsflasche, dem Gauleiter von der ortsüblichen blonden Jungfer dargeboten). In den vergangen drei Jahrzehnten wurde aber das verzerrte Selbstbild langsam zu Wirklichkeitsnähe gebracht, sodass heute die Aufarbeitung der deutsch-französischen Historie im Grenzgebiet vorangekommen ist und ebenso die Darstellung des Umgangs mit den Pfälzer Juden, nicht nur was den Holocaust angeht, sondern auch in einer Rückbesinnung darauf, dass Speyer, Worms, Trier und Mainz im Mittelalter die anerkannten Zentren des aschkenasischen Judentums in Mitteleuropa waren, eine Blütezeit, die sich nach Pogromen des 14. Jahrhunderts nicht wieder herbeiführen ließ.

Heimat, sagte der alte Frankfurter Theodor Adorno, sei das Entronnensein. Wenn man den westlichen Gipfelaufbau des Asselsteins erklommen hat, gibt es noch eine letzte Finesse, nämlich den Klimmzug auf den Hauptgipfel, der dem Kletterer einen bauchigen Überhang entgegenstellt. Die meisten Pfälzer Helden und Recken bewältigen diesen Aufschwung ohne Seilsicherung, obgleich es sie nach rechts zum Abgrund hin drängt und man plötzlich fünfzig Meter Vertikale im Rücken spürt, den Sog des heimatlichen Bodens, von dem man sich losreißen muss. Was Adorno meinte, war ein Entronnensein durch Entrinnen. Dem Mythischen und vermeintlich Urwüchsigen der Heimat, nebst der Gefahr seiner aggressiven Verklärung, kann man nur entkommen, indem man Klettertouren durch ihre geschichtlichen Verwerfungen, Abbrüche und Höhlen unternimmt. Für mich ist der Asselsteingipfel, ein lang gestreckter, etwa drei Meter schmaler Grat, auf dem man wie auf den Schultern des Riesen spazieren gehen kann, ein im besten Sinne heimatlicher Ort, denn er ist so prekär wie aussichtsreich. Man sieht nach Annweiler hinunter, auf den Felderflickenteppich der Rheinebene hinaus und über die Baumkronen des Pfälzerwalds hin und möchte am liebsten Anlauf nehmen, um eine Runde zu fliegen. In der Luft allerdings herrscht zur Zeit reger Verkehr: Große Militär-Transportmaschinen streben in dichten Abständen die bei Kaiserslautern gelegene Airbase Ramstein an, den größten US-Luftwaffenstützpunkt Europas. Soweit zum Entrinnen.

Über den sehr beachtlichen Wein und seinen Grundnahrungsmittelcharakter hätte ich noch reden sollen, über Helmut Kohl, die Loreley, den Dialekt, das nicht ungefährliche Essen, über Karl Marx aus Trier und den Nackenheimer Carl Zuckmayer, der sein Lebensende im schönen Saas Fee verbrachte. Aber das Ende der Heimatgeschichte gehört meiner kleinen Tochter, die mit zwei Jahren zum ersten Mal eine Kirche von innen sah. Das war etwas zufällig, dann aber doch ganz bewusst der Speyerer Dom, und als sie die Sandsteintreppenstufen empor stapfte und dabei schwankte, stieß sie einen zum Drahtseilakt passenden und ziemlich pfälzischen, aber auch französischen und auf jeden Fall zukunftsträchtigen Ruf aus: »Hoppala!«

Die Kurpfalz

Ijoma Mangold

So großzügig gedacht, so mild gewohnt

Von meiner Tante, die im Nordschwarzwald, in unwirtlicher Höhe über dem protestantischen Calw lebte, wusste ich, was Gartenarbeit dem Menschen abverlangt. Wahrlich im Schweiße des eigenen Angesichts musste der Acker bestellt werden, und was dann blühte und wuchs, war permanent gegen eine Natur zu verteidigen, zu beschützen und zu pflegen, die offensichtlich kein Interesse daran hatte, das Bekömmliche dem Menschen in den Schoß fallen zu lassen. Man musste der Natur ihre Gaben schon abzwacken, doch der eine, ungerührte Schlag eines Nachtfrosts konnte diese des Menschen Hoffnungen gleichgültig vernichten. Alle Versuche der Kultivierung von Land waren, das war auf den ersten Blick zu erkennen, von einem Schuss Erbsünde vergiftet.

Als ich, siebenjährig, selbst unter die Gärtner ging, ein kleines Feld bewirtschaftete und im ersten Schwung der Begeisterung großzügig Radieschen-, Paprika und Zucchinisamen in die Landschaft streute, nur um schon bald meine Fürsorgepflichten gewissenlos zu vernachlässigen, war ich – so weit reichte die kritische Selbstbeoachtung durchaus – doch ziemlich erstaunt: Nur wenig später hatten sich gewaltige Zucchini von zyklopenhaften Ausmaßen durch den Unkrautdschungel gekämpft, herrlich leuchtete das Rot meiner unverzagten Tomaten, und selbst die gewissermaßen als Vollwaisen aufgewachsenen Paprika schienen sich ihres wenig behüteten, abenteuerlichen Lebens zu freuen. Und das alles ohne mein ausdrückliches Zutun. (»Wo man hinspuckt«, las ich dann später in Max Frischs »Homo Faber« über die Tropen, »wo man hinspuckt, keimt es.«) Dies war ganz offensichtlich nicht die Natur, mit der sich meine Tante abzuplagen hatte, dies hatte nichts von Existenzkampf, dies war unverdiente Gnade, echte Generosität, dies war der Garten Eden – und hätte es nicht die ekligen Nacktschnecken gegeben, die meine barocken Salatköpfe anfraßen und verstümmelten, es wäre die Beste aller Welten gewesen.

Das Glück und die Güter hienieden sind höchst unterschiedlich und ungerecht verteilt. Und der direkte Vergleich zwischen dem gärtnerischen Engagement meiner Tante und mir und den dazu in keiner Relation stehenden Ergebnissen hat mir einen frühen Begriff der Herausgehobenheit und Begünstigtheit meiner Heimat, der Kurpfalz, vermittelt. Man wird im Folgenden noch einiges lesen, was auf die Besonderheit der Kurpfalz abhebt – und ich werde argumentativ alles tun, um dies zu objektivieren, damit es der Leser nur bitte nicht unter Lokalpatriotismus verbucht. Damit hat es nämlich gar nichts zu tun.

Die Kurpfalz ist für das kollektive Bewusstsein keine autonome Landschaft. Die imagologische Kombination aus einem über die Regionalgrenzen hinaus identifizierbaren und anerkannten Dialekt, einem sprichwörtlich gewordenen Menschenschlag mit zum Klischee geronnenen Mentalitätscharakter und einer in wenigen Schlüsselattributen beschreibbaren, gleichsam mythologisch gewordenen Naturformation, wie es für die Mark Brandenburg, Ostfriesland oder Oberbayern etwa der Fall ist, hat sich für die Kurpfalz nicht durchsetzen können. Sie ist in diesem Sinne erkennungsdienstlich kaum behandelt. Das hat verschiedene Gründe. Der entscheidende ist wohl: Die Kurpfalz ist weniger eine Landschaft als die Umgebung einer Stadt. Und deshalb muss, wer über die Kurpfalz spricht, vor allem über Heidelberg sprechen.

Die Kurpfalz ist im buchstäblichen Sinne eine Stadtlandschaft. Nicht weil die Region im Rhein-Main-Neckar-Raum zersiedelt ist wie kaum eine andere in Deutschland. Sondern weil hier Natur und Kultur, Stadt und Landschaft harmonisch ineinander übergehen und sich durchdringen. Die Erhabenheit wilder Natur findet man in der Kurpfalz so wenig, wie man in Heidelberg den nihilistischen Existentialismus von Stein und Asphalt entdecken wird. Was Besucher seit zweihundert Jahren an Heidelberg rühmen, ist ja gerade der versöhnliche Schmelz, mit dem diese Stadt in die lieblichen Hügel des Odenwalds gebettet ist, dessen Ausläufer wie die Zungen der Meeresbrandung in die städtischen Gassen hineinlecken. Hier wurde Urbanität nicht einer feindlich gesinnten Natur abgetrotzt, sondern ging im Gegenteil aus deren grundsätzlich menschenfreundlich gestimmter Milde und Großzügigkeit wahlverwandtschaftlich hervor. Deshalb vermutlich auch die Berühmtheit der Alten Brücke mit ihrem rötlich schimmernden Sandstein, die weniger zwei Flussufer miteinander verbindet, als vielmehr den Neckar der pittoresken Zivilisation der Stadt adoptiert. Sie ist gleichsam das steingewordene Symbol einer enormen Integrationsleistung, bei der Natur und Kultur sich gegenseitig steigern.

Lange Zeit hielt ich mich nicht für einen Kurpfälzer, sondern für einen Heidelberger. Das hatte einen nicht zu unterschätzenden Vorteil. Heidelberg ist eine ausgezeichnete Visitenkarte. Einen Begriff der eigenen Herkunft gewinnt man ja erst, wenn man sich in die Welt hinaus begibt. Und da kann man dann die Erfahrung machen, dass viele Menschen, danach befragt, wo sie herkommen, nur Blicke mitleidsvollen Verständnisses ernten. ›Man kann es sich halt nicht aussuchen‹, scheinen diese Blicke zu sagen. Ganz anders, wenn man sagen kann, dass man aus Heidelberg kommt. Das zaubert sogleich einen Blick seligen Einverständnisses, ein Lächeln der Ausgesöhntheit in die Gesichter. Mit dem Heidelberger muss es das Schicksal gut gemeint haben.

Als ich nach dem Abitur in die Vereinigten Staaten reiste, hatte ich mir zurechtgelegt, dass ich Heidelberg als kleine Stadt ungefähr in der Mitte zwischen Frankfurt und Stuttgart umschreiben wollte. Wie unnötig! Diese Stadt mittlerer Größe musste sich an keiner Metropole anlehnen, um verortet werden zu können. Heidelberg, das war für jeden Amerikaner *Germany at its best*! Weit besser vertraut waren die amerikanischen Musikliebhaber mit der Burschenschaftler-Operette »The student Prince« als der deutscher Bildungsbürger. Oh, die Amerikaner liebten uns. *Old Heidelberg*, das war Romantik, ein Duett aus Geist und Naturfrömmigkeit, akademisch und pittoresk zugleich. Und außerdem der Ort, an dem das *American Headquarter* stand.

Ja, genau. Das *American Headquarter*. Zu den frühen Kindheitsprägungen der Bevorzugtheit gehört vor allem auch dies. Schon sehr früh bekommt nämlich der Heidelberger diese Geschichte erzählt, die künftig den Kern seiner Identitätsbildung ausmachen wird: Dass die Amerikaner, obschon sie während des Zweiten Weltkriegs grundsätzlich alle deutschen Städte mit mehr als 100 000 Einwohnern in Schutt und Asche bombten, bei Heidelberg doch eine Ausnahme machten. Zu anmutig lag die schlafende Schöne da im Neckartal, als dass man sie unstatthaft hätte berühren dürfen. Ja, sie hatten sich auf eine reine Art in die alte Universitätsstadt verliebt – und so verschonten sie Heidelberg und machten die Stadt später zu ihrem *Headquarter*. Noch heute ist man als Heidelberger quasi mnemogenetisch überzeugter Transatlantiker.

Sich ohne Scham als Heidelberger zu erkennen zu geben, das lernte ich also recht früh. Erst später, als ich die Stadt längst verlassen hatte, begann eine Irritation. Ich machte bei anderen die Beobachtung, dass Herkunft sich nicht allein auf eine Stadt, sondern auf einen weiteren geographischen Raum zu beziehen hatte. So wie der Stuttgarter eben Schwabe war. Aber was war ich dann? Ich musste feststellen, dass dem schon die Grenze zur Affigkeit berührenden Selbstbewusstsein als Heidelberger eine eigentümliche Identitätslosigkeit als Kurpfälzer korrespondierte. Nicht nur, dass der Begriff für andere semantisch leer blieb, auch man selbst konnte seine Bedeutung nicht genau angeben. Beschrieb er eine Landschaft? Eher nicht. Denn landschaftlich setzt sich die Kurpfalz zusammen aus dem kraftvolldichten großen Odenwald, der sich an der Nordseite des Neckars hochzieht (und in dessen dunklen Tiefen Webers »Freischütz« spielt), aus dem mit seinen mittleren Hügelzügen schon fast toskanisch anmutenden kleinen Odenwald (südlich des Neckars), aus dem Kraichgau und der Rheinebene, wie sie sich bis zu den Weinhängen, bis zur Bergstraße am Saum des Odenwalds hinstreckt.

Wenn die Ahnungslosen in Restdeutschland einen süffisant mit dem Schwabenland in Verbindung brachten, hielt man dagegen: Nein, nein, man sei Badener. Das war aber nur defensiv gemeint. Zwar hatten die freiheitsbewegten badischen Demokraten des 19. Jahrhunderts in ihrem »Badener Lied« auch eine Strophe Heidelberg gewidmet (»Alt Heidelberg, du Feine, / du Stadt an Ehren reich, / Am Neckar und am Rheine, / keine Andre kommt dir gleich«) – und das war auch schmeichelhaft und soweit ganz in Ordnung. Aber Badener im emphatischen Sinne waren wir allenfalls in Abgrenzung zu den Schwaben.

Was aber waren wir dann? Die kraftvollste Form der Identitätsstiftung ist der Dialekt. Und hier gab es wieder ein Problem. Was Bayrisch oder Hamburger Platt ist, ist jedem bekannt. Konnte man dagegen sagen, wir sprächen Kurpfälzisch? Und was wäre das dann genau im Unterschied zu Pfälzisch? Rein phonetisch war da eine sehr große Ähnlichkeit. Aber die Pfalz lag in einem ganz anderen Bundesland, eben in Rheinland-Pfalz, während wir doch zu Baden-Württemberg gehörten. Und so vertraut und sympathisch einem die Pfalz mit ihren substanzvollen Rieslingen auch war: Es war doch ganz offensichtlich, dass die Pfalz mit dem proletarischen Ludwigshafen als Zentrum, dessen unheilvolle BASF-Schlote der Heidelberger vom Philosophenweg am Horizont zu seinem Verdruss erkennen konnte, etwas ganz anderes war als die auf das akademische Heidelberg bezogene Kurpfalz. Oder waren Pfalz und Kurpfalz nur politisch geteilt (mit dem Rhein als Mauer) und harrten ihrer Wiedervereinigung in Frieden und Freiheit? Man musste sich wohl die Landkarte dreidimensional vorstellen, wo die politischen, geschichtlichen, kulturellen und dialektalen Grenzziehungen auf verschiedenen Ebenen verliefen und einfach nicht zur Deckung zu bringen waren.

Das Kurpfälzische, nennen wir es denn so, ist kein eleganter, auch kein schlagfertiger Dialekt. Aber das wäre noch gar nicht das Problem. Er ist ein marginalisierter Dialekt in doppelter Hinsicht. Während viele der großen deutschen Dialekte mit einer bräsigen Attitüde daherkommen, als stünde ihre Aufnahme ins Weltkulturerbe der Unesco unmittelbar bevor, wird das Kurpfälzische als solches überhaupt nicht erkannt. Während die meisten deutschen Dialekte durch irgendeinen engagierten Kabarettisten oder sogenannten Vollblut-Volksschauspieler ins nationale Gedächtnis gebrannt wurden, fristet das Kurpfälzische, medientheoretisch betrachtet, ein Leben der Nicht-Existenz. Gäbe es die achtziger Jahre nicht, die in ihren entscheidenden Repräsentanten pfälzisch geprägt waren, gäbe es Helmut Kohl (»Isch bin da Buhndeskanzla«), Boris Becker und Steffi Graf nicht, wir hätten überhaupt keine Referenzgröße, um unseren Landsleuten eine Ahnung unseres eigentümlichen Zungenschlags zu vermitteln.

Das Kurpfälzische ist aber auch ein marginalisierter Dialekt, insofern er in Heidelberg selbst keine selbstverständliche Rolle spielt. Ein Äquivalent zu dem CSU–Boutiquen-Bayrisch, mit dem sich die höheren Stände Bayerns zugleich traditionsbewusst und allgemein verständlich zu geben vermögen, gibt es hier nicht. Positiv gewendet: Jene designerhafte Polierung und Glättung, die das Exotische marktgängig macht, hat das Kurpfälzische, das noch keine Marianne & Michael hervorgebracht hat, nicht erreicht. Deswegen funktioniert hier der Dialekt noch mehr als soziales Distinktionsmerkmal. Die akademischen Stände Heidelbergs machen einen großen Bogen um diesen urwüchsigen Dialekt, während jene, die in ihm aufgewachsen sind, auf anrührend-hilflose Weise alle Endsilben dehnen und überprononcieren, wenn sie an Hochdeutsch-Sprecher geraten.

Es wäre trotzdem falsch zu sagen, Heidelberg präge die Kurpfalz mehr, als die Kurpfalz Heidelberg prägt. Der, wenn man so will, ideologisch-weltanschauliche Erfolg Heidelbergs setzte am Anfang des 19. Jahrhunderts ein, als die Romantiker die Stadt für sich entdeckten. Für sie war Heidelberg eine typologische Idealkulisse, in der der Geist einer alten Universitätsstadt sich mit der Lieblichkeit einer mittleren Landschaft verband, aus deren fruchtbarem Grün sich in Form des herrlichen Schlosses ein Stück Spätmittelalter im Zustand seiner Ruinenhaftigkeit erhob. Es war die Geburtsstunde des Historismus, als die Brüder Boiseree um den Erhalt der

Schlossruine kämpften. Wie in dem kariösen Rumpf des von den Franzosen in die Luft gejagten Pulverturms des Schlosses sich die Natur breitmachte, zeigte auf unwiderstehliche Art, dass sich die Formen der Natur und der Kultur zu einem gemeinsamen ästhetischen Programm zu ergänzen vermochten. »Du, der Vaterlandstädte / Ländlichschönste, so viel ich sah«, dichtete Hölderlin in seiner berühmten Heidelberg-Ode.

Seither empfehlen sich Heidelberg und die Kurpfalz nicht als Ort widerstreitender Gegensätze, sondern der gelingenden Synthese. Während wir Deutschen sonst eher auf die herben Brüche unserer Geschichte abheben, ist Heidelberg von Eichendorff über Stefan George, Friedrich Gundolf und Max Weber bis zu Hans-Georg Gadamer eher ein kontinuierlicher Überlieferungszusammenhang, in dem die Großzügigkeit des Denkens sympathetisch auf die Generosität einer milden Natur antwortet. Wo, wenn nicht hier, könnte das Zentrum des geheimen Deutschlands sein?

Um Stuttgart

Sibylle Lewitscharoff
»Und die Hügel umher sind lustig«

Es gibt keine Möglichkeit, aus Stuttgart hinauszulaufen in eine locker sich öffnende Gegend. Hinter den Hügeln zerfleddert die Stadt. Hinter den Hügeln beginnen die Ein- und Ausfallstrassen, dazu da, die Vororte mit der Autobahn zu verbinden, in Wahrheit aber verantwortlich für die unglücklichsten Trennungen. Eine freundliche Annäherung zu Fuß an die Vororte ist unmöglich. Wer es dennoch versucht, sieht sich bald von Leitplanken zurückgewiesen oder muss durch Unterführungen. Ein Flechtwerk von Autobahnzubringern hat die Siedlungen voneinander abgeschnürt, ihre bäuerlichen Kerne zerschnitten. Selber schuld! möchte man ihnen zurufen. Als schwante ihnen, sich's selbst eingebrockt und es dabei gründlich verpatzt zu haben, wirken diese Ortschaften, dringt man auf komplizierten Umgehungswegen doch zu ihnen durch, seltsam leer und verbohrt, gleichsam zu Hecken- und Garagenkolonien vertrotzt. Aber nicht nach offenem amerikanischen Muster, sondern auf kleingeviertelten, kleinverbautem Grund. Unglückliches Leinfelden! Grauenhaftes Möhringen! Schauderhaftes Echterdingen! Welcher Schmerzensmann wird kommen und euch erlösen?

Ich bin auf einem Hügel aufgewachsen, der noch zur Stadt gehört – im kleinbürgerlichen Teil Degerlochs. Gleich hinter der Schule begannen Gärtnereien und Felder, auf denen Hopfen und Filderkraut angebaut wurden. Die Entfesselung des Verkehrs vollzog sich in meiner Kindheit. Stuttgart, Heimat von Autobauern, war schon in den sechziger Jahren die Stadt mit der höchsten Autodichte. Die Bagger und Boschhämmer wurden von fleißigen italienischen Arbeitern überall ins Feld geführt. Es entstanden Straßen, wie Schlachthiebe in die Landschaft gehauen. An ein Fortlaufen war nicht mehr zu denken. Ich kam als Kind nicht mehr aus der Stadt heraus und wandte mich nun der Stadt zu oder umrundete sie über die Hügel.

Stuttgarts Reize verdanken sich dem Relief einer Hügellandschaft. Anders als oft behauptet, gibt es keinen Talkessel; die Stadt liegt in einem nach dem Neckar hin offenen Tal, und ihre Hügel steigen viel zu sacht an, als dass man von einem Kessel reden sollte.

Schaut man mit Augen, die das Paradies ersehnen, einen Stuttgarter Hang hinab, sagt man sich, jawohl, hier liegt es, zumindest ein kleines Abbild von ihm. Fast alle Zutaten sind beisammen, die zum städtischen Paradiesgemisch gehören: Gebäude, Wasser, Park, Garten, Feld, Wald. Natürlich ist es nicht so, dass Stuttgart von Wüste umgeben, seine Grundfeste aus Malachit, die Fundamente aus Saphiren, die Zinnen von Rubinen und seine Tore aus Perlen wären. Verbaut wurden Ziegel, Sandstein, Muschelkalk, Travertin, zunehmend Beton und Glas.

Anders gesagt: Stuttgart hat nichts von einer großen Stadt, gegen deren Bosheit gepredigt werden müsste, obwohl dies die Pietisten vergangener Jahrhunderte gerne taten. Stuttgart ist eine Mittelstadt, keine kleine, keine große, keine, in welcher der Wille zu menschlicher Massenhaftigkeit dominiert, um das Antlitz Gottes zu überwimmeln. In Psalm 65,13 heißt es in der Übersetzung Luthers: »… und die Hügel umher sind lustig.« Sie sind es! Das Paradies ist nicht ganz in den Himmel entwichen, das Himmlische Jerusalem, beziehungsweise ein wetterabhängiges Bild von ihm, bei näherer Betrachtung ein foppendes, hat sich über Kriegsberg, Killesberg, Kräherwald, Doggenburg, Birkenkopf, Hasenberg, Karlshöhe, Dornhalde, den Frauenkopf gelegt und lächelt einen an, wenn man den Hang hinabguckt.

Aber Vorsicht! Schwatzt ein Schwabe vom Paradies, ist damit meistens eine Paradiesdrohung gemeint, der Neid aufs Alte Testament und sein auserwähltes Volk frisst sich durch die Schwärmerei, und verlegt er sich aufs Bibelstechen, wird die Sache rabiat. Dem

Amokläufer Ernst Wagner, der 1913 erst Frau und Kinder tötete und dann neun weitere Menschen, erschien Degerloch als Feste, wo die letzten Christenmenschen hausten. Als er die Zahnradbahn nach selbigem Ort bestieg, klang ihm die ausgerufene Endstation als »Gefilde der Seligen« im Ohr, lieblich, wohltuend wie im 1. Korintherbrief, Kapitel 13. Der Schaffner stand gar als »Christengel in Christtagsgarnitur« vor ihm. Degerloch werde bald seinen Namen tragen, malte er sich aus, und zwar nach vollbrachter Tat, denn er kündigte die Morde Jahre vorher in seinem Tagebuch an. Pilger von überallher, besonders aus Jerusalem und dem judäischen Land würden von nun an in das Neue Jerusalem namens Wagnerloch pilgern. Sind wir also lieber vorsichtig und wecken keine schlafenden Hunde.

Als paradiesresistent in Bezug auf die Stadt erwiesen sich viele fremde Beobachter. Nikolaus Lenau zum Beispiel fand ihr Klima abscheulich, nach seinem Empfinden lag sommers eine verbrauchte Darmluft über ihr. Die Luft sei gar zu lax und erbärmlich, bemerkte er; er fühle sich wie in einen Sack genäht, die Sommerschwüle rücke ihm auf die Brust. Seine Bemerkungen gipfelten in dem Ausruf: »Verdammtes Kloakental!« Leider hatte er Recht. Obwohl der Nesenbach, der früher tatsächlich wie eine Kloake stank, nicht mehr zu sehen und zu riechen ist, weil er heute unterirdisch verläuft. Stuttgart ist eine windarme Stadt. Im Westen fängt der Schwarzwald den Wind ab. Durch die Bebauung und den Asphalt bilden sich in der Innenstadt Wärmefallen. Bei Hochdruckwetterlagen sind Temperaturunterschiede bis zu sieben Grad zwischen Innenstadt und Höhenlagen möglich. Dann stockt die Atmosphäre im Tal, und man bekommt es mit der abgeatmeten Luft von Motoren und Menschen zu tun. Die gequälten Bewohner müssen warten, dass mit der Abendkühle frischere Luft aus den Talklingen herabstreicht. Kurioserweise waren die Stuttgarter Windverhältnisse sehr genau während des Zweiten Weltkrieges zu beobachten, als die Stadt zur Tarnung künstlich vernebelt wurde. Von den Hängen herabwallend, verzogen sich die Schwaden über die Schlossgartenschleusse ins Neckartal.

Die Gewitter über der Stadt sind spektakulär. Sie ziehen vom Westen auf, in gelbgrauen Lagen, und lasten als lautlose Verdickung über dem Tal, bis es zur erlösenden Explosion kommt. Regenschauer werden durchgetrieben. Auf den Hügelkranz scheint es herabzublitzen, als wäre die Stadt ein unheilanziehender Magnet. Manchmal sind die Gewitter von Stürmen und Hagelschauern begleitet, welche die Gärten schloßenweiß zuschütten. Einige berüchtigte Stürme sind noch im Gedächtnis: »Wibke« 1990 und »Lothar« 1999. In den Stuttgarter Waldgebieten entwurzelten sie Tausende von Bäumen. Nachher sah es aus, als hätten Riesen die Stämme bündelweise in ihre Fäuste genommen und zu Mikadospielen ausgeworfen.

Nicht weniger spektakulär sind die Regenbögen, die sich von einem Hügel zum andern spannen. Kaum scheint es auf, das alte Zeichen, zeigt sie sich mit all ihren Reizen: Stuttgart, die von Laubwald umschlungene Schöne, gekitzelt von den Sonnenstrahlen, die durch die Prismen der an den Blättern hängenden Tropfen stechen.

Dass Stuttgart am Neckar liege, ist eine Legende. Es liegt an der B 27. Der Neckar wendet sich von der Stadt ab. Man kann in Stuttgart aufwachsen und den Neckar nie zu Gesicht bekommen. Andere Wasserphänomene sind von größerer Bedeutung: die Mineralquellen. Mitte des 19. Jahrhunderts lockte Bad Cannstadt, zu dem sie gehören, zahlreiche Fremde an. Bei den gehobenen Ständen waren Badereisen in Mode gekommen. Mit der Industrialisierung verlor Bad Cannstadt jedoch seinen noblen Charakter, und die Bäder verwandelten sich in Volksbäder für die Einheimischen. Nach 1945 gab es die Idee, ganz Stuttgart als Kurstadt wiederaufzubauen, mit neuen Bädern, weiträumigen Parkanlagen und einer großen Kurpromenade quer durch die Innenstadt. Nach einer hitzigen Debatte starb die Idee. Wer heutzutage das Leuze oder das Mineralbad Berg aufsucht, hat Gebäude vor sich, die sich von modernen Einrichtungen dieser Art kaum unterscheiden. Das sprudelige Wasser hat's aber in sich – es wirkt wie ein Aspirinbad, das die Kurverwaltung heimlich mit einer Prise Kokain versetzt hat: Man geht erquickt und aufgekratzt von dannen und kommt wieder. So tun es jedenfalls die abgehärteten, lederhäutigen Rentner, denen man dort begegnet. Wortkarge Leute, die den Kurzkommentar beherrschen. Einer von ihnen verfolgte letzthin vom Beckenrand aus die Schwimmbemühung einer Dame und bemerkte abschätzig, sein Rauhaardackel schwimme besser.

Überließe man es der Natur, wäre Stuttgart, nachdem die Pionierpflanzen ihre Steinknackerarbeit verrichtet hätten, von Hainbuchen, Buchen und Traubeneichen bedeckt. Im Neckartal würde sich der Auenwald wieder ausbreiten. Wie schnell so etwas gehen kann, lässt sich am Birkenkopf beobachten, der im Volksmund Monte Scherbelino heißt. Die Vegetation hat nur wenige Jahre gebraucht, ihn zu einem gewöhnlichen Hügel zu camouflieren, grün wie die Erhebungen ringsum. Nach dem Krieg war das ein nackter tafelartiger Berg, an dem dorthin gekarrten Trümmerschutt emporgewachsen. Wer es nicht weiß, kommt beim Anblick des Scherbelino heute nicht auf die Idee, dass es sich um einen künstlichen Berg handelt.

Wie anderswo auch, wurde der Stuttgarter Raum von Menschenhand umgebildet. Viele Südhänge, besonders im Neckartal, wurden für den Weinbau terrassiert. Berühmt war die Stuttgarter Gegend früher auch für ihre Obstwiesen. Ein Gesetz Karl Eugens verpflichtete frischvermählte Bürger zur Pflanzung und Pflege von Obstbäumen. Damit war spätestens in den fünfziger Jahren des vorigen Jahrhunderts Schluss. Die Bestände wurden großteils gerodet; in den Privatgärten ging man dazu über, Zierpflanzen den Vorzug zu geben. Beliebt sind seither niedrige Gehölze, die in grotesken Krüppelformen mehr um sich selbst als in die Höhe wachsen. Zwetschgen-, Geißhirtle-, Klarapfel-, Mirabellen- und Kirschbäume, die früher fast in jedem Garten standen, sind heute eine Seltenheit. Sie gedeihen eher in den Kleingartenkolonien, die in Stuttgart einen viel ländlicheren Charakter bewahrt haben und weniger zwergenhaft ausschauen als in anderen Großstädten.

Von den Wölfen, die im achtzehnten Jahrhundert eine Plage gewesen sein sollen, zeugen noch einige Flurnamen wie Wolfbusch, Wolfsklinge, Wolfsgrube. Der Maikäfer, der früher alles kurz und klein fraß, ist verschwunden, ebenso der Storch aus den Neckarauen, wohingegen der Reiher gerade wieder zurückgekehrt und nun damit beschäftigt ist, Goldfische aus öffentlichen Anlagen und Privatteichen zu fischen. Dass im Westteil der Stadt früher die Vögel besonders schön gesungen haben sollen, davon kündet die Vogelsangstraße, eine bürgerliche Straße mit soliden Sandsteinhäusern, auf deren Dächer heute nur die üblichen städtischen Vögel kacken, besonders Elstern, die sich inzwischen eingebürgert haben und fast eine Plage sind. Einen Vorteil empfingen manche Arten durch die Bombentrichter, die der Krieg in den Wäldern zurückließ. Wo sie nicht zugeschüttet wurden, füllten sie sich mit Wasser und wurden zu Tümpeln für Frösche und Kröten. Das Gelände hinter dem Hauptbahnhof trägt den exzentrischen Namen »Serengeti am Nesenbach.« Er wurde von Bürgerinitiativen erfunden, die eine Bebauung der Fläche verhindern wollen. Auf den Schotterflächen zwischen den Gleisen hat sich eine Steppenlandschaft entwickelt, die Zauneidechsen und anderen Arten, die früher an den Kiesbänken des Neckars gelebt haben, Unterschlupf gewähren. So sehr man mit diesen Unterschlüpfen sympathisiert, stellt man sich das Leben der Zauneidechse zwischen den Zügen doch ziemlich hektisch vor. Was aber die »habhafteren« Tiere angeht, so dominiert in Stuttgart immer noch der hinterm Gartentor hockende Haushund, vorzugsweise der Leonberger, ein stattliches und ziemlich gutmütiges Geschöpf.

Die Böden, auf denen Stuttgarts Bauten stehen, halten besonders an den Hängen immer wieder Überraschungen bereit. In den oberen Mergelschichten staut sich das Wasser, die Materie wird weich und gerät leicht ins Rutschen. Die darunter gelegenen Sandsteinschichten schlucken das Wasser weg und lassen es in Quellen wieder austreten. Tückisch sind Gipsbänke, die vom Grundwasser ausgewaschen werden können und dann unterirdische Löcher bilden, in die der obere Grund einbricht: die so genannten Dolinen. Solche Löcher können dreißig Meter tief und zwanzig Meter breit sein. Ganze Häuser und Bäume seien schon darin verschwunden, wird einem versichert, und zwar auf Nimmerwiedersehen. Was von den

Bewohnern des Killesberges erzählt wird, gehört vielleicht ins Reich der Fabel: Sie hätten, nachdem sie mit den üblichen Eingaben und Protestschreiben gescheitert waren, sich zum Zweck des Herbeiwünschens einer Doline verschworen. In einer warmen Mainacht des Jahres 1978 löschten die Anwohner, mitsamt Kindern, Großeltern, Freunden, die zu ihrer Unterstützung gekommen waren, das Licht, machten alle talwärtigen Fenster auf und starrten auf den eckigen Fladen, das stummelhafte Hochhaus, das sich am Fuß ihres schönes Hanges breitgemacht hatte. In der Hoffnung, unter dem verhassten Gebäude tue sich ein Loch auf, murmelten sie: Doline! immerzu Doline! Außer dem Quietschen der Straßenbahn war zur mitternächtlichen Stunde nur dieser feine, inbrünstig anschwellende Chor zu hören. Leider blieb er ohne Effekt. Das Gebäude steht noch. Guckt man von oben auf es herab, versteht man die Killesberger. Ihr Jubel wäre groß, täte ihnen einer den Gefallen und sprengte diese nachsintflutliche Bosheit namens GENO in die Luft.

Es ist Ende Mai. Im Westen ist der Himmel weiß wie von aufgehender Milch, im Osten blau. Zeit, endlich vom Hügel herabzulaufen. Ein Weg ist zu wählen, den die Zufallslaune eingibt. Vom Frauenkopf nach Hedelfingen, wer den Wald und den Blick auf Kolonnen von Rebstöcken liebt, die seit der Flurbereinigung unter die Fuchtel eines schräggestellten Lineals gekommen sind. Von Degerloch nach Heslach soll wandern, wer es gern dunkel und einsam hat. Eine gepflegte grüne Strecke, die wie ein angewinkelter Arm in die Innenstadt hineingreift, verläuft vom Höhenpark Killesberg über den Rosensteinpark bis zum Schlossgarten. Sie hat den Vorzug, dass man an der Wilhelma vorbeikommt und von außen in einige Gehege sehen kann. Geschorene Lamas stehen da recht mager und empfindlich zwischen unbeweglichen Riesenhasen, die man lang anschauen muss, um zu merken, dass es keine Attrappen sind.

Mir aber der liebste ist ein von klein auf bekannter Weg, der von Degerloch die Alte Weinsteige schneidend hinabführt. Zwischen Efeu und Heckenrosen verfliegt alles Unheimische und Verdrossene, eine herzerhebende Heiterkeit stellt sich ein, lauter Blickfallen für diese Heiterkeit sind aufgestellt: Liliensippen mit Blütenblättern aus taubengrauem Seidenpapier, Villen, die in ihren Gärten dösen, Tropfen, die von den Rasensprenklern über die Zäune wehen, ein in der Tiefe seines Gartens versteckter Bewohner, den ich beneide um seinen Wohnsitz an einem so vorzüglich eingerichteten Hang.

Das Problem ist nur: Was tun, wenn man unten angekommen ist? In die mickymaushafte Altstadt? Zur Fußgängerzone mit ihren faden internationalen Geschäftsketten? Eine gebutterte Brezel essen? Hier wünscht man sich dann doch mehr Stadtwirrwarr, mehr vom Charakter des alten Stadtgründers Kain. Einen Ort für die Unsteten und Ruhelosen. Wo die Brudermörder Schutz finden und sich einen trotzigen Ersatz schaffen, weil sie Gott nicht immerzu begegnen wollen.

Obwohl – man soll die Schwaben nicht unterschätzen. Schon in ihren Kindern wohnt ein diabolischer Realitätssinn. An einer Schulmauer in Gablenberg stand der Satz: »Melanie, du kostest nur Geld.« Von einer Hand, die gerade das Schreiben gelernt hat. Knapper kann man den Menschen derzeit nicht taxieren.

Oberschwaben

Arnold Stadler

Die Erinnerung fällt vom Fahrrad und bleibt liegen

Ein Leben lang habe ich von einem Leben in Rom, zumindest von einem Leben in der Nähe von Palmen geträumt, aber dann, es war im Frühjahr 2000, kam ich in die Nähe der Elbe, ins Wendland, und hörte zum ersten Mal in meinem Leben eine Nachtigall, was mein Leben verändert hat.

Du hörst wohl eine Nachtigall? Ich hatte nie etwas Schöneres vernommen. Osternacht 2000, Künstlerhaus Niedersachsen im Rundlingsdorf Schreyahn: Allmählich wurde es zu einem Gesang, für den sich die Dichter früherer Zeiten das Wort *betörend* einfallen ließen, das ich, kein Naturlyriker, nun auch verstehe.

Den Rest des Sommers studierte ich Immobilienanzeigen.

Und Silvester verbrachte ich schon in meinem neuen Haus, das an der Stelle steht, wo die Elbauen enden, wo die Heide beginnt. Es ist eine über die Maßen schöne Landschaft und ein Lebensraum für Menschen und Tiere und Bäume. Wenn auch Christus nur bis Hildesheim kam. Die Rundlinge um Lüchow herum, mit der leeren Mitte an der Stelle, wo sonst in meiner Welt die Kirche stand, kommen ohne weitere religiöse Zeichen aus, ganz ohne die Herrgottswinkel, Feldkreuze, Bildstöcke und Wallfahrtskapellen, die in den Feldern meiner Erinnerung sind.

Freilich gab und gibt es auch Gorleben, ein Fanal unserer Zeit. Aber auch im sogenannten Nahbereich des *Geniewinkels* gibt es Atomkraftwerke, die mitten in unserer Zeit stehen, ob wir dies nun wissen oder nicht, ob wir sie sehen oder nicht.

Doch dem mich immer wieder erheiternden und meist auch zutreffenden Slogan, den ich auf den DB-Loks in München, Berlin und anderswo lesen konnte: *Nett hier. Aber waren Sie schon einmal in Baden-Württemberg?* mag ich, wenn ich an einen Mai im Wendland denke, ausnahmsweise nicht zustimmen.

Gewiss zählt auch der Geniewinkel nach wie vor zu den schönsten Landschaften in Deutschland, das meinen Augen besonders im hohen Norden und im tiefen Süden zusagt. Zu den besonderen Klängen meiner Kindheit gehörte nicht die Nachtigall, sondern der Düsenjäger, heute Kampfjet genannt, der unser Dreihundert-Seelen-Dorf mit Kirche, Wirtshaus und Friedhof immer wieder anpeilte und pro forma abschoss. Das war eine anonyme, aber unbezweifelbare Größe am Himmel der von mir niemals so genannten Heimat. Keiner fragte, woher diese Flieger kamen, und niemand protestierte, außer der katholischen Kirche vielleicht, die auch um ihre gerade mit Millionenaufwand renovierten Weltkulturerbe-Immobilien fürchteten, noch bevor es dieses Wort der UNESCO gab. Immer wieder kam es zu Erschütterungen unserer barocken Wallfahrtskirchen, die bis zur Einsturzgefahr gingen.

Es war ja auch sinnlos zu protestieren, denn der Himmel über dem Geniewinkel, zum Beispiel, gehörte damals ja nicht den Menschen, die unter ihm lebten, sondern der NATO. Die sich in den wahren Eigentumsverhältnissen freilich ebenfalls täuschte. Wahrscheinlich probten sie unseren Abschuss, um uns zu schützen, wie gesagt wurde, und immer wieder wurden wir probeweise abgeschossen. Mit diesen Übungen am Himmel wurde angeblich unsere Freiheit garantiert und garniert. Doch es waren nur gespielte Angriffe am Kinderhimmel, während wir unten Räuber und Gendarm spielten und es immer wieder zu Festnahmen kam.

Diese sogenannte Kindheit habe ich bis zu meinem zwanzigsten Jahr in einem Dorf namens Rast verbracht. Der Ort liegt im Meßkircher Geniewinkel, der so heißt, weil viele Berühmtheiten aus diesem Viertel kommen: Viehzüchter, Philosophen, *Bravo*-Girls, Erzbischöfe, Modeschöpfer, Komponisten, Sängerinnen, Schriftsteller – es ist nicht zu fassen. Dabei zählt Meßkirch, die Hauptstadt –

lange ein Kleinstaat der Fürsten von Fürstenberg-Meßkirch, dann badisch, jetzt württembergisch, immer schwäbisch – heute fünftausend Einwohner, und mit allen Dörfern, die sich dazurechnen dürfen, kommen wir auf zirka achttausend – immer noch: Seelen. Seit der Landnahme der Alemannen (rote Zahl im Geschichtsunterricht: 250 nach Christus) gab es bis zum Dreißigjährigen Krieg und dann erst recht bis nach dem Zweiten Weltkrieg und den Russen, die in den letzten Jahren kamen, wenig Fluktuation. Anders gesagt: es ist eine relativ überschaubare Zahl, die am sogenannten Geschlechtsverkehr (noch so ein Unwort der deutschen Sprache, das eigentlich aus dem Verkehr gezogen gehört) teilnahm. Und so sind wir alle irgendwie miteinander verwandt im Geniewinkel. Aber da dies doch kein richtiger Name ist, habe ich die Gegend *Fleckviehgau* getauft. Die nächste größere Stadt liegt etwa hundert Kilometer entfernt und heißt Zürich. Geographen würden vom 48. Breitengrad sprechen, zwischen Donau und Rhein (der Bodensee ist ja nur eine Ausbuchtung des Rheins). Dieser Geniewinkel – es gibt gewiss noch viele auf der Welt – liegt östlich des Schwarzwaldes, südlich der Schwäbischen Alb, westlich von Oberschwaben, nördlich angrenzend an den Bodensee, würden die Himmelsrichtungsexperten sagen.

Aber *wir* wissen ja nicht, wie das heißt, wo wir sind. Vielleicht nicht einmal, wo wir sind. Daher gab es gerade in dieser Gegend in den vergangenen Jahrhunderten immer wieder Ortungs-, Definitions- und Sprachversuche. Unser berühmtester Fall ist Heidegger.

Es gibt Menschen, die reisen selbst noch aus Japan, Argentinien und dem Libanon dem toten Heidegger, der auf dem Meßkircher Friedhof liegt, hinterher und nehmen sich etwas Erde aus dem Grab, sodass immer wieder aufgefüllt werden muss.

Das Heideggergrab ist nun eine der großen Sehenswürdigkeiten von Meßkirch, sagt ein Friedhofstourist, der schon auf der ganzen Welt berühmte Gräber besucht hat: so gerade die Saadiergräber in Marrakesch, St. Peter zu Rom, Pessoa in St. Jeronimo, Goethe in Weimar.

Das Festsitzen vor Ort wie das Warten auf den Tod, die Sprachlosigkeit, vermischt mit Sehnsucht, drängte vielleicht auch mich nicht nur zum Wegfahren, sondern zum Schreiben, das ja vieles ist, unter anderem auch ein Wiederkommen. Schreiben ist auch ein Ortungsversuch, ein Versuch, über die Sprache herauszufinden, wo einer ist – oder war. Und was es ist oder was es war. Und was er ist, oder was er war: einer, der schreibt, ist jener, der herauszufinden versucht, wo und was es ist, wo und was es war. Am Anfang stand wohl das Staunen, es folgte die Irritation. Und das eigentlich Sprachverschlagende kippt in Sprache um, in ganze Bücher.

Es können aber bei einem derartigen Versuch keine Heimatromane herauskommen, vielmehr Itinerare aus Leben und Tod, Glück und Unglück; nicht auf eine Alternative hin geschriebene Konstruktionen, sondern unsystematische, doch aufs Ganze hin zielende Versuche, wie ja auch das Leben unsystematisch und nicht systematisierbar ist, wenigstens nicht, solange wir leben. Das andere mag die Arbeit von Historikern, Lokalhistorikern, Biographen und Soziologen sein.

Auch ein Roman ist eigentlich eine Partitur, die der Kunst des Lesers, das heißt: des Lesens bedarf. Meine ersten Bücher, die alle in diesem Raum, genauer noch *in den Feldern meiner Erinnerung* spielen, diesem Raum, der – so klein er ist – auch mitten auf der Welt ist, keineswegs Provinz, sondern literarischer Raum, wurden zu meinem Schmerz vor Ort als ein Zwischending von Sachbuch und Schlüsselroman genommen und auf Information hin gelesen (eine Todsünde beim Lesen), nicht als Literatur. Ich kann niemandem die Lektüre verbieten, hätte es in Bezug auf meine Bücher jedoch gerne getan, kann nur darauf hinweisen, dass zwischen Sachbuch und Roman noch ein Unterschied ist. In meinen Büchern geht es nicht um Bernhardsche Abrechnungsmanöver, sondern um Vergegenwärtigung von Heimatlosigkeit vor Ort. Dieser literarische Versuch wäre überall möglich gewesen. Dass er auf diese Weise geschrieben wurde, geht einzig auf die besonderen Umstände vor Ort zurück.

Ein Missverständnis ist es also, dass meine Romane wie Sachbücher, als historisch-soziologische Studien über den Fleckviehgau gelesen werden; ein Missverständnis, für das ich jedoch selbst verantwortlich bin, da ich es durch meine Art und Weise zu schreiben (die Fiktion der Authentizität, das Beschwören von Orten, Namen und Dingen, die in Atlanten, Wörter- und Sachbüchern, bis hin zum Telefonbuch, verzeichnet sind) nahegelegt oder provoziert habe. Damit muss ich nun leben.

Aber nicht nur in Meßkirch, Schwackenreute, Kreenheinstetten und Rast habe ich dieses Mißverständnis provoziert, als hätte ich Heimatromane geschrieben. Überall ist eine Verwechslung möglich: besonders auch von der Stadt aus, wo das Land traditionellerweise mit *Heimat* verwechselt wird. Meine ersten Bücher sind doch nur Beschreibungsversuche der Heimatlosigkeit eines Ich-Erzählers. Nur weil sie in Meßkirch oder im hundert Kilometer entfernten Hotzenwald spielen, sind sie noch lange keine Heimatromane, auch keine kritischen. Es geht um die Vergegenwärtigung. Das Projekt heißt (hieß) *Erinnerung, zweite Gegenwart.*

Im extremen Süden, aus dem ich ja angereist kam und in den ich nach wie vor gerne zurückkehre (eigentlich bin ich ja nur zwischen Nord und Süd, Ost und West unterwegs, und umgekehrt), wurde ich mit einem befremdeten bis beleidigten Unterton gefragt, was ich denn im Norden verloren hätte. Ab und zu fällt das für mich nicht nachvollziehbare Wort *bei den Fischköpfen.*

Im Glauben, die Schönheit gepachtet und ein Privileg auf Heimat zu haben, ist die Schönheit im Süden (alles auf der Welt ist relativ, auch die Feststellung von Himmelsrichtungen) oftmals nur noch Fassade: Wie in der Architektur von Mario Botta, der ja ein großer Architekt ist, aber eigentlich bisher nur begehbare Pralinenschachteln gebaut hat – ein auch für mich schön anzusehendes ästhetisches Phänomen, wie der Bodensee, den ich ja immer noch liebe wie eine Liebe von einst, wo man mit einigem Glück dann auf einem Bänkchen an der Betonpromenade in Überlingen zu sitzen kommt und hinausschaut, als wäre dies etwas, als könnte sich nun einer sagen: *Ich habe es geschafft!* Als sähe einer die Welt, die doch hinter ihm liegt, vor sich.

Doch auch Überlingen verdient nach dem Michelin drei Sterne: das heißt, es lohnt eigens eine Anreise – für mich, weil dort Drei-

Sterne-Freunde von mir wohnen. Ganz nah lag Überlingen, das mich nach außen hin immer schon an eine Waschbetonanlage erinnerte, die sogenannte Promenade, auf der Ehepaare sich gegenseitig sagen: *Gehen wir noch ein bisschen*, und bei der Konzertmuschel drehen sie um, denn sie haben wieder einmal die Matinee des Kurhausorchesters aus Pressburg verpasst. Und dann lassen sie sich schweigend an einem Bistro-Tischchen nieder, und wieder ist ein Tag gelaufen. Seitdem der Bodensee so berühmt ist, spätestens seit der Etablierung des Massentourismus, gilt die Gegend, der Fleckviehgau zum Beispiel, als Hinterland des Bodensees. Das war nicht immer so. Das sprachschöpferische Geviert, dem die Welt neben diesem noch ganz andere Wörter verdankt, war reich an Barockkirchen, Klöstern, guten Böden, Menschen und Tieren. Immer noch zeigt das Hauptverkehrszeichen eine Kuh.

Der Bodensee und das sogenannte Hinterland, Oberschwaben – eigentlich müsste es umgekehrt heißen: der Bodensee als Hintersee Oberschwabens.

Das Land, das ich meine oder vielmehr meinte (meinen kommt von ›minnen‹), ist Oberschwaben. Ohne weiteres zähle ich den Geniewinkel zu Oberschwaben.

Es herrscht ja eine Verwirrung vor Ort und darüber hinaus, wohin wir gehören und wie es heißt: Es gibt die Wörter Baden, Württemberg, Schwaben, schwäbisch, alemannisch und so fort. Ich kann das hier auch nicht klären, nur so viel: Die Gegend ist schwäbisch und katholisch und wurde durch Napoleons Gnaden an seine Alliierten Baden, Württemberg und Bayern verteilt, auseinander gerissen und provinzialisiert. Die Gegend blieb lange genug schön, und man sieht von manchen Stellen aus fast alles: die Alpen der Schweiz, Vorarlbergs und Bayerns und die Schwäbische Alb, den Schwarzwald und die Vulkane des Hegau.

Der Fleckviehgau oder Geniewinkel ist heute trotz der Fabrikwürfel eine strukturschwache (das neue Verwaltungswort für *arm*) Gegend, ganz nahe der Stelle, wo vor einem Jahr mitten in der Nacht zwei Flugzeuge zusammengestürzt sind, was schon wieder vergessen ist. Wer noch nicht im Bett war und zufälligerweise zum

Fenster hinausschaute, konnte die Katastrophe als ein den Nachthimmel illuminierendes Ereignis einige Augenblicke lang verfolgen. Es geschieht in der Welt, in der wir leben, ja so viel. Und das meiste bekommen wir gar nicht mit. Auch in Zeiten von *Big Brother* und Talk-Shows. Nachts, zum Beispiel, sagt Bush wahrscheinlich *Baby* zu seiner Frau, und Castro unterzeichnet letzte Todesurteile und hat Angst vor dem Tod. Und das meiste bekommen wir zu festen Zeiten (um das Abendessen herum) von der Glotze präsentiert und vergessen es wieder. Wenn auch nicht alles. Ich kann mich an Bilder erinnern, werde mich erinnern können, werde mich erinnern gekonnt haben... ach, jenes nicht mehr erlebbare Futur zwei aus dem Meßkircher Lateinunterricht, im Herzen des Fleckviehgaus, im Zimmern-Schloss der Fürstenberger, der ersten großen Renaissance-Anlage nördlich der Alpen, in dem die Zimmernsche Chronik geschrieben wurde, ein Sprachdokument des 16. Jahrhunderts, das mit dem, was sonst noch in diesem Haus war, erst nach Donaueschingen verbracht wurde und dann verscherbelt. Von wo ich immer wieder zum Fenster hinaus schaute, gegen das Elternhaus von Heidegger hin, ein Sprachdokument des 20. Jahrhunderts...

Und als wäre diese Sprachmacht von Meßkirch nicht genug: einer der erfolgreichsten und für die neuhochdeutsche Sprachgeschichte folgenreichsten Schriftsteller des späten siebzehnten und frühen achtzehnten Jahrhunderts, Abraham a Sancta Clara, ein Bestseller-Autor, war hier in der Schule, hat hier Latein gelernt und kam mit seinem Latein bis nach Wien, wo er als Hofprediger starb (*Viele Leute fürchten sich vor dem Tod wie die Kinder vor dem WauWau; Die Welt ist ein Meer, die Menschen sind die stolzen und aufgeblasenen Wellen, das Ufer ist der Tod...).*

Es ist Meßkirch also ein Sprach-Ort auf der Sprachkarte und ein Vor-Ort der Topologie der Todeskunde. Und hat der Sprache, die aus Lebendem und Totem besteht, einiges geschenkt. Die berühmtesten Meßkircher von heute jedoch (M. hat auch eine Gegenwart, nicht nur eine Vergangenheit; zudem gibt es auch eine erotische Präsenz im Geniewinkel, nicht nur Sexmessen in der benachbarten Stadthalle von Sigmaringen) sind Meßkircherinnen, die Geschwis-

ter Hofmann, keine Sprachmenschen, sondern Sängerinnen im sogenannten volkstümlichen Fach: einem Millionen-Publikum aus Moiks Musikantenstadel bekannt, auch wegen ihrer von der Mutter geschneiderten Dirndl (Meßkirch, von dem aus man an klaren Tagen bis zu den Alpen sehen kann, liegt allerdings nicht im Dirndl-Gebiet); die eine blond, die andere braun. Ich weiß nicht, ob der Name Abraham a Sancta Clara noch sehr vielen Fernsehzuschauern geläufig ist. Immerhin den Schauspielschülern, die noch für so etwas Altes wie das Sprechtheater lernen. Der Name Abraham a Sancta Clara ist im Sprechkatalog das Beispiel für das klare A – und ich werde es doch niemals zum Zyniker schaffen.

Meßkirch ist zwar so etwas wie das Herz des Fleckviehgaus, aber die größten Reisen meines Lebens habe ich von Meßkirch weg gemacht: Die Fahrt mit dem Bus nach Hause, es waren nur acht Kilometer, dauerte eine Stunde. Es waren meine ersten Weltreisen. Die späteren Fahrten sind nur eine Wiederholung.

Das Gelände gilt heute als bedauernswertes Hinterland, das den sogenannten Anschluss (woran eigentlich?) versäumt hat. Das war nicht immer so. Ist eigentlich erst so seit dem Zusammenbruch der agrarischen Welt, auf die auch Pasolini einen Nachruf schrieb. Bis ins zwanzigste Jahrhundert eine Gegend von Viehzüchtern, die ihre stolzen Zuchtergebnisse bis nach Südafrika und weiter exportierten.

Davon ist nicht viel übriggeblieben. Auch von der Schönheit der Landschaft nicht.

Sie ist zersiedelt wie überall. Weil die Gegend, wie gesagt, heute strukturschwach ist, ist jede Investition willkommen. Projekte, die nicht einmal mehr in Rumänien eine Genehmigung bekämen wegen Umweltunverträglichkeit, waren hier vor zwanzig Jahren noch möglich.

Der vom Mond aus sichtbare Fabrikwürfel im Ablachtal – so heißt der Bach, der von der europäischen Wasserscheide weg bald darauf in die Donau fließt – hat das empfindliche Bild auf immer verstellt. Dem Arbeitsplatz-Gott zuliebe geopfert. Dabei kommt die Anlage fast ohne menschliches Zutun aus.

Das Megaprojekt der Thermoselekt-Anlage, von dem man sich hier Zukunft versprach und dessen Investoren, nachdem sie damit überall gescheitert waren, hier, die Psyche der Menschen kennend (die fast kismetartig die Zumutungen von oben hinnehmen), noch mit ihrem Glück rechneten, konnte zu unserem Glück nicht realisiert werden.

Die Gegend ist, von den großen Ausnahmen abgesehen, bewohnt von der Sprachlosigkeit von Menschen, die auch hier Tutti Frutti verfolgten, sobald es möglich und die erste Satelliten-Antenne installiert war. Und sie reagieren auf das nächtliche Pornoprogramm wahrscheinlich ähnlich wie überall auf der Welt, die einen so, die anderen so, und verbringen nun auch ihre Abende, wie überall auf dem Land in der Welt, die ans Netz angeschlossen ist, als Fernsehabende. Und sitzen nicht mehr draußen vor dem Haus auf dem Bänkchen, und sagen wieder einmal *Gott naht!* (»gute Nacht!«).

In der neuen Kreisstadt (früher gehörte das Amt Meßkirch zum Kreis Stockach – heute Kreis Konstanz) Sigmaringen, welche auch bekannt ist als Hauptstadt von Hohenzollern und als Herkunftsort des heiligen Fidelis von Sigmaringen, Erzmärtyrer der römischen Propaganda Fide, erschlagen von Bündner Protestanten – nach dem der kubanische Diktator Fidel getauft wurde, ob er dies weiß oder nicht –, finden nun schon Sexmessen statt. Die einen gehen in diese Messe, die anderen in die andere, manche in beide. Auch im Geniewinkel. Da hat sich der Philosoph aber getäuscht!

Vielleicht dachte er aber auch an Meßkirch und Umgebung, als er sein berühmtes *Nur noch ein Gott kann uns retten*-Interview im *Spiegel* gab.

Wir waren krank. Krank unser Gras und Getreide. Unsere Tiere … Die Schweine bekamen einen Herzinfarkt aus Angst, den Transport ins Schlachthaus nicht zu überstehen …

Wie viele (Krankheiten wie Tiere wie Menschen) habe ich schon überlebt, sagt der Ich-Erzähler im Roman *Mein Hund meine Sau mein Leben*, der in dieser nun auch noch zersiedelten Gegend mit ihren Umgehungsstraßen spielt.

Nun wohnen sie in Neubaugebieten wie überall und gehen in die Fabrikwürfel im Gewerbegebiet arbeiten. Aus etwas Unverwechselbarem ist etwas Verwechselbares geworden, ihre von Wüstenrot vorfinanzierten Einfamilienhausträume mit integriertem Carport stehen nun in ganz Deutschland herum. Und sie fahren in Geländefahrzeugen mit Seitenairbags, beheizbaren Sitzen und allen Schikanen in der neuen Zeit herum, vielleicht auch nur aus Label-Sehnsucht, die über das Fernsehen importiert wurde und nicht zu den endemischen Krankheiten gehört. Und können fast weniger als je sagen, was sie haben oder was ihnen fehlt. Und fast jedes zweite Wort ist *o.k.* Auch Achtzigjährige, die aus Stalingrad zurückkamen, sagen nun längst o.k. Alte Häuser stehen, vom Straßenbauamt aus gesehen, fast immer im Weg, und im Kopf der Menschen vor Ort regiert die Abrissbirne. Sie lieben das Neue und den rechten Winkel, und wegen ihre alten Häuser schämen sie sich vielleicht am meisten.

Zurück von der Ordensverleihung im Neuen Schloss in Stuttgart, wo ich den Landesorden aus der Hand des auch von mir geschätzten Ministerpräsidenten Teufel verliehen bekam, am fünfzigsten Geburtstag von Baden-Württemberg, wegen meiner angeblichen Verdienste um dieses Land, sah ich am anderen Morgen, dass die letzte große Kastanie, meine liebste Nachbarin unten an der Straße, fehlte: Sie war angeblich marode. War sie aber nicht, nur ein Ärgernis fürs Straßenbauamt, da dieser so ziemlich letzte alte Baum, vom Straßenbauamt aus gesehen, in einer Kurve stand. Keiner hat protestiert.

Ein Leben auf Fun- und Wellnessbasis ist nun auch hier möglich: Die Menschen sind (via Satellitenschüsseln) überall ihrem Glück gleich nah oder fern. Aber Darwin gilt selbst in den Swingerclubs, die es, als weiteren Fortschritt, jetzt für jeden auch mit Geländerfahrzeug erreichbar in den Industriegebieten unserer sogenannten Unter- und Mittelzentren gibt: *struggle for life, survival of the fittest.*

Wenn ich mich erinnere, muss ich es wie ein Flüchtling tun, da alles weg ist.

Ich muss es tun wie ein Flüchtling, der in seiner Erinnerung Haus für Haus durchgeht, der Reihe nach.

Das meiste ist nur noch in der Erinnerung begehbar, als wäre der Ort durch Bomben zerstört worden. Aber es war niemand anderer als der Mensch selbst. Die meisten Häuser meiner Kindheit stehen allein noch in meiner Erinnerung. Und auf den dazugehörenden Feldern steht der Name MENGELE über allem.

Wenn von Heimat die Rede sein kann, dann im Junktim aus Heimat und Heimatlosigkeit.

Distanz würde Klarheit schaffen, mir ist alles aber sehr nahe; ich bin kein Distanzierer und Objektivierer, sondern ein Vergegenwärtiger.

So fahre ich wie eine Romanfigur durch ein Hinterland, ein promovierter Träumer, der aus einem Ort namens Rast kommt und drei Wohnsitze hat.

Kurz: es war eine schöne Gegend. Hölderlin, der zu Fuß hier durch kam, unterwegs nach Hauptwil, noch ein gescheiterter Anlauf, würde sie nicht mehr besingen.

Käme Billie Holliday von hier und wäre von heute, sie hätte um so mehr ein Recht auf *I've got a right to sing the blues.*

Auch Mozart und Marie Antoinette waren hier, auf der Durchreise; und das ist auch schon fast alles, was man davon weiß.

Aber Montaigne war freundlich, betrachtete von seinem Zimmer im *Adler Post* aus, wo etwas später der achtzigste Geburtstag von Heidegger gefeiert wurde, die Menschen und Tiere vor dem Fenster und lobte die schwäbischen Betten. Was Attila dachte, weiß ich nicht. Gelegentlich findet man noch die Hufe seiner kleinen Pferde. Und gewiss auch Römisches.

Ich schreibe diese Sätze auf einem Notebook, unter einem Dach, das einmal ein Reet- oder Strohdach war (jetzt die benutzerfreundliche, aber asbestverseuchte *Berliner Welle*, längst Sondermüll) auf einem Haus, das im Jahr 1773 errichtet wurde, und zwar von Menschen vor mir, die ihr ganzes Leben hier verbrachten, es sei denn, es war Kriegszeit. Die geboren wurden, lebten, arbeiteten und starben. Und ich erinnere mich an etwas, woran ich mich doch gar nicht erinnern kann, in meinem Kinderzimmer, in dem ich die ersten zwanzig Jahre der Nächte meines Lebens verträumte und verschlief. Es waren auch Alpträume dabei – und fast alles habe ich vergessen.

Am 49. Geburtstag, vor wenigen Tagen, las ich in meinem Elternhaus in Rast *Aus dem Leben eines Taugenichts*, und ich war wieder mitten in meiner Sehnsucht von einst, als ich an kaum etwas anderes dachte, als von hier weg zu wollen, und zwar nach Italien. Das war damals die Richtung meines Lebens. Derart saß ich fest, zwanzig Jahre lang schaute ich von einem einzigen Zimmer nachts zu den Sternen hinaus und hinauf: Es war allerdings ein wunderbarer Sternenhimmel. In den Städten, in denen ich dann die nächsten Jahrzehnte lebte (außer Berlin und Buenos Aires immer im Bereich des einstigen Imperium Romanum – München, Rom, Freiburg, Köln), wurde es ja, so schön es war, niemals mehr richtig dunkel, das heißt nicht mehr klar genug, so dass ich nichts mehr sehen konnte, allenfalls noch Planeten und Trabanten, Flugzeuge und Satelliten ausmachen konnte am Nachthimmel, aber keine Sterne mehr. Die Flugzeuge sah ich freilich auch am Nachthimmel meiner frühen Jahre, liegt die Gegend doch in der Einflugschneise von Zürich-Kloten.

Wo soll da noch Heimat sein? Aber gerade im äußersten Süden der Republik, von Lörrach bis Berchtesgaden, präsentieren sich die Menschen gerne so, als hätten sie ein Privileg auf Heimat. Und als wären sie Heimatexperten dazu. Eine Satellitenaufnahme etwa des Großraums Bodensee, an dessen Rand der Fleckviehgau noch liegt, würde zeigen, dass dieser Raum zu den zersiedeltsten und industrialisiertesten gehört. Praktisch in jedem Dorf steht ein Zuliefererbetrieb für die Rüstungsindustrie, und in den Städten am See ist es ganz wüst: Die Einnahmen aus der Rüstungsproduktion dürften am Bodensee höher sein als jene aus dem Tourismus. Ich möchte zum Beispiel den Heiligen Abend *nicht* in Oberndorf am Neckar verbringen, denke ich immer, wenn ich am Heiligabend oder einen Tag zuvor, an der Zugstrecke von Stuttgart her, dieses Oberndorf erblicke.

Wie feiert die Rüstungsfabrik Oberndorf Weihnachten? Vielleicht so wie Bush und seine wiedergeborenen christlichen Freunde? Immerhin gibt es in Oberndorf, wie im ganzen schwäbisch-badischen Weltraum, die besten Brezeln (*Brezele*, mit dem Diminuitiv für alles Geliebte) und Seelen auf der Welt (beides zum Essen). Und wenn es nichts sonst gäbe als dies, müsste ich mindestens einmal im Jahr hinfahren, anhänglich, wie ich bin.

Wo war ich (es) eigentlich?

Am Kaufladen hing ein Kaugummiautomat, auf dem *Thank you* stand, aus dem große Kugeln kamen, in die man hineinbeißen konnte und die innen leer waren. *Thank you* war ein schöner Anfang mit der englischen Sprache. Aber dann ging es mit dem großgeschriebenen »I« weiter.

Es gibt jenen Kaufladen meines Lebens (an dem, was heute unkorrekt bis zur Justitiabilität wäre, *Kolonialwaren* stand) nicht mehr. Ich nicht, nur ein Kind dürfte sagen, dass es traurig wäre. Aber auch das Kind gibt es nicht mehr. Das ist keine Sentimentalität, sondern eine Erinnerung.

Man muss ein Leben nicht an seiner Kindheit messen. Oder doch. Vielleicht gibt es gerade unter den Schriftstellern solche, die das ein Leben lang tun – oder es versuchen, als Erinnerungsarbeiter, Erinnerungsvirtuosen.

Diese Art von Erinnerung ist politisch nicht korrekt, so wie das Wort *Kolonialwaren*, das an den Kaufläden der Kindheit stand, mit Mohrenköpfen darin, die ein Kind noch, wenigstens augenblicksweise, glücklich machen konnten, sodass der spätere Mensch, der nicht mehr Kind ist, eine Vorstellung von Glück hat wie von der ersten Erdbeere, dem ersten Schnee und von allen vier Jahreszeiten.

Vieles in meiner Erinnerung wäre heute verboten. So der Mohrenkopf. Oder auch die Zigeuner. Soll ich heute sagen: Ein Sinti- und Roma-Wagen stand draußen beim Feldkreuz, und ich hatte Angst, mitgenommen zu werden – und vielleicht auch ein wenig Hoffnung…? Angst ist nicht mehr korrekt, sowenig wie Hoffnung oder Existenz, statt der es nun ein Leben auf Wellness-Basis gibt in einem Katalog-Interieur aus *Schöner Wohnen.*

So sind auch solche Erinnerungen etwas politisch ganz Unkorrektes. Und Kinder sind Menschen, die in die Welt hineinfinden sollen wie in einen Schuh.

Erinnerungen sind Dinge, die es nicht mehr gibt.

Schriftsteller sind möglicherweise Erinnerungsvirtuosen, die satzweise heimkehren. Der Schmerz eines solchen Schriftstellers: er kann es nicht sagen, aber er muss es schreiben. Manchmal ergibt sich daraus Schmerzvirtuosität.

Vorerst ist keiner zur Stelle, der ihn versteht. Die Ungleichzeitigkeit dieses Lebens: später gäbe es vielleicht, möglicherweise, einen oder eine, der oder die ihn verstünde, möglicherweise am selben Ort, da wo er lebt, webt und ist. Oder gab es.

Der Schmerz ist ein potentieller Schriftsteller. Bei mir war es: nicht zu wissen, wo ich bin, daher begann ich schreibend herauszufinden, wo ich bin, und wo es war.

Wo es das erste Mal war, wo es war, dass ich nicht wusste, wo ich war.

Von wegen Heimatschriftsteller.

Es ist nicht einfach, über etwas zu schreiben, das keinen Namen hat.

Auch Eugenio Pacelli, der spätere Papst Pius XII., war einmal in Meßkirch, als Begleiter seines Freundes Conrad Gröber, Theologe und Erzbischof von Freiburg, der ja auch von hier war, und lobte St. Martin, die Kirche, an der Heideggers Vater als Mesner diente (einer seiner Nebenjobs), als einer Kathedrale würdig. Ist sie ja auch.

Summa: Wenn Meßkirch so groß wie berühmt wäre, müsste die Stadt mit den Stadtrechten aus dem hohen dreizehnten Jahrhundert mindestens eine Million Einwohner haben. Aber Größe bezieht sich ja, wie beim körperlich eher kleinen Heidegger, nicht auf das Volumen.

Ich weiß nicht, ob Marlene Dietrich, von der Heidegger zu Lebzeiten vielleicht auch schwärmte, einmal in Meßkirch war. Aber sie hat wenigstens eine Meßkircher Melodie in die Welt hinausgetragen. Seltsamerweise ging es auch hier um das große Meßkircher Thema: den Tod. *Zeigt sich der Tod einst mit Verlaub und sagt mir Bruder, komm!* —

Diese Todesverse, genannt *Das Hobellied*, hat Konradin Kreutzer, ein Meßkircher Komponist, in Wien vertont, für eine Posse von Nestroy. So haben zwei, die im Geniewinkel geboren wurden, auch in Wien (»*OMNES MORIMUR – ES MUSS GESTORBEN SEIN.* Und wer's nicht glauben will, frag Wien in Österreich darum«. Abraham a Sancta Clara) mit dem Todesthema reüssiert. Und das große Meßkircher Thema nicht abstreifen können – vielleicht auch nicht wollen, sie waren in Wien ja am richtigen Ort.

In Meßkirch wurde ich allein deswegen geboren, weil die Hebamme nicht mehr ins Haus kommen wollte. Im Kreißsaal des Krankenhauses soll sich jetzt der Aufenthaltsraum des Conrad-Gröber-Pflegeheims befinden, wo zwischen Aquarium und Vogelkäfig untergebrachte Alte auf ihren Tod warten oder nicht, und dann einmal im selben Boden ruhen werden, in dem der Philosoph liegt.

So bin ich auch schon fast am Ende angekommen.

Ein Schatten an der Wand entlang: der Mensch, der geht (Buch der Psalmen).

Nun stehe ich an der Friedhofsmauer.

Der Friedhof von Rast war einmal ein schöner Friedhof. Ein Heimatfriedhof. Und mir leuchtete ein, dass dieses Wort eigentlich nicht von »umfriedet« kommt.

Hier wollte ich einst begraben sein.

Doch die Bäume, die einfach so herumstehen, an der Friedhofsmauer oder in der Nähe der glattverputzten Immobilien, sind etwas, das Sauerei macht. Sie gehören zu den verhasstesten Lebewesen im Fleckviehgau.

Leider stehen sie unter Naturschutz.

Die Gemeinden im Geniewinkel schämen sich heute ihrer Friedhöfe und wollen die alten Grabsteine weg haben, anderswo auf der Welt das letzte, was noch eine Zeitlang bleibt.

Als wollten sie damit den Tod selbst verschwinden lassen.

Die Grabsteine mussten weg, die Einheimischen schämten sich, dass es bei ihnen noch so alte Gräber gab, die nicht glänzten und nicht gerade waren. Auch glaubten sie, die Kosten für die Rüttelmaschine nicht aufbringen zu können.

Unter dem Vorwand, die Grabsteine seien baufällig und könnten Menschenleben gefährden, ist eines Tages eine sogenannte Rüttelmaschine aufgestellt worden, und die Administrationsmaschine hat alles, was alt und krumm war, gemäß der baden-württembergischen Friedhofsordnung (falls es die gibt) entfernen lassen.

Der Bodensee

Martin Walser
Aufgeschriebene Zeit

Kosmos

Dass Natur auf Geschichte angewiesen ist, um auf uns zu wirken, erlebt jeder, der einmal länger in einer anderen als der gewohnten Szenerie lebt. Der endlose texanische Himmel oder die geradezu steil ansteigende Wasserwand des Pazifik wirkt pathetisch oder gewaltig, man schaut und schaut, hingerissen oder ergriffen oder sonst wie mitgenommen. Aber es fehlt diesen gewaltigen Szenerien die Vergangenheit. In mir. Ich kann mich, wenn ich von dort weg bin, durchaus nach dorthin zurücksehnen. Aber wenn ich dort bin, bin ich nur dort. Was ich sehe, erinnert mich an nichts. Wenn ich hier das schlichteste Entenpaar vorbeirudern sehe, bezieht sich dieses Entenpaar auf alle Entenpaare, die hier je an mir vorbeigerudert sind. Ich hätte statt schlichter Enten auch die Wetteropern, die der Föhn hier in jeder Jahreszeit veranstaltet, nennen können. Wir sind programmiert. Und wofür wir nicht programmiert sind, sind wir nicht kompatibel. Noch aktualistischer kann ich's nicht sagen. Natürlich haben mich die wilden amerikanischen Gewitter, als sie sich zum ersten Mal drei Monate lang vor mir austobten, beeindruckt, gebannt. Sie waren in ihrer stürmischen Zudringlichkeit und in ihrem Tempo so verschieden von dem, was hier die Gewitterdramaturgie ausmacht, dass sie mich an nichts erinnerten. Oder so: Als ich die Niagarafälle anstaunte, fielen mir zuerst die Bilder aus dem *Niagara*-Film mit Marilyn Monroe und Josef Cotton ein. Dann fiel mir der Rheinfall ein. Und wenn mir der Rheinfall einfällt, dann fällt mir der Schulausflug zum Rheinfall ein. Auf dem Weg von der

Haustür zum Ausflugsomnibus holte ich im offenen Holzverschlag eines benachbarten Hofes den Riegel Schokolade, den ich mir am Tag zuvor für nicht ehrlich erworbenes Geld gekauft und im Reisig des Nachbars zur Bereicherung meines Ausflugsproviants versteckt hatte. Daran erinnerten mich die tosenden Wasser der Niagarafälle. Den Marilyn Monroe-Josef Cotton-Film lieferte das Gedächtnis. Da könnte man kramen, wer war der Regisseur, wie war jetzt gleich wieder die Handlung? Gedächtniskrust. Kein bisschen Mehrwert. Aber der Schulausflug an den Rheinfall und der Schokoladeriegel im Reisverschlag: das sind Erinnerungen, denen ist man anheim gegeben. Mit einem anderen Technikwort könnte man Gedächtnis und Erinnerung auch zwei verschiedene Frequenzen nennen. Die eine ist zuständig für das Haben, dic andere für das Sein. Die eine für das Wissen, die andere für das Leben. Also: Natur braucht, um zu wirken, Geschichte. Um auf mehr als auf die Sinne zu wirken. Ich habe Monate vor den imponierenden Waldwänden New Hampshires verbracht, habe den jähen Wechsel vom Winter zum Sommer erlebt, aber ich blieb sozusagen stumm. Hier kommt andauernd eins zum anderen. Deshalb dieses Wortformat Kosmos. Alles, was sich hier tut, hat einen Widerhall, man kann auch sagen: weil hier jeder jetzige Augenblick eine zeitliche Tiefe anstößt, hat hier alles einen Mehrwert. Den Erinnerungsmehrwert. Im Unterschied zu jeder anderen Geschichte bin ich in der von der Natur in mir produzierten Geschichte allein. Der Natur gegenüber ist jeder allein. Man erlebt Natur mit dem Rücken zum Rest der Menschheit. Dargestellt in Caspar David Friedrichs Bild des Mannes, der uns den Rücken zukehrt und, mit dem Hut in der Linken, den Sonnenuntergang erlebt. Dass er in der rechten Hand noch den Stock hat, teilt mit, wie weit er gewandert ist, um allein dem Naturereignis Sonnenuntergang gegenüber zu sein. Die gemalte Illusion, die romantische Paradoxie: man könne allein sein. Es ist doch immer ein Maler dabei. In der Natur. Der Natur gegenüber. Man ist natürlich immer schon gemalt. Das heißt, man weiß, dass man allein ist. Die Sprache, die einem das und das souffliert, ist immer dabei. Sie ist die Vertreterin der Menschheit, der man so dekorativ den

Rücken zukehrt. Andererseits ist das Schwimmen dann doch mehr als die Betrachtung. Gut, Caspar David Friedrichs Betrachter ist gewandert, bis er an seinen Erlebnisort kam. Aber das Schwimmen ist mehr. Schwimmen ist unvergleichlich. Finde ich.

Schwimmen

Vielleicht habe ich mit Gegenwart noch nie viel anfangen können. Sie hat immer zuerst Vergangenheit werden müssen. Außer beim Schwimmen, möchte ich da einwenden. Schwimmend sind wir vollkommen im Jetzt. Sind etwas Schwebendes, Leichteres, Nirgendwohingehöriges. Allerdings sind wir doch äußerst verfügbar. Alles kann auftauchen in uns. Schwimmend sind wir ein Assoziativ. Ohne Zentrum, weil ohne Schwerpunkt. Endlich der Gleichgewichtsverpflichtung enthoben. Wie für immer enthoben. Aber schon dieses *immer* ist falsch, ist viel zu zeitbezogen. Wir sind enthoben. Basta. Allerdings nur, bis wir wieder festen Boden unter die Füße kriegen. Offenbar haben wir irgendwann draußen gedreht, haben, sagen wir einmal, instinktiv wieder Kurs landwärts genommen. Zurück bei diesen immer um Gleichgewicht kämpfenden, aufrecht gehen müssenden Zweibeinern. Von allen Säugetiersorten sicher die groteskeste. Aber vom Schwimmen müssen wir nicht lassen. Der See ist ein Versprechen. Jederzeit erlöst er uns aus unserer ungelenken Aufgerichtetheit und immer schwankenden Schwere. Er ist sogar für endgültige Lösungen beziehungsweise Erlösungen offen. Nichts ist gewaltloser als das Schwimmen. Eine der ersten und lange nachwirkenden Schreckensmeldungen: es gebe Dörfer oder ganze Städte, die nicht am Wasser liegen. Das blieb lange unvorstellbar. Ulm war trotz der Donau nichts als bedauernswert. Nächste Schreckensmeldung: Wie die Menschen in Städten wohnen. So häuften sich die Meldungen, die letzten Endes darauf hinausliefen, dass man überhaupt nirgends leben könne als in einem Dorf am Bodensee. Kann etwas peinlicher sein, als an dem Ort zu wohnen, an dem zu wohnen allein erträglich ist? Muss man sich nicht schämen, am bestmöglichen Platz zu wohnen? Man schämt sich. Aber man wohnt trotzdem da. Man muss die Zähne zusammenbeißen und versuchen, damit fertig zu werden, dass man es schöner hat als jeder andere Mensch. Schöner, was den Ort, die Gegend angeht. Ich darf sagen, dass es einige Jahre gedauert hat, bis ich mich mit der Gunst meiner Lage abgefunden hatte. Es sprach viel zu viel dagegen, so schön wohnen zu dürfen. Und das Hadern mit der Gunst meiner Umstände führte immer zum Wasser, aufs Wasser, ins Wasser. Das Wasser ist schuld. Vielleicht könnte es auch das Mittelmeer sein. Was weiß ich. Ich habe mich damit abgefunden, bevorzugt zu sein. Es gibt einen Preis. Den vergesse ich nur beim Schwimmen, das die Schwere ins Gegenteil verkehrt. Schwimmen, das ist Fliegen in unserem Element. Wir sind zum Schwimmen geboren.

Zärtlichkeit
Kann man, darf man einer Gegend Zärtlichkeit nachsagen? Die Gegend, das ist der See und das sind diese immer rund verlaufenden Hügel am See. Auch das Hinterland rundet sich so von Hügel zu Hügel. Tausendfach. Und keine zwei dieser runden Höhen sind einander gleich. Und das hochdeutsche Wort Hügel beweist einmal mehr, wie unfähig diese hochdeutsche Sprache ist, unser Hiesiges zu benennen. Bleiben wir bei Höhen. So heißen sie hier. Es sind Eiszeitgeschenke. Also schroff ist hier nichts. Auch wenn da und dort eine Molassewand steil tut. Jede dieser Wände ist biegsam, weich, zitronen- bis honigfarben. Jede zeigt, dass sie sich lieber rundet als streckt. Und der See. Von allen Eiszeitgeschenken ist er das bedeutendste. Das Zärtlichkeit stiftende schlechthin. Auch wenn er sich von allen eingeführten Windstärken hin- und herjagen und aufregen lässt und wild tut wie ein Laienschauspieler, der einen Wildling spielt, auch wenn er dann darauf besteht, dass in ihm auch ertrunken werden kann; seine eigentliche Stärke ist, dass er alles mitmachen kann, was der Himmel gerade will. Und im Aufnehmen, Widerspiegeln und Vermehren von allen Angeboten der Zeit und der Welt ist er groß. Das ist überhaupt seine Größe. Alles aufzunehmen und sich zu Eigen zu machen und dann so darzustellen, dass, wer nicht wirklich vertraut ist mit ihm, glaubt, die jeweilige

Produktion, das sei nun wirklich er selber, der See. Temperaturen, Farben, Strömen und Ruhen, Wildheit und Schwere – er hat alles irgendwoher, kann aber daraus einen unerschöpflichen Reichtum an Zuständen und Stimmungen machen. Und damit wird widerrufen, dass er ein Laienschauspieler sei. Er ist eine unendliche Naturbegabung, denn alles, was er spielt, wirkt, als sei er das, was er jeweils spielt, ganz und gar. Wer ihn spielend ruhen sieht, hält es nicht für möglich, dass er eine halbe Stunde später wütet, als habe er einen Zorn auszuleben. Die Energien bezieht er von überall her. Korsika, Spanien, Burgund, Island … alles sein Einzugsgebiet. Aber Katastrophen macht er nicht mit. Die sollen sich bitte anderswo austoben. Hochwasser? Da und dort netzt er mal einen Uferweg, macht Visite im Souterrain einer Villa, die ihm zu nahe getreten ist. Erdbeben? Kennt er nicht. Alle hundert Jahre lässt er sich einmal zufrieren. Das ist keine Katastrophe, sondern ein Fest. Ja, vor 6000 Jahren hat er einmal im Westen so gegen die Molasse gedrückt, dass die nachgab, so hat er diesen abenteuerlichen Auslauf bekommen, der Rhein heißt und der sich, bis er dann ins Meer darf, allerhand gefallen lassen muss, was er sich an seinem Ursprung in Graubünden droben nicht hat träumen lassen. Der Wasserspiegel ist, als der See sich diesen Auslauf verschafft hatte, um 400 Meter zurückgegangen. 400 Meter Land sei, heißt es, dadurch entstanden. Damit wir später darauf bauen und beten konnten. Die geologischen Daten beeindrucken mich mehr als alles, was es sonst über die Gegend zu wissen gibt. Ich bin dem Rhein von seinem hohen Anfang an zugetan. Vielleicht weil er für mich schon in beeindruckbarster Jugend im Hölderlingedicht ausführlich, als »göttliches Wild« nämlich, vorgestellt wurde. Aber dass er einmal das heutige Rheintal als ein strömendes Meer ausgefüllt hat und sich dann zusammen mit dieser und jener Aach ein noch größeres Meer bei »uns« schuf, ist Erdgeschichtspoesie an sich.

Die Zärtlichkeit also, das Rundliche als Kontur, der See als Inbild der Uneigentlichkeit, und zweitausend Jahre ohne Katastrophe – ausgenommen hausgemachte –, das darf sich doch ausgewirkt haben. Auf die Menschen, meine ich. Beweisen lässt sich das nicht,

aber erleben schon. Ich kann wählen aus 500 oder 700 Dorfbewohnern, zu denen kommen gut noch einmal so viel dazu, wenn ich die ganze Pfarrei zum Erfahrungsfeld mache. Zärtlichkeit. Am Werktag auch. Ob hinter den schwer gewordenen Kühen dorfeinwärts gehend oder auf einem Traktor sitzend oder auf der Leiter in den Kirschbaum gelehnt oder als Kirchgänger, Kirchgängerin, erhobenen Blicks dorfabwärts, die Nase in die Luft gestreckt, als folgten sie einer frommen Witterung, erst am Weihwasserkessel angekommen, da sank die Nase, der Blick, von da an wurde Unwürdigkeit gespielt, wurde die jeweils fällige Kirchenjahrszerknirschung gezeigt, dann vor den Gräbern stehend, die Drandenkzeit mit der Seele zählend, oder die Trompete am Mund in der Blechmusik oder den Schneepflug deichselnd oder beichtend oder fluchend, aber niemand ist getötet worden, niemand denunziert, die Gehässigkeit war hier ein Spiel, die Gemeinheit eine Komödie, geweint wurde, wenn Weinen dran war, gelacht auch, unmäßig hat man sein dürfen, saumäßig auch, aber nichts ohne Fassung, nichts ohne diesen goldenen Rand Zärtlichkeit. Und immer mit Glockengeläut. Alle ein Muster im zeitlosen Gegendtuch. Die Feindseligkeit, ein Import. Es ist dann kein Auge trocken geblieben. Es war dann bald wie überall. Aber vorher ist es zärtlich zugegangen. So wie jetzt nirgends mehr. Vielleicht hat sich aber alles erhalten hier und mir kommt es jetzt nur weniger zärtlich vor, weil ich inzwischen selber durch diese und jene Erfahrung unzärtlich geworden bin, also Zärtlichkeit nicht mehr zu erleben vermag. Mag ja sein.

Vorvergangenheit
Das Muster ist wiederholbar, bis die Fläche voll ist. Voll vom Muster. Das Bild, das griechische Vasenbild zum Beispiel, bezieht sich immer auf das, was es abbildet. Das Muster stellt nichts dar als sich selbst. Als die keltische Kunst auf die Menschenbilder der griechischen Kunst reagierte, verarbeitete sie noch lange alles Gegenständliche zum Muster, zum Ornament. Auch Menschenfiguren. Der Kopf löst sich auf in eine Spirale, die Arme werden zu Lianen. Bloß keine Ähnlichkeit, bitte. Kein Abbild. Und schon gar kein re-

ligiöses. Der Fluss ist die Gottheit, die Quelle die Göttin, der Baum heilig – was hätte da das Menschenbild zu suchen im religiösen Ausdruck. Zu sich selbst kommt das Muster, wenn es als einziges Muster die ganze Fläche füllt. Anfang- und endlos. In sich verschlungen. Das reine Schönheitsdickicht. Nur, dass nicht nichts ist. Sogar die Redekunst auf keltische Art scheint um ihrer selbst willen ausgeübt worden zu sein. Die Kraft der Rede galt mehr als die Muskelkraft. Der ältere Cato über die Kelten: Sie haben zwei große Leidenschaften, im Krieg tapfer zu sein und gut zu reden. Von Galatien (in Kleinasien) bis zu den Shetland-Inseln wohnten die Kelten im Jahrtausend vor Christus, aber es gab kein keltisches Reich, keinen keltischen Staat, es gab eine keltische Kultur. Ohne Schriftliches. Und ihre Unorganisierbarkeit machte sie dann zu Opfern römischer und germanischer Kriegstüchtigkeit und -technik. Deshalb sind sie in unserer Gegend hauptsächlich als eine Bestattungskultur übrig geblieben. Als die keltischen Stämme sich noch nicht gegen Römer und Germanen behaupten mussten, sondern nur untereinander Krieg führten, sei es oft vorgekommen, dass zwei Heere schon gegeneinander in Schlachtordnung standen, Schwerter gezogen, Lanzen gefällt, dann seien die Barden beider Parteien zwischen die Kampflustigen getreten, um zu singen, und dieser Gesang habe dann die vorher nichts als Erzürnten so besänftigt, dass die Schlacht ausfiel. Überliefert ist, dass der jeweilige Stammeserste sich zum römischen oder germanischen Lager begab und dort dem römischen oder dem germanischen Kriegsherrn anbot, der möge bestimmen, wo und wann die Schlacht stattfinden solle. Echt keltisch, möchte man sagen. Sie fürchteten sich überhaupt nicht. Und sie konnten sich offenbar in ungeheure Stimmungen hineinsteigern. Aristoteles: »Wir haben kein Wort für einen Menschen, der extrem furchtlos ist; vielleicht könnte man einen Menschen, der überhaupt nichts fürchtet, weder Erdbeben noch Flut, wie es von den Kelten heißt, als wahnsinnig oder jeglicher Empfindung bar bezeichnen.« Sie hatten ja im Heer immer die Frauen dabei. Dunkel gewandet, die Haare bis zu den Knien, weder durch Spange noch Band gehalten. Unter den Römern kursierte:

Wenn ein Kelte in der Schlacht seine Frau herbeiruft, sei er unbesiegbar. Der Kelte war dann doch so besiegbar, dass Römer und Germanen ihn einander zutrieben, und wenn die Römer den Kelten den Weg nach Süden nicht versperrt hätten, wären die Kelten aus unserer Gegend verschwunden. Einige Stämme sind ohnehin von hier einfach mit Kimbern und Teutonen, von denen sie gerade besiegt worden waren, weitergezogen. Als Hilfswillige wahrscheinlich. Als Diener, die sich unendlich erhaben fühlten über ihre Herren. Die meisten mussten bleiben. Als ein paar hundert Jahre später irische Mönche hierher kamen, konnten sie sich offenbar verständlich machen. Auf der Insel Reichenau wurde eine irische Abtei gegründet, und das dort geschriebene sogenannte »Irische Schulheft« überliefert immerhin vier irische Gedichte. Sie sind dann also aufgegangen im Hiesigen. Spurlos, aber nicht wirkungslos. Dass zwei Kelten, die gegeneinander antreten zum Zweikampf, dass die einander, bevor die Schwerter das Wort haben, nicht höhnen und schmähen, sondern einander loben: das ist keltisch. Und – es tut mir leid – das passt gut hierher.

Cet und Conall also

Cet sagt :
Willkommen sei, Conall,
Herz von Stein,
Wilde Kraft des Luchses,
Funkeln des Eises,
Rote Gewalt des Zornes
In eines Krieges Brust,
ein Verwunder, ein Eroberer!
Sohn des Findchoem, du bist mir ebenbürtig!

Und Conall:
Willkommen sei, Cet,
Cet, Sohn des Magu,
Kriegers Heimstatt,

Herz von Eis,
Gefieder eines Schwanes,
Wagenkämpfer, stark im Gefecht,
zorniges Meer,
stattlicher wilder Stier,
Cet, Sohn des Magu!

Trotz dieser Lobrednerei endet das tödlich. Und doch ist Zärtlichkeit in diesem Streit. Das ist die Zärtlichkeit, die hier in allem enthalten ist, auch wenn sie längst nicht mehr den Ausschlag gibt. Das keltische Märchen, das keinen pädagogischen Mehrwert abwirft. Die keltische Sage, die sich nicht zur Story austrocknen lässt. Überhaupt eine antipastorale, antierbauliche Kultur. Das Muster anstatt das Bild. Und das Muster ist durchaus welthaltig. Es saugt sich voll von Blumen und Tieren, aber Blumen und Tiere dienen nur dazu, das Muster zu ernähren, das seinerseits dazu dient, die leere Fläche schön zu füllen. In Holzgerlingen, Budapest, Wales, im Hunsrück und in einigen Pfahlbauten hier in der Gegend. Elegante Ringfibeln und Bronzenadeln und ein paar schöne Krüge, für deren Henkel und Deckel Phantasietiere Vorbild waren. Aber in den anderswo übrig gebliebenen Texten spürt man eine Beeindruckbarkeit, die sich nicht christlich kostümierte:

Des Fisches Bett ist kalt unter
dem Eis, der Hirsch ist mager,
die Rohre sind bärtig,
der Abend ist kurz,
Bäume beugen sich.

In einer in St. Gallen verwahrten Handschrift steht:
Über den Zeilen meines Buches
musiziert Vogeltriller.

Dr. Dillon und Mrs. Chadwick haben in ihrem Kelten-Buch Texte gesammelt, die erleben lassen, was das ist, das Keltische. Zum Beispiel:

Er sah eine Frau am Rande eines Brunnens, und sie hatte einen silbernen Kamm mit goldener Verzierung. Sie wusch sich in einer silbernen Schüssel, auf der vier goldene Vögel waren und leuchtende kleine Edelsteine aus purpurnem Karfunkel auf der Ziselierung der Schüssel. Sie trug einen Purpurmantel aus feiner Wolle, der von Silberspangen mit goldener Ziselierung gehalten war, und ein Hemd aus grüner Seide mit goldener Stickerei. Die Sonne beschien sie, sodass die Männer das Gold im Sonnenschein auf der grünen Seide schimmern sahen. Zwei goldene Zöpfe waren auf ihrem Kopf in vier Stränge geflochten, mit einer Kugel am Ende einer jeden Strähne. Die Farbe ihres Haares war wie die Blüte der Iris im Sommer oder wie pures Gold, wenn es blankgeputzt worden ist. Sie löste ihr Haar, um es zu waschen, sodass ihre Arme unter dem Kleid hervorkamen. Weiß wie Schnee einer einzigen Nacht waren ihre Hände, und ihre lieblichen Wangen waren weich und glatt, rot wie der Gebirgsfingerhut. Ihre Augenbrauen waren schwarz wie ein Käferrücken. Ihre Zähne waren wie Perlen. Ihre Augen waren so blau wie die Hyazinthe, ihre Lippen so rot wie parthisches Leder. Hoch, glatt, weiß und weich waren ihre Schultern, rein und weiß ihre langen Finger. Ihre Hände waren lang. Weiß wie der Schaum einer Woge war ihre Seite, lang und schlank, biegsam, glatt, weich wie Wolle. Ihre Schenkel waren warm und glatt und weiß; ihre Knie klein und rund und fest und hell. Ihre Schienbeine waren kurz und glänzend und gerade. Ihre Fersen waren glatt und lieblich. Wäre ein Maßstab auf ihre Füße gelegt worden, so hätte er kaum irgend welche Unvollkommenheiten an ihnen gezeigt, höchstens dass er das Fleisch oder die Haut gedrückt hätte. Das rosige Licht des Mondes lag auf ihrem edlen Gesicht, ein hehrer Stolz auf ihrer glatten Braue. Das Strahlen der Liebe war in ihren Augen, freudiges Erröten auf ihren Wangen, die bald rot waren wie Kälberblut, bald wieder schneeig weiß. Sanfte Würde lag in ihrer Stimme. Ihr Schritt war fest und anmutig. Sie hatte den Gang einer

Königin. Sie war die schönste, anmutigste und feinste aller Frauen, die Männeraugen in der Welt gesehen hatten. Man dachte, sie sei aus dem Feengeschlecht. Von ihr hieß es: Alle sind reizend, bis man sie mit Étain vergleicht. Alle sind schön, bis man sie mit Étain vergleicht.

Das lesend, wird der, der das geschrieben hat, mindestens so deutlich wie die von ihm beschriebene Frau.

Das keltische Muster, Story-abweisend, transzendenzimmun, in sich verfangen, nirgends sein als jetzt hier, die Gegenwart feiernd. Und doch nicht beständig. Nicht organisierbar. Chaotisch. Nachgiebig. Mal so, mal so. Sich nicht fassen könnend. Es sei denn im geschichts- und fortschrittabweisenden Muster, in der ausdruckssüchtigen und doch sinnverweigernden Sprach- und Redekunst. Keltische Kultur. In bronzenen Booten mit vergoldeten Rudern sind da die Ersehnten gefahren. Inklusive Schädelkult. Drüben überm keltisch Rhein genannten Fluss sind die Heiligtümer mit den têtes coupées für archäologisches Schaudern gut. Andererseits haben sie hier schon die Amseln singen gehört, als die Römer noch an der Wölfin saugten und die Germanen Thors Hammer anbeteten. Und sie sind ja doch unsere Indianer. Unsere Flüsse haben, hier wie dort, von den Umgebrachten ihre Namen. Alles, was Wasser ist. Dort erbte man Delaware, Monogahela, Mississippi, bei uns Rhein, Donau, Main und, bitte, Bodensee. Und da das alles erst 2000 Jahre her ist und 2000 Jahre nicht reichen, etwas Gewesenes unfühlbar zu machen, sind die Kelten hierher zitiert worden. Es ist alles bis zum Überfluss da, da sollen doch die Kelten nicht fehlen. Ohne die Kelten kann man das Zärtlichkeitsangebot dieser Gegend doch gar nicht ermessen.

Früher
Persönlichkeiten waren die Apfelbäume
ums Haus. Zuerst haben sie ausgerissen, zersägt
und eingeheizt werden müssen, zuerst hast du
erfahren müssen, dass es ihresgleichen
nie mehr geben wird, dann erst ist dir

die Einmaligkeit dieser Apfelbäume auf-
gegangen. Zwei davon dieselbe Sorte,
und welch ein Unterschied. Erst seit nichts mehr ist,
erlebst du alles. Gegenwart hat es,
als es sie gab, noch nicht gegeben. Und wie
das nicht stimmt. Zeit hat es nicht gegeben.
Aber Jahreszeit. Ach, Jahreszeit auch nicht, aber
Dezember und Juni. Am meisten Montag und Freitag,
Lichtmess und Aschermittwoch. Die Angst hat es
gegeben und die Ungeduld. Mehr als
jeweils war, sollte sein. Vorm Gewitter
beißen die Kretzer, hat es geheißen, also
hast du zehn oder zwölf mit den sich schmerzlich
sträubenden Würmern an die Angel gekriegt
und hast sie daheim dem Misthaufen überlassen
müssen, auf der Karte standen nur Felchen.
Aber die Mädchenfrauen auf dem Wäschsteg, bis zu
den Knien im Wasser und gebeugt und im los-
legenden Gewitter Hemden seifend
und reibend und redend wie eine glückliche Gruppe.
Göttinnen würde ich sie, wenn ich einen
Himmel hätte für sie, nennen. Zärtlichkeit
hat es gegeben, weil Georg mit mir auf dem frisch
gemähten Gras saß und den Fritz am lockeren
Leitseil uns heimziehen ließ. Das Gras gabelten
wir in den Futtergang, von da in die Traufen. Der
Geruch des Frischgemähten färbte den Stall-
geruch ins Einzigartige. Er ist geblieben.

Und jetzt
Was ich nicht sehe, gibt es nicht, also
fehlt viel. Berge grad noch ein Gipfelgewell
hochweit drüben, jetzt knien sie blau im See
und saufen sich voll, das Wettertheater, alpine
Regie, Goldgrund als Bühnenbild, der Süden

als gleißendstes Diesseits, der See wütet schwarz
und schäumt weiß, der Sturm spielt das Zwölfstundenstück
vom Autor Föhn: Frühlingsfeuer im Januar,
die Bäume spielen's tobend mit, wir schreien
im Freien und hören uns nicht, und lodern tun
wir auch. Dann sammeln wir Äste und Ideen
und uns Angebrannte und halten Ausschau
nach den Gipfeln, die abgehauen sind,
wie immer, wenn wir nach ihnen greifen wollten.

Die Fränkische Alb

Hanns Zischler
Die schönste Mondlandschaft, die man sich denken kann

Die Donaubrücke von Ingolstadt,
das Altmühltal, Schiefer bei Solnhofen,
im Treuchtlingen Anschlusszüge –
Günter Eich, »D-Zug München-Frankfurt«

Der Blick eilt dem Schritt voraus. Zwischen den rostigen Geleisen vorwärts stolpernd und langsam immer höher und weiter hinaus strebend, liegt das Tal in schwindelnder Tiefe und laubwaldgrün auf der hiesigen Seite, flacher anschwellend und feldergefleckt am gegenüberliegenden Hang vor Augen. Der Gang zu diesem Ausblick ist die ›Schütt‹ selbst, kein Weg, sondern der jahrzehntelang aufgetürmte Steinabfall, die Flinze und Fäulen des Solnhofener Kalksteins. Bruchstein, der immer höher aufgetürmt wurde, während des Schiefers brauchbare Teile als Boden-, Wand- und Dachplatten oder, seltener, zu Lithographiesteinen geschnitten in alle Welt exportiert wurden. Die frische Aufschüttung ist chamois und lehmdurchsetzt, die dicken Trümmer durcheinandergewürfelt mit den hauchdünn geschichteten Sedimentplatten: weitverstreute, unlesbare Folianten, *mille-feuilles* aus dem Bruch. Darunter treten die wolkenfarbenen blaugrauen Verwitterungen der älteren Schütt hervor, zwischen ihnen krallen sich magere Birken und staubige Haselnussbüsche an den steilen Hang, molluskenweich schmiegt sich das haarige Blatt der Königskerze auf den dünn bemoosten Stein. Das Licht, die Beleuchtung dieser in ältester und jüngster Zeit gleichermaßen aufgewühlten Landschaft ist weder dumpf noch strahlend. Die überall hervorschießenden ausgedehnten hellen Flächen der Schütten erzeugen eine milchige, staubige Stimmung, die Wälder und Schluchten absorbieren das allzu Grelle, sodass das Auge starken Schwankungen – fotografisch: 3 Blenden Unterschied – ausgesetzt ist: Die Luft ist rein nur nach großen Gewittern, die intensive Bearbeitung des Steins – Brechen, Hauen, Zwicken, Schleifen, Polieren – setzt viel Staub frei. Die ungehindert über das hohe Plateau des fränkischen Jura drängenden Westwinde fegen die Krume von den steintrockenen Ackerböden (»Sanden« heißt ein großes Anbaugebiet) und verwirbeln sie mit dem aus den Brüchen aufsteigenden Kalkstaub.

Die Steinbrüche unterhalb der Schütten sind tief terrassierte, vielfach gestufte Canyons, von steilen Geleisen mit Loren durchzogen. Riesig gezackte Platten lehnen aneinandergereiht auf den schmalen Plateaus des offenen Abbaus. Tagebau, der sich wie von Geisterhand in immer größere Tiefen hinabsenkt. Durch die Luft dringen die hellen und dumpfen Klänge der langstieligen Hämmerchen, welche die Güte des Steins anzeigen: Der helle Ton signalisiert die Reinheit, der dumpfe die Schäden (Frost, Bruch und Fäule) des Schiefers.

Diese Schütten sind, mitsamt den Geleisen, die wie ein krummes Rückgrat darüber lagern, heute verschwunden. Der Blick in die Steinbrüche der Langenaltheimer Haardt kann nur noch aus der Erinnerung abgerufen werden. Abgebaut, planiert und halbherzig rekultiviert ist diese Mondlandschaft. Auch das kühle Wirtshaus mit dem verheißungsvollen Namen »Zur Neuen Welt« wird es schon lange nicht mehr geben. Die Exkavationen lassen nach, die Ressourcen erschöpfen sich. Der Abbau des blauviolett gekörnten Lithographiesteins auf dem Maxberg ist fast zum Erliegen gekommen. Die technischen Innovationen der Druckindustrie lassen die grandiose Erfindung des Steindrucks durch den Theaterschriftsteller Aloys Senefelders (1806) antiquarisch erscheinen. Nicht minder veraltet war für längere Zeit der Schiefer als Baumaterial: zu schwer, zu schadensanfällig und zu kostspielig, wurde er durch leichtere Werkstoffe aus dem Wettbewerb gedrängt, ehe er in den neunziger Jahren des letzten Jahrhunderts eine kleine Renaissance erlebte. Die Tatsache, dass beispielsweise ein schiefergedecktes Hausdach – die reich nuancierte graue Schraffur lag wie ein schwebender Teppich auf den Dächern dieser Dörfer – ohne Not hundert Jahre Bestand hat, vermochte den leichteren, billigeren, aber minderwertigen Ziegel nicht aufzuhalten. Eine massive Rotverschiebung auf den Dächern machte sich breit.

Die Gemeinde Langenaltheim, die westlich von diesen Brüchen in einer flachen Mulde auf dem gewellten Rücken des Fränkischen Jura liegt, ist ungewöhnlich groß und noch heute als Straßendorf mit west-östlicher Ausrichtung erkennbar. Eine stetig wachsende Einfamilienhaus-Siedlung im Südosten hat zwar die Dorffläche auffällig, die Einwohnerzahl (ca. 2000) hingegen nicht nennenswert vergrößert. Wüstenroth, wohin das Auge blickt. Diese Ausdehnung dokumentiert und kaschiert zugleich den dramatischen Wandel, dem die Bewohner seit Mitte der sechziger Jahres des letzten Jahrhunderts ausgesetzt waren. Die beiden Haupterwerbsquellen – die Steinbrüche und die weitläufige Landwirtschaft – gingen zurück oder konnten von immer weniger Arbeitskräften bewältigt werden. Eine ausgedehnte Pendlertätigkeit war die Folge. (Mitte der achtziger Jahre zirkulierte unter den Strukturplanern der bayerischen Staatsregierung ein »Denkmodell«, das sich mit der sogenannten »inneren Evakuierung« jener Gegenden befasste, die aufgrund der asymmetrischen wirtschaftlichen Entwicklung zwar noch als Gemeinden anzusehen waren, deren tatsächlicher Status aber industrienomadisch war. Dieser Plan wurde nie veröffentlicht, bald darauf kam die Wiedervereinigung, und die Gewichte verschoben sich erneut.)

Fürstenlaune ließ das Dorf evangelisch werden, als es nach langer Zugehörigkeit zum Eichstätter Bistum, wovon die ältere St. Willibalds-Kapelle im Dorf zeugt, Mitte des 16. Jahrhunderts dem Grafen von Pappenheim zugeschlagen wurde. St. Johannis, die größere Kirche, wurde 1648 erbaut. Der Dreißigjährige Krieg ging wie ein schweres Geschütz über dem Dorf nieder. Eine ähnlich starke Ausblutung verzeichnen nur noch die Kriegerdenkmäler aus dem Ersten und Zweiten Weltkrieg.

Als habe das Dorf selbst in der Schwebe halten wollen, wohin es gehöre, war es seit je zwischen einem Ober- und einem Unterdorf geteilt. Die von der Haardt hereinführende Straße schlängelt sich durch die Ortschaft, schickt Ausläufer nach Norden und nach Süden über die Felder, ehe sie vom Grünblau der Wälder geschluckt werden. Die großen Rodungsfächer haben sich früh eingeprägt: Hier endet das Offene, dort beginnt das Reich der Jagden, der Tiere und Vögel, der Pilze – und dahinter? dahinter im südlichen Tal liegt wieder ein Dorf, ein katholisches, Wittesheim, dessen Bewohner, wie dem Kind erzählt wird, man unschwer an den flachen Knien erkennen kann. Zwar reden sie genau so wenig wie die Hiesigen, aber sie schwätzen anders, sie schwäbeln. Ein fremder Stamm.

Einmal, Anfang der fünfziger Jahre, ist in dem schmalen Grenzwald zwischen den beiden Ortschaften ein Mord geschehen. Ein Mann aus dem einen hatte seine Verlobte aus dem andern Dorf erwürgt. Unauslöschliche Nachricht zu drei Zeilen.

Die offenen Felder im Westen und Süden vor diesem Grenzwald sind von vereinzelten winzigen Hügeln – Buck und Berg heißen sie hier – durchsetzt. Vermutlich sind es Brocken, die aus dem Nördlinger Ries infolge des ungeheueren Meteoriteneinschlags im Tertiär bis hierher geschleudert wurden. Das Ries selbst, der weit auskragende Rand und der freie Blick von Wemding aus über den flachen Krater, noch über die Nadel des Nördlinger Münsters hinaus, ist wohl die schönste irdische Mondlandschaft, die man sich denken kann.

Die wahren Herren dieser Dörfer waren vom 18. bis Mitte des 20. Jahrhunderts die Pfarrer. Sie blieben dreißig, vierzig Jahre im Dienst, sie »walteten« nicht nur ihres Amts, sondern verwalteten das Wissen, die weltlichen und geistlichen Archive, wie jener Edmund Schoener, der 1956 die bislang einzige Monographie der Gemeinde LA verfasst hat. Kraft seines Amtes und ohne weitere Erläuterung untersagte er den ortsansässigen SA-Leuten, sich in der Nacht des Judenpogroms, am 8. November 1938, an den Vandalenakten gegen die Treuchtlinger Juden und ihre Synagoge zu beteiligen.

Römische Reste – eine kleine Trasse des Limes im Südosten, unweit davon ein Brunnen und Grundmauerreste und magere Grabbeigaben aus derselben Zeit – lassen sich, ebenso wie die Spuren einer Ansiedlung auf dem Altheimersberg im Norden des Dorfes, in die hadrianische Zeit datieren: Der *vallum hadriani* war die über die Donau vorgeschobene Grenze der Provinz *Raetia transdanuvia*, bis die Alemannenstürme im Jahr 233 n. Chr. den Rückzug der Besatzungsarmee über die Donau erzwangen. Seltsam muteten auf den Schulkarten die wie mit einem Lineal gezogenen römischen Heerstraßen an: imaginäre, gestrichelte Pfeile, die auf das Relief der Landschaft keine Rücksicht zu nehmen schienen. Sie münden wie aus dem Nichts ins große Kastell von Biricina (Weißenburg).

Nicht weniger kühn – und in seinen Überresten heute noch zu besichtigen – war das Projekt Karls des Großen aus dem Jahr 793, am Knick der europäischen Hauptwasserscheide einen kurzen Verbindungskanal bauen zu lassen. Die heute noch erhaltene, mit Wasser gefüllte, dreihundert Meter lange, schmale Kanaltrasse ist an drei Seiten von hohen, baumbestandenen Wällen umgeben. Auch der Ortsunkundige erkennt sofort, dass dies kein Weiher und kein Gewässer sein kann, denn hier entspringt nichts, fließt nichts und mündet nichts. Der Graben wirkt wie ein Phantom, ein Fremdkörper, eine künstliche, aufgelassene Landschaft in der Landschaft, ein im Vergleich zum Dorf riesenhafter, solitärer Aushub, welchen die Zeit allein in ein anonymes Artefakt verwandelt hat. Vielleicht ist es auch die noch nach 1200 Jahren spürbare, ins Nichts geworfene, vergebliche Schinderarbeit, die dieses Gelände auf merkwürdige Weise ortlos und gespenstisch, ja das Dorf selbst zu dessen Anhängsel macht. Die Wasserscheide ist hier einmalig und dramatisch selbst Wasser geworden, und das nur abstrakt geometrisch und kartographisch Gemittelte ist als vertane, gescheiterte Sklavenarbeit überliefert, ein Wassergrab.

Zwischen der nach Südosten, zur Donau hin strebenden Altmühl und der nach Norden zum Main und folglich in den Rhein fließenden Schwäbischen Rezat sollte ein nur zwei Kilometer langer schiffbarer Graben – die *fossa carolina* – ausgehoben werden. Mit diesem *missing link* wäre nach der Berechnung der Geographen eine Wasserbrücke zwischen Rhein und Donau eröffnet. Es war ein europäisches Ingenieursprojekt, dessen Scheitern nicht folgenlos bleiben sollte. Die besonderen Umstände der schwierigen Grabungen, die durch sintflutartige Regengüsse alles Erreichte wieder zunichte machten, sind vielfach dokumentiert. Noch heute zeugen das Dorf Graben und die Spuren der *fossa* selbst in dem weiten und sanften Tal zwischen Treuchtlingen und Dettenheim (an der B 2) gelegen und von der Bahntrasse auf »römische« Art durchschnitten, von der Kühnheit des Unternehmens. Eine andere Hypothese verwirft die Idee des Grabens – tatsächlich taucht in den ersten Urkunden das Wort Aquädukt und nicht *fossa* auf – und geht von einem Staudamm aus, der die tiefer gelegene Altmühl um neun Meter auf das Niveau der Rezat hätte heben sollen. Möglich auch, dass die ersten Versuche dieser Art in römische Zeit zurückgehen, wie eine prachtvolle Okeanosmaske nahelegt, die hier gefunden wurde. Der tausend Jahre später fertiggestellte Ludwigs-Donau-Main-Kanal war in seiner anmutigen Industriearchitektur das ferne Echo auf dieses Trajekt, während der heutige Rhein-Main-Donau-Kanal nur als die groteske, größenwahnsinnige Ausformung eines karolingischen und letztlich römischen Gedankens bezeichnet werden kann.

Die Flüsse waren die großen und relativ raschen Wegeverbindungen und Energiespeicher des frühen Mittelalters. Auf einer Schiffsreise im Herbst 792 von Regensburg die Donau und weiter die Altmühl aufwärts in das kartierte Areal der geheimnisvollen Wasserscheide machte Karl der Große Halt in dem späteren Solnhofen, um einem damals hoch angesehenen Mönch, dem Angelsachsen Sola (dem Namensgeber des Ortes) einen Besuch abzustatten. Sola war um 760 aus Fulda hierher gekommen; er lebte im königlichen Bannforst unterhalb der heutigen Langenaltheimer Haardt und wirkte als Missionar. Karl vermachte, ehe er zu der künftigen Baustelle weitertreidelte, dem Sola Grund und Boden aus kaiserlichem Besitz, damit dieser ein Kloster errichten konnte. Nach seinem Tod ging das Kloster an Fulda über, vermutlich um den Eichstätter Bischöfen den Zugriff zu verwehren. Sola erwähnt in seiner Chronik ausdrücklich die Schiffbarkeit der Altmühl. Es ist durchaus nahe liegend, dass er Karl in dessen Kanalplänen bestärkt hat.

Der Blick verliert sich im Allernächsten, in den rot, blau und gelb geäderten, baumähnlichen Manganoxidationen (»Dendriten«) auf dem Schiefer, er sucht Halt in der Weite, im Relief des Bodens, im schönen Schwung des Tals, durch dessen Sohle, von hier oben unsichtbar, die schmale Altmühl träg nach Südosten fließt. Die riesige Wanne dieses verheißungsvollen Tals ist sichtbare Geologie, die jedem Kind sofort begreifliche Rinne eines Urstromtals. Wer es (mit dem Rad oder zu Fuß) durchwandert, spürt den sanften, »überunterirdischen« Taumel, der von den hohen Wänden hereinspielt. Seltsame Erregung, sich auf dem grünen Grund eines gewesenen riesigen Stroms zu wissen, gesteigert durch das anschauliche und doch rätselhafte Wort »Urstromtal« selbst und den kleinen Fluss: Miniatur des ungeheuer Großen. Gang wie durch ein überproportionales Modell. Ein südlicher Seitenarm hierzu, das Wellheimer Trockental, wird von der Geologie als das Flussbett der »Ur-Donau« registiert. Dieses Trockental ist unberührt erhalten geblieben, als sei es übersehen worden. Für die Forst- und Landwirtschaft war es offenbar nur von geringem Nutzen, sieht man von den Schafherden ab (doch von denen will wiederum die Erinnerung nicht absehen), die hier wie das irdische Fließbild der kleinen Wölkchen am Himmel hindurch ziehen. Die Vegetation auf dem Kamm des Jura hat sich dem ariden Klima und den sehr trockenen und steinreichen Böden angepasst. Neben forstwirtschaftlich verwalteten Laubwäldern gibt es vereinzelte, quasi naturbelassene, von Findlingen durchsetzte Lichtungen, mit großen windzerzausten Föhren. Die Silhouetten muten japanisch an.

Das Altmühltal zwischen Pappenheim und Dollnstein, also das Panorama tief unterhalb jenes Aussichts- und Endpunktes von der Haardt, ist Ausdruck einer monumentalen Geologie. Der Fluss und das ihn bergende Tal schlagen eine tiefe, bei dem kleinen Flecken Zimmern sich verengende und vertiefende Schneise zwischen die Fränkische und die Schwäbische Alb. Der weiße Jura war, anders als der braune und schwarze, so porös, dass er den Durchbruch nicht mehr aufhalten konnte. Mit der Beweidung der großen, kahlen Südhänge stellte sich eine überraschende landschaftliche Metamorphose ein. Unversehens finden wir uns in einer kargen, griechischen Landschaft wieder, wie wir sie von Poussin kennen. Die von den Schafen gemiedenen, aus der Ferne dunkelblauen, kerzenförmigen Wacholderbüsche verteilen sich zu locker aufgestellten Stelen und Sonnenuhren auf dem ausgebleichten Hang. Mit den Schafen wird eines Tages auch dieses Zitat verschwinden. Zimmern, auf halbem Weg zwischen Pappenheim und Solnhofen, wirkt auf alten Fotografien wie eine ins Fränkische versetzte thrakische Idylle: weiße Häuser, graubleiche Dächer, staubige Wege, die sich um den Fluss schlängeln und plötzlich unsichtbar werden. Die Linde am Ortsrand lockt wie ein großer ausschwingender Kontrapunkt zur kleinen Kirche. Die Erinnerung weiß nicht, ob sie dieses Zimmern je so gesehen hat oder ob es nur das von der Fotografie überformte Weichbild ist. Einerlei, die für den heftigen Fernverkehr nie konzipierte Dorfstraße durchschneidet jetzt den Ort wie eine Demarkationslinie, von den unaufhörlich nachziehenden Lärmschleppen ganz zu schweigen.

Der Altmühl abwärts nächste Ort Solnhofen wartet mit Häusern auf, die wie Ziegen am Hang verharren. In der Ortsmitte das stattliche, fast städtische Denkmal von 1904, doch ohne den dazugehörigen Raum: Senefelder, mit einem Lithoabzug in der Hand. Der rührige Bürgermeister Müller hat in den sechziger Jahren hier ein Museum eingerichtet, das unvergleichliche Petrefakte aus den Brüchen versammelt. Den Krusten- und Schalentieren glaubt man es förmlich anzusehen, dass ihre Panzer in einer sedimentierten Schwemmwelle des Jurameers die Zeiten überdauert haben, doch bleibt es ein tiefes Geheimnis, wie die Libelle ihre hauchzarten, geäderten Flügeln unversehrt durch Schlick und Tod gerettet hat.

Zum Bühnenbild eines barocken Naturtheaters verschieben sich die Kulissen nach Dollnstein hin. Zu riesigen Fratzen und Menhiren aus Pappmaché türmen sich Kalkfelsen am nördlichen Talrand auf: Abdruck des wühlenden, schleifenden, kämpfenden Stroms mit dem weißen Jura. Der Gullivereffekt der Landschaft auf den Betrachter tritt hier am schärfsten hervor. Das ohnehin gewaltige Becken dieses Tals wirkt durch die solitären Felsen fast bedrohlich. Hinter den kariösen Drachenzähnen taucht der nur noch im Luftmeer zu ahnende Urstrom wie eine Fata Morgana auf.

Der Zug aber
treibt an Gunzenhausen und Ansbach
und an Mondlandschaften der Erinnerung –
der sommerlich gewesene Gesang
der Frösche von Ornbau –
vorbei.

Günter Eich

Niederbayern

Norbert Niemann
Ländliche Entwicklung

Von meinem Wohnort am Chiemsee nach Landau an der Isar, meiner Geburtsstadt in Niederbayern, führt der kürzeste Weg durchs bayerische Hinterland. Das sind hundert Kilometer Kurven. Lastwagen und landwirtschaftliche Fahrzeuge zu überholen ist gefährlich und lohnt sich nicht. Den waghalsigen Slalom von einem Hindernis zum nächsten überlässt man den Rostkübeln und Turboflitzern der Landjugend. Es genügt, dass einem stellvertretend der Angstschweiß ausbricht. Die Fahrt ist jedesmal so anstrengend, dass ich nach meiner Ankunft im Elternhaus erschöpft aufs Wohnzimmersofa sinke und einige Zeit brauche, bis ich wieder ansprechbar bin. Zum Glück nehmen sofort die Kinder ihre Großeltern in Beschlag.

Die Grenze zwischen Ober- und Niederbayern überquert man irgendwo zwischen Neuötting und Eggenfelden. Jedesmal bilde ich mir ein, den Übergang atmosphärisch spüren zu können. In einem kleinen, bewaldeten Tal wird die Straße plötzlich zum dusteren Hohlweg. Rechts am Bachlauf ein Sägewerk, links eine seit Jahren leerstehende Gastwirtschaft. Plakate mit der Aufschrift »Zu verkaufen« kleben an den verstaubten Fensterscheiben. Der Hohlweg endet vor einem größeren Dorf. Eine kleine, verspielte Barockkirche mit kreisförmigem Grundriss an dessen Ortseingang erinnert noch einmal an die katholische Pracht des Alpenvorlands. Doch die mächtigen Zwiebelhauben vor dem Panorama der Alpen und die großen, oft reich verzierten Höfe zwischen weich ausschwingenden Hügeln liegen nun hinter mir. Die Silhouette des

Wallfahrtsorts Altötting bietet einen letzten Blick zurück auf Postkartenbayern.

Damit ist es jetzt schlagartig vorbei. Im Zentrum des Dorfs angelangt, begegnet man den üblichen architektonischen Grausamkeiten der siebziger und achtziger Jahre. Eine Selbstbedienungstankstelle, ein monströses Betonkaufhaus, eine postmodern aufgedonnerte Sparkasse. Nur dass sie nicht wie andernorts herabgemildert werden durch Fassaden alter Bürgerhäuser. Sie stellen keine Wunden dar im gewachsenen Ortsbild. Dergleichen hat es hier nie gegeben. Die jüngsten Versuche, den Ortskern mittels Begrünung und Neubepflasterung zum attraktiven Dorfplatz aufzuwerten, wirken halbherzig und aufgesetzt. Der Rest der Ortschaft besteht aus billigen Einfamilienhäusern, Vorgärten und Zäunen. Nie habe ich dort mehr als zwei oder drei Menschen auf der Straße gesehen, immer schienen sie es eilig zu haben, wieder hinter ihren gusseisenverzierten Haustüren aus Verbundglas zu verschwinden.

Das Dorf selbst ist eine Pforte. Hat man es passiert, ist die Gegend verändert. Die Straße windet sich die Moränen hinauf und hinunter. Natürlich hat dieser Landstrich seinen unaufdringlichen, manchmal herben, aber immer wieder überraschenden Charme. Ich habe ihn der pompösen Schönheit des vom Geld der Touristen begünstigten Oberbayerns immer vorgezogen. Kein König hat seine Schlösser hierher gebaut, die katholische Kirche errichtete ihre Prunkbauten anderswo. Auch sind keine monumentalen Ausblicke im Angebot wie etwa am Irschenberg, den Hitler gegen alle verkehrstechnische Notwendigkeit zum Rastplatz und Aussichtspunkt an der Autobahn München – Salzburg machte. In Niederbayern liegt der bucklige Horizont gewöhnlich nur ein paar hundert Meter entfernt. Schnell ist er erreicht und gibt den Blick frei auf den nächsten Wellenkamm. Ständig öffnen sich andere Aus- und Einsichten, jeder Bogen, den man schlägt, zeigt ein neues Landschaftsbild, genauer gesagt eine impressionistische Skizze … schwarzbraune, mit Schneeresten gesprenkelte Äcker im Winter, im Frühsommer das Gelb von Rapsfeldern hinter den dunklen Stämmen einer Fichtenmonokultur. An der Flanke jeder zweiten

Erhebung liegt ein kleiner Bauernhof. Rostende Landmaschinen, von Brennesseln halb überwachsen, heruntergekommene Hochsilos aus Beton, seit den Achtzigern überholt und überflüssig, zeugen von einer Zeit, als die Modernisierung und Spezialisierung in der Landwirtschaft relativen Wohlstand und bequemere Arbeitsbedingungen versprach. Vier bis fünfmal pro Jahr fahre ich diese Strecke. Die Zahl der leerstehenden Anwesen in dieser nicht gerade fruchtbaren Gegend scheint langsam, aber stetig zuzunehmen. Es ist nicht zuletzt der Anblick der alten, nach und nach verfallenden Gebäude, der eine tiefere Erinnerungsschicht in mir aufrührt. Eine Art Heimatgefühl überfällt mich, eine seltsame Mischung aus sentimentaler Zuneigung und Bedrückung, Zugehörigkeit und Ausgeschlossensein und Fluchtimpuls. In diesem Moment weiß ich: Ich bin in Niederbayern angekommen.

Heimat. Das Wort hat mich immer abgestoßen: Etwas, vor dem man fliehen, das man hinter sich lassen, dann vergessen muss. Ich werde diese Heimat nicht los. Sie holt mich ein, jedesmal an dieser Stelle meiner Route, und ich frage mich, was in diesem Gelände jenen Zustand heraufbeschwört, der mich zwingt, das Wort Heimat zu denken. Niederbayern, das ist zwanzig Jahre ein Gefängnis für mich gewesen – aber auch ein Schlupfwinkel. Ich lebte an einem Ort außerhalb der Zeit. Eine alles betäubende Dunstglocke schien über dem Land zu liegen, und von draußen drangen die Impulse des Zeitgeists spät und verlangsamt in unser Dämmern. Ungläubig bestaunte ich das Einsickern von Gegenwart ins Bild der Kleinstädte und Dörfer in Form von Umgehungsstraßen, ersten Supermärkten in Containergestalt, grauen Schulgebäuden und Krankenhäusern im obligatorischen Flachbaustil, während ich mich mit meinen Freunden mittels Radio und Fernsehen längst in eine andere, wie mir schien, wirklichere Wirklichkeit davongestohlen hatte, die doch allein uns als Zukunft gehörte.

Wie Johannes Baader, Oberdada und Präsident des Erdballs seit 1918 (»Jesus ist uns Wurscht«), der nach der Zerstörung Hamburgs im Zweiten Weltkrieg per Bahnverschickung in Landaus Fleischgasse gelandet war und in den fünfziger Jahren verarmt und vergessen in einem Altersheim des Landkreises starb, wussten wir uns dennoch am Nabel der Welt. Gerade die Randständigkeit der Region begünstigte den Glauben. Die Kleinstadt erschien uns als metaphysisches Vakuum, als Nicht-Ort repräsentativ für den historischen Stand der Dinge. Der Eindruck hatte entstehen müssen aus der Reibung zwischen der kleinbürgerlichen Rückständigkeit, die uns hervorgebracht hatte, und den Botschaften aus dem medialen Äther: Pop! Revolte! Aussteigertum! In Niederbayern war der Gegensatz auf die Spitze getrieben. Beamten- und Bauernambiente einerseits, Nina-Hagen- und Sex-Pistols-Platten andererseits. Nichts passte zusammen, alles hing in der Luft. Der Boden, auf dem wir uns bewegten, brach auf Schritt und Tritt ein. Genau genommen existierte er nicht. Das Absurde, ohnehin angelegt im behaglich anarchischen Humor der Bayern, wurde uns zum Vademecum, zur Überlebensstrategie. Erlösung fanden wir allein auf ästhetischen Ab- und Umwegen. Jeder Auftritt als Bürgerschreck gab uns ein Gefühl von Überlegenheit gegenüber den bornierten Provinzspießern. Wir waren unschlagbar, in Sicherheit, gerettet.

Omphalos, Nabel der Welt: Herbert Achternbusch, von Plattling kommend (»In Plattling ist das Nichts. In Plattling wohnen keine Menschen.«), war in den späten Fünfzigern durch Landaus Isarauen gestreift und hatte eine uneheliche Tochter zurückgelassen. Martin Sperr in Landshut beschäftigte sich mit »Jagdszenen aus Niederbayern«, Rainer Werner Fassbinder drehte bei Straubing nach einem Stück von Franz Xaver Kroetz den Film »Wildwechsel«. Drüben, im reaktionären Passau, gab es mit dem Scharfrichterhaus eine hohe Schule des bösartigen politischen Kabaretts. In der Fleischgasse wurde ich eingeschult. Später begrüßten meine Freunde und ich uns auf dem Pausenhof des Gymnasiums mit seitenlangen Passagen auswendig gelernter Samuel-Beckett-Dialoge:

Nichts zu machen.

Ich glaub es bald auch. Ich habe mich lange gegen den Gedanken gewehrt. Ich sagte mir, Norbert, sei vernünftig, du hast noch nicht alles versucht. Und ich nahm den Kampf wieder auf. – Du bist also wieder da!

Meinst du?

Heimat war nur zu begreifen als eine wacklige Bühne, auf der endlos ein niederbayerisches »Endspiel« einstudiert wurde. Heimat war künstlich. Auf den täglichen Proben im »Weißen Rössl« und im »Sport-Casino«, später im selbstverwalteten Jugendhaus herrschte, von gelegentlichen Ausbrüchen blinder, betrunkener Zerstörungswut einmal abgesehen, ein bierseliger Nihilismus, ein apathischer Sarkasmus. Doch das Stück konnte nur gedeihen, weil wir wussten: In ein paar Jahren sind wir weg von hier. Abgehauen auf ewig. Draußen im echten Leben der wirklichen Welt. Bis es soweit war, wurde Theater gespielt. Nicht alle schafften den Ausbruch. Wie bei Beckett verpassten sie den Absprung aus dem »Sumpf«, der Weißbierlethargie der Landdiscos. Etliche machten Bekanntschaft mit dem Bezirksklinikum für Psychiatrie in Mainkofen. Nachdem mir die Flucht gelungen war, hatte ich im Blick zurück bald nur noch Verachtung übrig für den faulen Landfrieden, der mich so lange eingelullt hatte. Der Selbstbetrug, auf dem er sich gründete, regte mich auf, die Opfer, die er im Freundeskreis gefordert hatte, empörten mich. Denn schnell hatte ich herausgefunden, dass es ein Draußen nicht gab. Im Provinztheater Deutschland herrschten dieselben, allenfalls leicht abgewandelten Regiebedingungen.

Natürlich hat sich meine Aversion gegen Niederbayern längst gelegt und ist einer melancholischen Sympathie für Land und Leute gewichen. Aber jedesmal, wenn ich dorthin komme, werden mit dem Bild der Landschaft sofort auch die Bilder und Stimmungen meiner niederbayerischen Vergangenheit wieder lebendig. Sie scheinen unter den Momentaufnahmen von heute hindurch. Was ist zum Beispiel aus den unzähligen, zwischen den Falten der Hügel versteckten Landkommunen von damals geworden? Aus dem Norden fielen Anfang der achtziger Jahre Horden kiffender Möchtegernkünstler und Baghwan-Jünger ein. In verlassenen Einöden bauten sie sich ihre Nester. Bioesoteriker strickten darin aus der selbstgesponnenen Wolle ihrer selbstgehüteten Schafe selbstentworfene Wintermützen, die sie auf Flohmärkten verkauften. Sie brauchten nicht viel Geld, aßen Brennesselsuppe, tranken Brennnesseltee zum selbstangebauten Marihuana. Inzwischen sind die Nester leer, die Höfe verfallen endgültig. Wer nicht in die nördlichen Großstädte zurückgekehrt ist, hat in eine Bankangestelltenfamilie eingeheiratet, auf Computer umgesattelt, eine dieser cremefarbenen Doppelhaushälften entlang der taufrischen Autobahnzubringer erworben.

Ist es das Zerschundene und Zerschnittene, Ausgeblutete und Abgeschriebene dieses Landstrichs, was mir seit einigen Jahren unerwartet eine scheue Zuneigung einflößt, mich plötzlich das befremdliche Wort Heimat in den Mund nehmen lässt? Der Absturz in eine nun nicht länger zu übersehende Realität der Auflösung und Auslöschung? Das Verschwinden von etwas, das hinter dieser Auflösung und trotz aller Auslöschung hartnäckig immer Niederbayern geblieben ist? Das sich immer noch weiter auflösen und verschwinden und irgendwann vielleicht ganz verschwunden sein wird? Wo ich geboren wurde, steht heute ein Komfortaltersheim, wo ich als Kind Schlitten gefahren bin, ist Wohnsiedlung, wo ich am Ufer eines Baggerweihers zum ersten Mal ein Mädchen küsste, gibt es jetzt eine Autobahnbrücke. Ist es das Bewusstsein, hier in Niederbayern von Anfang an mit einem unentwegten Verlust konfrontiert gewesen zu sein, der in diesem Klima von Ahnungslosigkeit allerdings drastischer als anderswo erscheinen konnte? Ein Auflösungsprozess, der außerhalb von Niederbayern zwar schon wesentlich weiter fortgeschritten war, aber bei weitem unauffälliger verlief? Weil man hier, in der Provinz der Provinz, dem Geist der Region unverstellter beim Verrecken zuschauen konnte? Weil weder eine Notwendigkeit zur repräsentativen Scheinkultur bestand noch die Touristik Interesse hegte, die Fassade dieses Geistes zu konservieren oder zu rekonstruieren? Nach Niederbayern kommt doch kein Mensch!

Heimat als Auslöschung. Niederbayern als das Sterben von Niederbayern. Das Überleben im Verschwinden als prägendes Lebensgefühl. Ist das das Erbe? Landau als Wahrnehmungsschule, als Einübung in eine Gegenwart des allgemeinen Verschwindens? Asyl im ästhetischen Gegenentwurf? Letzte Ausfahrt Heimat?

Neben den Ruinen des einstigen Bauernlandes regiert heute der Kitsch der wuchernden Neubauviertel das Land. Der Kitsch ist maßlos, eine Übertrumpfungsignoranz. Was für ein Variationsreichtum an Hauserkern, Gartendessous, Grundstücksumschmückungen! Während am Stadtrand ein Gewerbegebiet nach dem anderen entsteht, werden die Stadtplätze mit Katzenköpfen gepflastert und zu Fußgängerzonen erklärt. Wo früher zum Missvergnügen der Stadträte Jugendliche herumlungerten, finden am Samstagvormittag jetzt pittoreske Märkte mit Töpferware und dem Fleisch freilaufender Bioschweine statt. Den Rest des Wochenendes herrscht Geisterstadtstimmung. Auf diese Weise scheint man aufschließen zu wollen zum großstädtischen Niveau eines verfeinerten Konsumstandards. Umsonst. Der Regierungsbezirk Niederbayern ist kulturelle Sperrzone, Attrappe, allenfalls Schlafstatt für Pendler, die früher Bauern waren und heute in München arbeiten oder bei BMW in Dingolfing. Jetzt hat man die Autobahn. Sie läuft neben der Isar her, dicker als sie. Zum Ausgleich führen hübsche Fahrradwege ins Naherholungsgebiet Vilstal. Für die Kinder gibt es Discoparks und McDonald's. Die geheimen Treffpunkte meiner Beckett-Jugend, so hört man, seien heute in der Hand von halbwüchsigen Neonazis.

Als die Autobahn gebaut wurde, bekam ich jeden Sommer meinen Ferienjob bei der Flurbereinigung, die ihren Sitz in Landau hat. Sechs Wochen lang zog ich mit Maßband und Spaten über die niederbayerischen Felder. Landvermesser im Donautal, unterhalb eines Schlosses nahe dem Kloster Metten, das gefiel mir natürlich. Alte Grenzsteine finden, neue Grenzsteine setzen. So lernte ich neben den Endmoränenhügeln auch die anderen niederbayerischen Landschaften kennen: die fruchtbare Lößwüste des Gäubodens, den Bayerischen Wald mit seinen steinigen Äckern. Zum ersten Mal konnte ich soziale Gegensätze und ihre jeweiligen topographischen Auswirkungen studieren.

Entlang der tschechischen Grenze wurden damals die letzten Verfahren durchgeführt, auf die der Begriff der Flurbereinigung noch zutraf. Die durch Erbteilung weit auseinandergerissenen, winzigen Flächen mussten zusammengelegt, Bewirtschaftungswege

angelegt, sumpfige Wiesen drainiert und Dörfer kanalisiert, ihre Straßen asphaltiert werden. Von Mittelgebirgsketten umstellt, nach Osten durch den Eisernen Vorhang abgeschottet, ohne ausreichende verkehrstechnische Anbindung nach Westen, gewann ich bald den Eindruck, mich auf einer Reise in die frühe Neuzeit zu befinden. Hier war alles armselig, die im Matsch versinkenden Höfe, die alten reparaturbedürftigen Geräte des Landmaschinenrings, die Kleidung der Bauern, der Zustand ihrer Zähne. Ich konnte nicht einmal den Dialekt vollständig entschlüsseln.

Einmal ein verregneter Vormittag, an dem die Weiterarbeit im freien Gelände unmöglich geworden war. Man suchte Unterschlupf in einem zum Wirtshaus umfunktionierten ehemaligen Zollamt. Zwischen den Alleebäumen jenseits des Schlagbaums wuchs meterhohes Gras auf dem Asphalt. Heute ist der Grenzübergang vermutlich wieder geöffnet, die Straße kilometerweit nach Tschechien hinein mit Prostituierten gesäumt. Damals sah ich entlang der Waldgrenze Grenzsoldaten patrouillieren, das Gewehr im Anschlag. Von drüben waren immer wieder Detonationen zu hören. Die kommunistische Art, den Mist auszubringen, hieß es feixend. Man sprengt ihn in die Luft. Während die Flurer mit den Bauern schafkopften, saß ich neben dem zahnlosen Altbürgermeister der Gemeinde. Er stellte mir unentwegt Fragen. Ich nickte und lächelte und verstand kein Wort. Später wurden Anekdoten über den Wald Sepp ausgetauscht, der in der Nachbargemeinde lebte. Ich erfuhr, wie sich seine Frau im Heuschober erhängt und er sie länger als eine Woche im Dachstuhl hatte baumeln lassen, weil Erntezeit gewesen war. Dann hatte er den Leichnam vom Balken heruntergeschnitten, ihn auf den Anhänger geworfen, zum Friedhof kutschiert und den Pfarrer aufgefordert, ihn einzugraben. Abends im Bierzelt, zwischen der ständig verunglückenden Blasmusik der Feuerwehrkapelle, fiel die offizielle Begrüßung des leitenden Vermessungsbeamten so feierlich aus, dass man hätte glauben können, es handele sich um den Ministerpräsidenten persönlich. Obwohl seine Arbeit nur dem Wohle der Landwirtschaft diente, war er gefürchtet wie der schlimmste Steuereintreiber des Mittelalters. Der Auftritt eines abgerissenen, völlig in Tränen aufgelösten Bauern ist mir noch im Gedächtnis. Er kam mit seinem ramponierten Opel Kadett aufs Feld gefahren und hatte seine ganze Familie mitgebracht, Frau, Mutter und drei Kinder. Mit gesenktem Haupt, den schäbigen Hut vor dem Bauch, stand er vor dem Verfahrensleiter und bettelte um irgendein angestammtes Fleckchen Acker. Mir fiel ein altes Volkslied aus dem Bayerischen Wald ein:

As Kramer Annamirl z Hausstoa,
Des muß dahoam bleim ganz alloa.
Des ganze Haus voller Kinda,
An bsuffna Mo und koa Broat:
Des is am Annamirl sei Noat.

Drei Wochen später schleppte ich Messgeräte über die Zuckerrübenfelder nördlich von Plattling. Der Gegensatz zwischen den bäuerlichen Lebensstandards im Grenzgebiet und um das Mündungsgebiet der Isar, das zu den fruchtbarsten Landstrichen Europas gehört, konnte nicht größer sein. Im Gäuboden teilen sich wenige Millionenbauern das Land. Jeder Hof hat seinen eigenen Fuhrpark mit den besten und teuersten Traktoren, Kartoffelerntern und Mähdreschern, die gerade auf dem Markt zu bekommen sind. Außer mir dienten den Beamten alte freundliche Männer als Messgehilfen, die ihre spärlichen Renten mit Nebenjobs aufbesserten. Oft erinnerten sie exakt die Stellen, an denen die alten Grenzsteine vergraben waren. Schon in den dreißiger Jahren, als sie noch als Knechte auf den Höfen lebten, hatten sie bei den Vermessungen assistiert. Die Flurbereinigung des Gäubodens war bereits damals erfolgt. Das sah man der Landschaft auch an. Hier hatte sich das Ideal einer industriell betriebenen Landwirtschaft jahrzehntelang austoben können. Keine Senke, kein einziger Strauch, so weit das Auge nach Norden reichte. Nachdem das Gesinde vollends durch Maschinen ersetzt worden war, verdiente es seinen Lebensunterhalt in der Zuckerfabrik, deren Betonwände und Schornsteine den Blick nach Süden verstellen. Davor zerschneidet das breite Band der damals frisch für den Verkehr freigegebene Autobahn die Anbauflächen. Morgens um halb acht auf den im spätsommerlichen Frühnebel platten, endlos scheinenden Äckern. Kein Baum weit und breit. Schemenhaft die leicht erhöhte Autobahntrasse und darüber die rauchenden Fabrikschlote. Dazu das permanente Wummern des Verkehrslärms. Nie habe ich Morgenstunden unter freiem Himmel in einer Landschaft von trostloserer Hässlichkeit verbracht.

Das Arbeitsklima war trotzdem äußerst entspannt. Gegen zehn Uhr rollte ein Mercedes-Benz beim Messtrupp vor. Eine Bäuerin saß am Steuer. Sie brachte die Brotzeit. Kostenlose Getränke und Wurstsemmeln für alle. Der Vorgang wiederholte sich gegen fünfzehn Uhr. Freitagnachmittag war man zum Kuchenbüfett auf einem der riesigen Anwesen eingeladen, bevor es ins Wochenende ging – Schwimmen im privaten Hallenbad inbegriffen. Messungen über große Entfernungen standen auf dem Programm. Ich war die meiste Zeit allein, marschierte lange Strecken mit einem Messlattenkreuz auf der Schulter. Am Bestimmungsort angelangt, hatte ich das Kreuz lotrecht zu justieren und dann zu warten, bis man mir durch heftiges Winken signalisierte, der Messvorgang sei abgeschlossen. Solange hatte ich Zeit, meine Reclam-Ausgabe von Dantes »Göttlicher Komödie« hervorzuholen. Ich erinnere mich gut, wie ich in meiner rot und weiß gestreiften Leuchtfarbenweste an der Autobahnböschung direkt neben der Standspur im Gras hockte. Die Autos heulten vorbei, und ich las laut gegen sie an und mir die Inschrift des Höllentors vor:

Durch mich geht man hinein zur Stadt der Trauer,
Durch mich geht man hinein zum ewigen Schmerze,
Durch mich geht man zu dem verlornen Volke. (…)
Lasst jede Hoffnung, wenn ihr eingetreten.

Seinerzeit kam ich über das »Inferno« nicht hinaus. In der Flurbereinigung dagegen setzte eine erste Phase der Läuterung ein. Zwar war der Autobahnbau eigentlicher Anlass für die Anwesenheit der Geodäten. Unter den Landwirten musste Ausgleich geschaffen werden für den vom Freistaat beanspruchten Grund. Doch fing man damals bereits an, die Fehler der Vergangenheit einzusehen. So gut es ging und so weit die Bauern sich überzeugen ließen, versuchte man hier und da Hecken anzupflanzen und einige der Tümpel wieder auszuheben, die Jahrzehnte vorher der Bereinigungswut zum Opfer gefallen waren. Biotope mussten her. Es galt das Artensterben, die Vergiftung und Erosion des Bodens zu stoppen. Renaturierung war angesagt. Die neue Aufgabe der Flurbereinigung bestand mehr und mehr darin, die Schäden der Flurbereinigung zu beheben. Heute existiert sie nicht mehr. Das Amt trägt einen neuen Namen: »Direktion für ländliche Entwicklung«.

Um die ländliche Entwicklung scheint es heute dennoch nicht rosig bestellt zu sein. Noch prägen von schmalen Feldern grün und gelb und braun gestreifte Hügel den größten Teil der niederbayerischen Landschaft. Doch das Modell des Kleinbauern hat ausgedient. Die Dumpingpreise auf dem europäischen Binnenmarkt und die nicht enden wollenden Lebensmittelskandale zwingen die Menschen zum Nebenerwerb, später zur Aufgabe der Landwirtschaft. Das Amt, das einst mit dem Versprechen antrat, den Bauern auf dem Weg in eine reichere Zukunft beizustehen, ist dagegen machtlos. Am Ende ihrer durch und durch erfolgreichen Arbeit steht es vor einem Scherbenhaufen. Jetzt kommt das endgültige Aus von außen.

Oder doch nicht? Erst kürzlich hatte ich Gelegenheit, mich mit einem dieser Kleinbauern zu unterhalten. Wir waren zu einer Taufe eingeladen. Nach dem Gottesdienst, in dem die Verführungen Satans und die Schrecknisse der Hölle drastisch veranschaulicht wurden, ging es ins Wirtshaus zum Schweinsbraten. Man saß in einem schlichten Gastraum. Das Mobiliar stammte noch aus den Sechzigern. Bis auf ein Kruzifix waren die Wände kahl. Blickte man die leere, staubige Landstraße vor dem hässlichen Waschbetonbau hinunter, wurde man den seltsamen Eindruck nicht los, in einer amerikanischen Filmkulisse zu stehen. Doch bald machten das gemeinsame Essen und die Gespräche alle Unterschiede in den Lebensentwürfen vergessen, und aus der Erfüllung einer Konvention wurde tatsächlich eine Großfamilienfeier auf dem Land. Natürlich schimpfte der Bauer auf die Landwirtschafts-, jetzt Verbraucherschutzministerin, wie er höhnisch betonte. Natürlich war er überzeugt, von der Regierung verraten und verkauft worden zu sein, natürlich war er verbittert, verdiente er mit seinem Ertrag schließlich so gut wie nichts und seinen Lebensunterhalt längst anderweitig. Aber als ich ihn fragte, warum er die Landwirtschaft nicht ganz einstelle, antwortete er rundheraus, er sei immer gerne Bauer gewesen, und daran habe sich nichts geändert. Sich nicht um seine Felder zu kümmern, nicht jeden Tag nach ihnen sehen zu müssen und dafür zu sorgen, dass alles gedeiht, ein solches Leben könne er sich nicht vorstellen.

Als wir dieses Mal in der Dämmerung über die Moränenbuckel heim zum Chiemsee fuhren, ahnte ich, dass das sonderbare Wort Heimat wohl doch mehr für mich bedeutet als das Gefängnis, die unfreiwillige Zuflucht, der Nicht-Ort meiner Vergangenheit. Es war Hochsommer, die Gurkenernte hatte begonnen, in den kühleren Abendstunden fuhren die ersten Traktoren mit ihren flugzeugähnlichen Seitenarmen auf die Felder. Je sechs oder sieben Personen liegen bäuchlings auf den Flügeln und pflücken die Gurken ab, während der Bulldog stockend über den Acker rollt. Lag es am Licht, lag es am üppig wuchernden Grün der Büsche und des Unkrauts, das die verfallenden Anwesen verdeckte? Das Hinterland kam mir gar nicht mehr so ausgestorben und ramponiert vor. Mir fiel ein, wie einmal jemand zu mir gesagt hatte, wir befänden uns in einer Epoche des Übergangs, in der alles, was früher zählte, schon nicht mehr gelte, aber noch keine neuen Formen des Zusammenlebens, der Kultur entwickelt worden seien. Die Behauptung erschien mir plötzlich ganz unsinnig. Ich dachte vielmehr, das, was einem als wirklich erscheint, ist immer weniger als die Wirklichkeit, die man nicht erfassen kann, aber liebt.

Danach, sagte ich mir, nachher, nach allem. Das ist es. Niederbayern hat immer etwas mit einem elementaren Danach zu tun gehabt, es charakterisiert die ganze Gegend. Nach der Hoffnung, der Preisgabe, der Enttäuschung, der Lethargie und Betäubung, nach dem Verschwinden und Absterben und Überleben, nach dem Scheitern, nach den Träumen der dreißiger und fünfziger und siebziger und neunziger Jahre, all den Träumen vorher, das ist

Niederbayern. Agnes Bernauer, die aus Gründen der Staatsräson bei Straubing in der Donau ertränkte Badertochter und Gemahlin des bayerischen Herzogs, sie ist der zentrale Mythos der Region. Niederbayern ist immer der vernachlässigte, der geopferte und aufgegebene Teil Bayerns gewesen, die Provinz der Provinz. Und das Leben, das sich trotz allem in ihr einrichtete, war immer schon ein Weitermachen, ein in gewisser Hinsicht gerade dadurch ungestörtes Weitermachen, weil nichts und niemand es stören wollte, weil nicht gestört werden kann, was die Zerstörung immer schon hinter sich hat. Vergessen werden und dennoch dableiben, Heimat nach der Heimat. Vielleicht hat das mehr Zukunft als jede von außen gesteuerte ländliche Entwicklung, und der Oberdada insofern recht, wenn er verkündete: In Niederbayern liegt Omphalos, der Nabel der Welt.

Der Chiemsee

Herbert Riehl-Heyse
Seelen-Oase mit Meerweiblein

Fraueninsel, im August – Mittag ist es, Vater Peter Moser hat sich ein wenig hingelegt, sein Sohn aber, er heißt übrigens Peter, geht noch einmal runter an den Strand, dahin, wo gerade die Sonne ein paar zaghafte Kringel aufs Wasser malt und Peters Zukunft bescheint: Viel Platz ist zwar wirklich nicht mehr dort unten am Ufer, aber für die neue Fischerhütte reicht es noch, als Vorbau für den Biergarten, den er im August hier eröffnen will; wenn der fertig sein wird, kann es nicht mehr lange dauern, bis auf der Insel die weltweit größte Biergartendichte gefeiert werden kann.

Gut drauf ist er, der Peter Moser jr., weil er jetzt weiß, dass sein Leben von nun an vom Wasser umspült sein wird. War ja nicht immer klar das – drei Jahre hat der junge Fischer draußen auf dem Festland gelebt, ganz in der Nähe in Bernau, und das hatte, sagt er, auch seine Vorteile, wenn abends nichts Ordentliches im Fernsehen kam und man schnell ins Kino gehen konnte. Auf seiner Insel gibt es kein Kino, auch keinen Pizza-Service, wie man ihn dringend zum Leben braucht (oder einen Bäcker, einen Metzger) – aber dafür weiß der Moser Peter jetzt wieder, wo er hingehört, zusammen mit der Freundin, die er hier letztes Jahr beim Weihnachtsmarkt kennen gelernt hat. Dass er sich über das alles freut, sagt der Peter Moser noch dem Reporter, und dass er noch unbedingt dem Bürgermeister danken möchte, ohne den vielleicht nicht alles geklappt hätte mit der Baugenehmigung. Gut fügt es sich in diesem Zusammenhang, dass es keinen Bebauungsplan gibt auf der Fraueninsel, und einen Flächennutzungsplan auch nicht.

Man kann es ja ruhig einmal zugeben, wenn einen als Reporter der Neid packt, übrigens schon lange gepackt hat, auch damals, als er noch ein Junge war und mit dem alten Fahrrad der Mutter die 50 Kilometer von Altötting hierher gestrampelt ist. Schon immer produzierte diese Insel Glücksgefühle – und das funktioniert auch heute noch, gleich beim ersten Spaziergang zum Nordsteg, immer links rum, das Kloster im Rücken, den Inselwirt rechts liegen lassend. Komisch, es ist doch erst eine Viertelstunde her, dass wir drüben in Gstaad aufs Schiff gestiegen sind, aber wie weit sind wir schon weg vom tobenden Festland mit seinen Fehden und Händeln; nur dass in regelmäßigen Abständen das gütige Gesicht des Kanzlerkandidaten Stoiber von den Holzwänden der schönen Häuser leuchtet, erinnert ein wenig abrupt an die profane Welt dort draußen; das scheint auch manchen Einheimischen zu stören, sonst würde jetzt, vor den Plakaten, nicht plötzlich ein älterer Herr das Wort ergreifen und (»a Schand ist des«) auf den Bürgermeister zu schimpfen beginnen, der zum ersten Mal in der Geschichte solche Wahlplakate hier eingeschleppt hat.

Aber Ärger mögen wir hier nicht, dafür sind wir nicht hergekommen. Gott sei Dank hält er nicht an, weil wir nur mit ein paar anderen zu reden brauchen – und schon beginnt das kollektive Schwärmen und das Aufleuchten der Augen: Besser als jede Psychotherapie sei das, erzählen am frühen Nachmittag zwei freundliche Eheleute aus München, die sich vor Jahren eine Wohnung auf der Insel gemietet haben: Sie bräuchten nur das Schiff zu verlassen und auf den Steg zu treten – schon falle der ganze Frust aus der Stadt von ihnen ab. Die Stadt nämlich, die Großstadt gar – das ist jene Anhäufung von riesigen Steinhäusern, von denen uns Bürgermeister Georg Huber am nächsten Morgen berichten wird, er habe es – als er seinerzeit zum Studium in München war – auf seiner Etage in München-Sendling nicht geschafft, auch nur einen einzigen Menschen kennen zu lernen.

Unwirtlich, diese Großstädte, und zu denen ist die kleine Insel das Kontrastprogramm, mit ihren zehneinhalb Hektar, auf denen jeder mit jedem per Du ist und alle sich lieb haben. So ähnlich muss das auch jener Münchner Maler gesehen haben, der in der Inselchronik mit einem alles zusammenfassenden Gedicht vertreten ist: Komm her an diese Brust, du See / Ihr Berge blau und duftig / Bei Euch will ich zu Hause sein / die Stadt ist mir zu schuftig! Eine wunderbare Lyrik das – nur dass vielleicht doch nicht die ganze Insel in diese vier Zeilen passt: Der Sommer-Korrespondent memoriert jedenfalls noch die schönen Maler-Verse, da trifft er schon eine zugereiste Insulanerin, die ihm von ihrer grässlichen Nachbarin erzählt, die dauernd ihren Senf zu allem und jedem geben müsse; mit der rede sie schon lange kein Wort mehr. Und überhaupt, sagt sie, könne man sich hier ganz schön auf die Nerven gehen.

Also was jetzt? Seelen-Oase oder Nerven-Sägemühle? Beides vermutlich – eine Insel eben, und so klein, dass sich das Inselmäßige für diesmal recht bequem in der Nussschale beobachten lässt. Ein Zufall ist es auf keinen Fall, dass diese Perle des Chiemsees schon um das Jahr 5000 vor Christus bewohnt war, noch weniger ist es einer, dass die irischen Mönche, als sie sich im bayerischen Oberland nach einem Platz für Klöster umgeschaut haben, gerade hierher gekommen sind. Auf einer Insel konnte man ungestört beten – und sich außerdem gut verteidigen gegen die bösen Feinde vom Festland.

Genauso ist es mit dem Kloster Frauenchiemsee (auch Frauenwöhrt genannt) dann gewesen im Wandel der Zeiten, seit es der Bayernherzog Tassilo um das Jahr 782 offiziell gegründet hat. Viel Frömmigkeit war seitdem auf der Insel versammelt, viele gottgefällige Werke wurden getan von Äbtissinnen und ihren benediktinischen Mitschwestern, viele Reichtümer hat das Kloster in vielen Ländern Europas angesammelt und viele wurden ihnen wieder genommen, wenn die Stimmung auf dem Festland sich gerade wieder gegen die Kirche gedreht hatte. Einmal, das war im Jahre 907, brachen ungarische Reiterheere über die Chiemsee-Inseln herein und vernichteten die Klöster so gründlich, dass sich das auf der Herreninsel nebenan lange nicht erholen konnte. Anders das Frauenkloster, das sich bald wieder aus den Trümmern erhob und bei späteren Kriegswirren doch sehr davon profitierte, dass es auf einer Insel lag. Aus dem Dreißigjährigen Krieg wird berichtet, dass die Schweden im Jahre 1648 schon kurz davor waren, im Chiemgau einzufallen; aber dann habe es von Juni bis September so heftig geregnet, dass der Inn so anschwoll, dass ihn der Feind nicht überqueren konnte. Die Nonnen wussten, dass sie das Wunder außer dem Wasser ihren Gebeten zu verdanken hatten; das musste deshalb auch im Zweiten Weltkrieg helfen, als ständig feindliche Flieger über dem Chiemgau ihre Bomben abwarfen, aber nicht über der Fraueninsel. Auf der – berichtet eine Chronistin – habe, wenn die Motoren lärmten hoch in der Luft, die Äbtissin wie der betende Moses die zitternden Arme ausgebreitet. Und also ließ Gott nicht zu, dass dem Kloster, der Insel und ihren Bewohnern Böses geschah.

Deren Schicksal war die Jahrhunderte hindurch auf Gedeih und Verderb mit dem des Klosters verbunden: Die Schlosser und Hafner, die Weber und Fischer arbeiteten für die Benediktinerinnen, wurden von ihnen bezahlt, gewiss manchmal auch ausgebeutet. Aber als nach der Säkularisation im Jahre 1803 das Kloster seine Besitzungen verlor und seine Betriebe, da schrieben die Insulaner der Regierung, wie sie sich jetzt fühlten: Abgeschieden von der übrigen Welt lebten sie, und so eng seien die wechselseitigen Verhältnisse mit denen des Klosters verwebt, dass der moralische Sturz desselben »unseren physischen Untergang notwendig nach sich ziehen muss«. Dass die Insel dann trotzdem überlebte, dafür sorgte außer der Schönheit der Landschaft die Phantasie der Obrigkeit: Eines Tages bestimmte König Max II., dass jeder Inselbewohner Anspruch habe auf eine Kuh und auf ein Grundstück am Südufer des Festlands, von dem aus das Gras regelmäßig zur Insel verschifft wurde.

Später wurden die Kühe dann durch die Fremden ersetzt – es begann die schönste Zeit der Insel. Es waren die Jahre, in denen Sommerfrischler aus München, aus Berlin, aus Sachsen und Böhmen Jahrzehnte hindurch an den Chiemsee kamen, zu immer denselben Familien, mit denen sie bald so vertraut waren, als gehörten sie dazu. (Seltsame Namen hatten die Fremden, einer hieß Holmer – und so kam ein Junge aus der Fischerfamilie Lex zu seinem merkwürdigen Vornamen, der ihn nicht daran hinderte, später einer der angesehensten Insulaner zu werden und für lange Jahre Insel-Bürgermeister.) Zu den Einheimischen dieser neuen Art gehörten vor allem auch die Maler, der Akademieprofessor Max Haushofer zum Beispiel oder sein Freund Christoph Ruben, die beide die Töchter des Inselwirts heirateten, ihre Meerweiblein nannten sie die. Auch sonst tat es der Insel gut, dass sich ihrer die Künstler bemächtigten, dass nun Feste stattfanden an langen Sommerabenden, dass gesungen und gedichtet wurde und sich die Einheimischen mit den Fremden aufs Schönste vermischten. Freilich, manchmal brachten die Auswärtigen, die Dichter und Komponisten, auch das Unglück aufs Eiland, wie damals, als der Urgroßvater des Architekten Wieland eines Nachmittags segeln wollte, eine Sportart, die die Einheimischen weniger betrieben. Drei von ihnen hat der Segler mitgenommen, alle vier sind sie ertrunken; auf dem Friedhof erinnert eine Säule an sie, so wie die Gräber an einheimische Fischerfamilien erinnern oder an zugereiste Komponisten. Nur der Gedenkstein an den Generaloberst Jodl täuscht: Dessen Asche wurde, nachdem der General in Nürnberg gehenkt worden war, im Münchner Eisbach verstreut. (Dafür ging hier im Chiemsee schon bald eine neue Saat auf und eine bessere: Drüben auf Herrenchiemsee tagte im Jahre 1948 der Verfassungskonvent, beim Lindenwirt auf der Fraueninsel aber saß der Dichter Erich Kästner und schrieb sein Doppeltes Lottchen; als man ihm hintertrug, der Verfassungsvater Carlo Schmid rudere herüber, um ihn kennen zu lernen, ergriff er die Flucht: Der zum Insulaner gewordene Dichter wollte sich wohl nicht von Fremden behelligen lassen.)

Ein Ort der Nazi-Nostalgiker, sagt der Bürgermeister, sei der Friedhof trotz Jodl gottlob nicht geworden, das möchte er wirklich nicht; so wenig wie es umgekehrt die Inselgemeinde mochte, als vor ein paar Jahren der Architekt Wieland – dessen Familie zum Inseladel gehört – anlässlich einer Ausstellung daran erinnerte, dass einer der ausgestellten Maler in der Nazizeit von den Hitleristen sehr gefördert wurde. Als Wieland das ein paarmal gesagt und geschrieben hatte, gab es Morddrohungen und Türschlösser wurden zugekleistert. Da war die Insel plötzlich ein Nest, das der Nestbewohner nicht mit ein paar Wahrheiten beschmutzen durfte. Ein Auswärtiger hätte es natürlich erst recht nicht gedurft.

Obwohl jeder weiß, dass die Insel inzwischen vom Tourismus lebt, sogar das Kloster lebt davon, weil dort – nachdem die Klosterschulen sich nicht mehr trugen – seit einigen Jahren Seminare für Manager veranstaltet werden und Erholungstage für Leute, die sich von einem Herzinfarkt erholen. Weil das so ist, fahren neuerdings im Sommer die letzten Schiffe erst um zehn Uhr abends zurück aufs Festland; aber schön, sagen die Einheimischen, wird es natürlich erst, wenn abends (oder im Winter) die Touristen wieder weg sind, diese seltsamen Menschen, die an heißen Sommertagen zu vielen Tausenden von den Dampfern ausgespuckt werden und dann in Horden durch die Grundstücke, Gärten, manchmal sogar durch die Häuser der Besichtigten stapfen. Offenbar halten sie die Insel für ein bayerisches Disneyland, mit Häusern, auf denen zu Dekorationszwecken Schlosserei steht, während der echte Schlosser schon lange aufs Festland gezogen ist. In Disneyland aber denken die Fremden, sie dürften jeden Apfel, der an den Spalieren hängt, pflücken und jede Blume, die ihnen in einem Garten gefällt. Einmal soll ein Insulaner nachmittags in seinem Ehebett sogar ein junges Pärchen gefunden haben, das es sich gerade gemütlich gemacht hatte für die Liebe. Da habe es einen Wortwechsel gegeben.

Ist es das alles wert? Vielleicht ist es typisch für eine Insel in heutigen Zeiten, dass sie es selber nicht weiß. Dauernd ist man hier hin- und hergerissen: zwischen der Liebe zur Heimat und der Angst, draußen etwas zu versäumen; zwischen der Freude über die vielen Gäste, die Geld herein bringen, und der Geringschätzung der Fremden, wenn sie in Zusammenrottungen auftreten oder unbedingt meinen, sie müssten – weil sie in München ein bekanntes Feinkostgeschäft betreiben – eine Prominentenhochzeit auf der Fraueninsel zelebrieren. Mitten durch die Herzen geht diese Zerrissenheit; sogar im Kloster soll es unter den Nonnen zwei Fraktio-

nen geben – solche, die es großartig finden, wenn sich etwas rührt und sie ihre vielfältigen Talente zum Einsatz bringen können; und solche, die nicht ins Kloster gegangen sind, um dann dort eine Art Hotel zu betreiben. Übrigens steht, wenn der Gemeinderat gewählt wird in dieser mit ungefähr 250 Einwohnern kleinsten Gemeinde Oberbayerns, eine eigene Liste der Klosterfrauen zur Wahl; zwei geistliche Damen sitzen im Gemeinderat.

Wie also fühlt sich der Mensch, wenn er auf dieser Insel lebt oder die meiste Zeit seines Lebens hier verbracht hat? Ach, das kommt darauf an: Vielleicht ist einer Zweitwohnungsbesitzer und hat schon mal geflucht, wenn jemand aus seiner Familie ernsthaft krank geworden ist und es zu lange gedauert hat, bis der Notarzt mit dem Wassertaxi oder dem Hubschrauber gekommen war. Vielleicht aber hat ein anderer seine ganze Existenz gerade auf dieses ganz besondere Wasser gebaut: Der Holmer Lex ist so einer, jemand, der aus einer der sechs Fischer-Familien kommt und jeden Morgen um fünf Uhr auf dem See ist, um die Renken und Braxen rauszuholen, die von der Fischereigenossenschaft in Millionenstärke hier ausgesetzt worden sind. Oder nehmen wir die selbstbewusste Schwester Domitilla, die aus dem Schlesischen kommt und nun schon 46 Jahre im Inselkloster lebt. Was ist für sie das Besondere? Man wählt sich, sagt sie, nicht nur den Orden, man wählt sich auch den Ort – und auf gar keinen Fall könnte sie sich noch vorstellen, in einem Kloster zu leben, von dem aus sie auf Schornsteine blicken müsste statt auf die Wellen ihres Sees. Seit 22 Jahren ist Frau Domitilla auch die Äbtissin des Klosters, in dem immer noch 36 Schwestern ihre Tage mit Arbeit und Gebet füllen.

Wahrscheinlich gibt es auf einer so kleinen Insel alle Seelen-Zustände wie auch draußen auf dem Festland – nur intensiver. Der Besinnliche geht ganze Nachmittage lang in sich, der Aktive hat drei Motorboote, damit die Kinder auch rechtzeitig zum Tennis, zum Ballett oder in die Disko kommen. Es hat eben auch der Stress längst seinen Weg übers Wasser gefunden, hat manche Menschen vielleicht streitsüchtiger gemacht, als sie es wären, wenn sie mehr Auslauf hätten. Womöglich erzeugt es automatisch so etwas wie

Insel-Schizophrenie, wenn man gleichzeitig auf die Isolation fixiert ist und – seit fünfzig Jahren hat es hier keine Hausgeburt mehr gegeben – auf den Ausbruch daraus. Einige Einwohner, heißt es, laufen grundsätzlich nur rechts herum um die Insel, damit sie niemanden grüßen müssen, andere haben es sich zur Angewohnheit gemacht, bei 20 Grad Frost in den See zu steigen oder ständig auf den Händen durch ihre Wiesen zu laufen. Und dann gibt es noch Menschen, von denen erzählt wird, sie ertrügen im Winter, wenn man in Kälte und Nebel ganz unter sich ist, die Stille nicht.

Andererseits hat Bürgermeister Huber vor einiger Zeit den Brief eines Gastes aus Ingolstadt bekommen. Der beschwerte sich darüber, dass es im Winter so laut sei, wenn gelegentlich die Ölbrenner anspringen auf Frauenchiemsee. Diesen Brief habe er aber dann doch nicht beantwortet, sagt der Bürgermeister.

Herbert Riehl-Heyse hatte einen eigenen Text für die Reihe »Deutsche Landschaften« schreiben wollen, als er im Frühjahr 2003 starb. Zum Gedenken an diesen großen Journalisten ist daher ein älterer Essay in dieses Buch aufgenommen worden.

Oberbayern

Gustav Seibt

Alles spricht von eigner alter Art oder Vom Leben in der Kunstnatur

Bunte Flecken sprenkeln den blanken Sommerhimmel über dem Wallberg. Wir sitzen an seinem Fuß und blicken über eine grün leuchtende Wiese auf seine dunkel bewaldeten Abhänge. Vor uns stehen auf einer rot karierten Tischdecke ein Kännchen Kaffee und ein Stück Pflaumenkuchen, den man hier natürlich nie so nennen dürfte, der vielmehr Zwetschgendatschi heißen muss. Auf dem Zwetschgendatschi erhebt sich ein recht stabiles Sahnegebirge, weiß schimmernd wie die Zentralalpenkette, die wir, vom Gipfel des Wallbergs nach Süden schauend und die Augen dabei gegen die Sonne mit der rechten Hand abdeckend, ganz weit hinten erspähen könnten.

Vorerst aber bleiben wir gemütlich unten sitzen, nehmen einen Schluck vom Kaffee und legen den Kopf in den Nacken, damit das Licht vom Himmel über dem Wallberg in unsere überforderten Augen stürzen kann. Es ist August, ein allerschönster Feriennachmittag, und der fast dunkelblaue Himmel über dem Tegernseer Tal ist farbig gemustert. Das sind die Gleitschirmflieger, die vom Wallberggipfel herabschweben, Dutzende Männer und Frauen mit bunten Fallschirmen über sich, die mit großer Geschicklichkeit auf den erfrischend kühlen Bergwinden navigieren und oft stundenlang in der Höhe schweben, bevor sie in sanften Spiralen immer tiefer hinabsinken, um auf der Wiese vor unserem Kaffeehaus zu landen – nicht ohne dabei ein wenig zu stolpern oder kurz unter den Stoffbahnen ihres zusammensinkenden Fallschirms zu verschwinden.

Doch schon Minuten später tauchen sie triumphal wieder hervor, nehmen den Sturzhelm ab und schieben die Sonnenbrille lässig ins Haar. Eine halbe Stunde danach ist alles im metallicfarbenen Auto verstaut, und die Segler der Lüfte besetzen, während sie laut in ihre Mobiltelefone sprechen, den Nebentisch. Hier lassen sie nicht Kaffee, sondern Weißbier oder eine Radlermaß kommen. Der erste Schluck wird mit jenem urigen bayerischen Aaaah-Geräusch quittiert, das jeder Deutsche aus der Fernsehwerbung kennt als höchsten Ausdruck animalischer Erfrischtheit.

Es ist eine schöne Welt, die sich am Nordrand der bayerischen Alpen in Richtung München ausbreitet. Von unserem Café nach Hause fahrend, kommen wir durch blühende Landschaften. Die Dorfhäuser mit ihren Holzbalkonen und roten Geranien sind in makellosem Zustand. Straßen und Wege wirken hier, so hat es ein russischer Schriftsteller einmal formuliert, nicht wie mit dem Besen gekehrt, sondern wie mit der Bürste geschrubbt. Blau glitzern die Seen. Die Kirchen und Klöster mit ihren Zwiebeltürmen sind gelb oder rosa angestrichen, und man könnte glauben, sie seien letzte Woche erst fertig geworden, so neu erscheinen sie. Niemand muss in diesem gesegneten Landstrich verhungern. Bäckerei reiht sich an Metzgerei, Metzgerei an Biergarten, Café, Imbiss, Gasthof zur Post – gibt es überhaupt eine Region in der Welt, deren Geschäftswelt sich so überwiegend ums leibliche Wohl ihrer Kunden sorgt? Die vielen Apotheken dazwischen muss es wohl vor allem geben, um diesen aufwendigen Stoffwechsel zu regulieren.

Die Farben wirken an einem strahlenden Hochsommertag im Voralpenland farbiger als anderswo in Deutschland. Die Lebensmittelindustrie kennt Geschmacksverstärker, der Schöpfer Oberbayerns muss einen Landschaftsverstärker verwendet haben. Alles glüht und schwillt. Nur wer Milchprodukte aus jenem staatlichen Mustergut kennt, das seine Erzeugnisse in dunkles Blau mit weißer Schrift verpackt, weiß, was Butter, Joghurt und Rahm ist. Nur wer den »Bullen von Tölz« gesehen hat, weiß, was wirklich dick ist. Haben die Kühe am Wegrand nicht doppelt so lange Wimpern wie, sagen wir, Oldenburger Vieh, um uns glaubwürdig jenes Glücksgefühl zublinzeln zu können, das ihre Milch so wohlschmeckend macht?

Erfolgreiche, dynamische Menschen leben in dieser bestens aufgeräumten Landschaft. Die Gleitschirmflieger am Wallberg haben die Stunden ihres Schwebens nicht nur dazu benutzt, um mit dem Sohn daheim zu telefonieren. Auf ihren hochmodernen PDA-Geräten haben sie E-Mails abgerufen und die Termine der Woche koordiniert. In den Bauernhöfen stehen Computer für die Buchhaltung und die Kontrolle der Futtermittel. Die Garagentore sind ferngesteuert. Landwirtschaft, Handwerk, Tourismus leben einträchtig neben den High-Tech- und Rüstungsbetrieben des Münchner Umlands. Es gibt kaum alte, schmutzerzeugende Industrie, und die vielen Brauereien haben natürlich Filter an ihren Abflussrohren und Schornsteinen. Die Bergflüsse und Seen sind wieder so sauber wie in der Völkerwanderungszeit, als die letzten Römer sich in die innersten Bergtäler flüchteten, um den rothaarigen Bajuwaren Platz zu machen, die hier seit 1400 Jahren siedeln.

Vielleicht muss man länger weg gewesen sein, in Südeuropa mit seinen steinernen Dörfern oder in Ostdeutschland mit seiner fortdauernden sowjetischen Staubigkeit, um die Prallheit, Drallheit, Buntheit des heutigen Oberbayern zu empfinden, das Stechende und fast Aufdringliche, das sie als Bild angenommen hat. Seit dem späten neunzehnten Jahrhundert wurde das bayerische Alpengebiet als »Kulturlandschaft« wahrgenommen und beschrieben, durch einst vielgelesene Autoren wie Josef Hofmiller und Laurenz Freyberger. Kulturlandschaft: Das bedeutete einen einzigartigen Zusammenklang von Natur und Kunst. Vor allem geistliche Herrschaften haben das Voralpenland über viele Jahrhunderte geprägt. Sie ließen den Bauern, die keine Erbteilung kannten und schon deshalb wohlhabender blieben als ihre armseligen Standesgenossen im Schwäbischen oder Fränkischen, mehr Spielraum als anderswo die Ritter und Städte ihren Hintersassen. Die Geistlichkeit verzierte dieses Land in zwei Bauwellen, einer spätgotischen und einer barocken, mit Hunderten von Kirchen und Klöstern, die oft an szenisch wirkungsvollen Punkten ins Gelände gesetzt wurden. Eine jubilierende Kunst erhob sich harmonisch über einem bodenständigen Untergrund, so sahen es die Landschaftsschriftsteller, die gern über »Baiuwarisches und Barockes« schrieben.

Die schöne Kunstnatur des Alpenlandes wurde nach der Säkularisierung, die auch in Bayern den geistlichen Herrschaften ein Ende bereitete, direkt vom Haus Wittelsbach in Regie genommen. 1817 machte König Max I. das Kloster Tegernsee zur Sommerresidenz. Damit begann der Ferientourismus in die Berge. Denn natürlich folgten nicht nur Hoflieferanten und Personal dem König in die Sommerfrische, sondern auch die bessere Münchner Gesellschaft. Die Reiseführer ins Tegernseer Tal zeigen schon um 1850 ein vollkommen ausgebildetes System von Wanderwegen, Jausenstationen und Hotellerie. Auf den umliegenden Berggipfeln wurden Kreuze und Kapellen errichtet. Gemälde und Stiche verbreiteten Ansichten von See und Tal, aber auch von Bauernhäusern und von den Trachten ihrer Bewohner.

Im Jahre 1852 unternahm König Max II. eine Alpenreise entlang der Südgrenze seines Reiches von Lindau bis nach Berchtesgaden. Beschreiben und bekanntmachen ließ er dieses Abenteuer, das keinen Ortsflecken und kein Wirtshaus ausließ, in einem ausführlichen Buch des preußischen Dichters Friedrich von Bodenstedt. Im Tross des Königs reiste sein Bildungsminister und Kulturberater Dönniges, ein protestantischer Historiker aus Stettin, der seinem Herrn die Schaffung eines bayerischen Nationalgefühls durch Förderung von Schützenfesten, Volksmusik, Hochzeiten in Tracht und bayerischer Geschichte als Schulstoff empfahl.

An der oberbayerischen Kunstnatur hat die Obrigkeit fast ein ganzes Jahrhundert lang gearbeitet – nicht zuletzt pädagogisch, indem sie den Sinn für ihre Schönheiten bei den Untertanen verbreitete. Die Könige waren dabei so erfolgreich, dass ihr bizarrster Eingriff in die Alpenlandschaft, die Schlösserbauten Ludwigs II., die ursprünglich als reines Privatvergnügen gedacht waren, auf Anhieb eine Popularität erlangte, die heute den ganzen Globus umspannt.

Das bayerische Oberland nahm im Laufe des neunzehnten Jahrhunderts etwas Putziges und Gefallsüchtiges an (man denke an die

langen Wimpern der Kühe), denn die Touristen bereisten ja nicht nur eine bezaubernde Landschaft mit beeindruckenden Bergen und reicher Kirchenarchitektur, sondern sie besuchten auch ein originelles Völkchen, das in Lederhose und Dirndl herumlief, breit hingestreckte, blumengeschmückte Höfe bewohnte und des Abends zur Zither langsame Lieder sang. Im Morgengrauen knallten die Schüsse von Wilderern aus den Tiefen der Wälder.

Das bayerische Volk, das so zum Schauobjekt des Tourismus wurde wie jene Neger, die auf der Treptower Gewerbeausstellung von 1896 in einem eigens unter Glas errichteten Dorf schauwohnten, spielte, jedenfalls an den Hauptorten des Fremdenverkehrs, gar nicht ungern seine Rolle und legte sich bei den großen Festen wie Almabtrieb und Leonhardi-Ritt voller Eifer ins Zeug, um durch aufwendige Tracht, Blumenschmuck und Farbenpracht das städtische Publikum am Wegrand zu beeindrucken. Am Tegernsee siedelten sich Heimatdichter an, die all das literarisch überhöhten, Karl Stieler, Ludwig Ganghofer und Ludwig Thoma. Die Auflagen ihrer Bücher gingen in die Hunderttausende, und so trugen sie nicht wenig dazu bei, die bayerische Landeskultur zu überformen und weiter ins Künstliche zu verschieben.

Nichts wird nun bis heute so heftig verleugnet wie diese Künstlichkeit. Bis in die kleinste Geste – zum Beispiel jenes Erfrischungs-Aaaaaah, das den ersten Schluck Weißbier begleitet – prunkt das Alpenland mit seiner Bodenständigkeit, Urigkeit, der unantastbaren Festigkeit seiner hergebrachten Lebensform. Das Schnitzkreuz am Wegrand, der Biergarten, der Lodenanzug, die sorgsame denkmalpflegerische Überwachung der ländlichen Architektur im Ensembleschutz, das Volkstheater und die Stub'nmusi im Bayerischen Rundfunk, vor allem aber der eigensinnig bewahrte Dialekt – alles spricht von eigner alter Art, die geradean und einfach-schlicht sei, also eher Natur als Kunstnatur. Der Bayer will ein gestandnes Mannsbild sein, nicht der Theaterkomparse einer Alpenlandkulisse, so gut diese Rolle auch bezahlt sein mag.

Um 1900 setzte eine zweite Entdeckung des Bayerischen ein, welche die biedermeierliche Verzärtelung der ersten, höfisch-städtischen Welle der Alpenaneignung hinter sich ließ. Man kann diese zweite Welle die völkische nennen. Erst sie brachte den aggressiven Kultus des Krachledernen hervor und die in ihm enthaltene Polemik gegen das Städtische und seine Unnatur. Der wichtigste Protagonist dieses Oberbayernbildes wurde der naturalistische, antisemitische und berlinhassende Schriftsteller Ludwig Thoma, bis heute eine Ikone des Bayernvolkes, im Übrigen ohne Frage ein großes Erzähltalent mit beachtlichen humoristischen Gaben. Aber eben auch ein Ideologe der unangenehmsten Sorte. Man lese seinen »Jagerloisl«, in dem die unverdorbene Lichtgestalt eines maulfaulen, von schwer ausdrückbaren Gefühlen bewegten Jägers gegen geschwätzige Berliner Fabrikanten mit verdorbenen Töchtern und einen pervers-dekadenten jüdischen Theaterregisseur in Stellung gebracht wird. Dass Rottach-Egern sich nach 1933 als einer der ersten Orte des Deutschen Reiches für judenfrei erklärte, hing nicht nur mit den dort ansässigen Nazibonzen zusammen, sondern auch mit diesem literarischen Vorlauf.

Was unterschied die höfisch-städtische Alpenaneignung des neunzehnten Jahrhunderts von der völkischen des frühen zwanzigsten? Es ist vor allem die unterschiedliche Distanz zum geliebten Land. Die gute Gesellschaft, die sich seit 1817 im Gefolge des Königs am Tegernsee ansiedelte – erlauchte Namen wie der des englischen Historikers Lord Acton waren darunter –, wäre nie auf den Gedanken gekommen, sich der Bevölkerung anzuverwandeln. Doch die Sportsleute der Jugendbewegung, die mit »Zupfgeigenhansl« und Klampfe im Gepäck bergziegengleich die Gipfel stürmten, sie machten nicht nur Aaaaah am Almbrunnen; sie wollten ein wenig werden wie die Landbewohner, so unverbraucht und gesund, und so begannen sie Lederhosen und kragenlose Leinenhemden zu tragen, kauten Dialektausdrücke über der Porzellanpfeife und suchten das kostbarste Gut der modernen Welt: Einsamkeit.

Oft waren sie ehrlich angewidert von der städtischen Zivilisation, und dieser Abscheu übertrug sich natürlich leicht auf die umschmeichelte Landbevölkerung. Sie wurde von den ursprünglich städtisch-zivilisationskritischen Motiven des völkischen Bayernbildes angesteckt. Ein Rückkoppelungseffekt setzte ein: Bayern wollte immer bayerischer werden. Hier liegt die eigentliche ideologische Quelle jenes Landschaftsglutamats, welches das Voralpenland so ins Amerikanisch-Stechende, Lebensmittelfarbig-Bunte verschoben hat und aus der barock-baiuwarischen Kulturlandschaft ein Naturdisney machte; nicht zufällig entzückt es vor allem amerikanische und japanische Touristen.

Vielleicht darf der Landschaftserzähler hier aus der Kulisse treten und seine eigene Geschichte ins Spiel bringen. Denn seine beiden Großmütter verkörperten auf kurios verspätete Weise die beiden historischen Formen der Alpenaneignung und zogen ihn in einen Konflikt zwischen ihnen hinein. Sie wohnten in zwei benachbarten Tälern, die eine in Rottach-Egern am Tegernsee, die andere im Isartal bei Lenggries südlich von Tölz. Die Tegernseer Großmutter stammte ursprünglich aus Berlin und war nach der Ausbombung im Luftkrieg in Rottach hängengeblieben. Die Lenggrieser Großmutter war Münchnerin und bewohnte im Alter ein ausgebautes hölzernes Wochenendhaus mitten unter den Bauern des Isarhochufers.

Für die Berliner Großmutter war das Tegernseer Tal einfach eine wunderbare Umgebung, in der vor allem die Existenz einer evangelischen Gemeinde wichtig war, denn sie war sehr fromm, geprägt von der ängstlichen calvinistischen Religiosität des Berliner Protestantismus (sie war im Französischen Dom konfirmiert worden); sie las jeden Tag in der Bibel, betete mit uns Kindern und besuchte am Sonntag regelmäßig den Gottesdienst in der schönen Rottacher Gulbransson-Kirche. Die Isartal-Großmutter war katholisch und nur auf eine etwas verwaschene Art gläubig. Sie war im »Wandervogel« gewesen und sprach nach dem abendlichen Bier gern noch ein paar Schnäpsen zu.

Natürlich war es bei der bayerischen Großmutter viel lustiger als bei der preußischen. Hier durften wir als Kinder fernsehen bis in die Puppen, Bier und Schnaps probieren, es gab köstliche Brotzeiten, und der Ausblick von ihrem Haus über die Wiesen in Richtung Benediktenwand war von immer wieder überwältigender Schönheit. Die Rottacher Großmutter lebte in den eher traurigen Resten eines Berliner Professorenhaushalts und oblag ihren religiösen Pflichten. Bier hatte sie meistens gar nicht vorrätig, und ihre mageren Likörvorräte waren eingetrocknet.

Und doch neigte sich die Sympathie des Erzählers trotz der unbestreitbaren Attraktivität der Lenggrieser Umgebung bald auf die Rottacher, also die Berliner Seite. Und das hing mit dem Kultus des Bayerischen zusammen, den die Isartal-Großmutter pflegte. Sie nämlich hielt das Volkstümliche auf eine Ludwig-Thoma-hafte Weise hoch, und zwar mit zuweilen offener Spitze gegen die Berlin-Rottacher Verwandtschaft. Sie suggerierte, dass die angeheiratete preußische Sippe sich als etwas Besseres fühle, und verdammte solchen Dünkel scharf. Vor ihm wollte sie uns Kinder bewahren. Doch Kinder spüren ja instinktiv alles Unwahre. Nicht nur war der Vorwurf des Dünkels gegen die fromme Rottacher Großmutter, die ein Inbild engelhafter Reinheit und Unschuld war, vollkommen absurd. Auch das objektiv Verlogene das Herumreitens auf volkstümlicher Einfachheit und Aufrichtigkeit konnte selbst einem Kind nicht verborgen bleiben, da es ja mit der ungehörigen und ungerechten Anschwärzung einer nahen Verwandten einherging; nein, es gehörte sich absolut nicht, dass die bayerische Großmutter die preußische Familie des Vaters schlecht machte, und sei es nur in kleinen Spitzen und Spötteleien. Schon bald erschien jedenfalls dem Erzähler die etwas verschlissene Gründerzeitumgebung in Rottach weit vornehmer als die eigentlich viel schöneren geschnitzten Bauernmöbel in Lenggries, auf denen kostbare Nymphenburger Porzellanfiguren standen.

Der Konflikt ist längst gelöst, und zwar, wie alle Konflikte der modernen Welt, durch funktionale Differenzierung. Kehren wir zurück auf unsere Sonnenterrasse im Café am Fuße des Wallbergs. Dort sitzen wir nämlich unter durchweg weißhaarigen Herrschaften, im Vorschein jener Altengesellschaft, auf welche die Bundesrepublik in den kommenden Jahrzehnten zusteuert. Diese Rentner und Pensionäre beerben die behagliche aristokratische Alpennutzung des neunzehnten Jahrhunderts, sie sitzen bequem an karierten

Tischen und essen köstlichen Kuchen. Oben in der Luft schweben die sportiven Nachfolger von Wandervogel und Jugendbewegung. Und sie schweben nicht nur. Auf Mountainbikes brausen sie – ebenfalls äußerst farbig gekleidet – an Wildbächen entlang, oder sie hängen in steilen Kletterwänden. Im Winter bevölkern sie die Skipisten. Die technisch hochgerüsteten Alpensportler sind die Nachfolger der volkstümlichen Bergbegeisterung des zwanzigsten Jahrhunderts. Die einen genießen, die anderen schuften. Die einen sitzen im Café, die anderen suchen das Abenteuer in den Lüften. Am späten Nachmittag aber sitzt man einträchtig zusammen auf der Terrasse. Nebeneinander klappern Kuchengabeln, und mehrstimmig tönt das erfrischte Aaaaah.

Die Autorinnen und Autoren

Henning Ahrens, 1964 in Peine geboren, ist Schriftsteller und lebt in Handorf/Niedersachsen.

Zsusza Bánk, 1965 in Frankfurt am Main geboren, ist Schriftstellerin und lebt dortselbst.

Christoph Bartmann, 1955 in Bad Mergentheim geboren, ist Leiter des Goethe-Instituts und Literaturkritiker in Kopenhagen.

Günter de Bruyn, 1926 in Berlin geboren, ist Schriftsteller und lebt bei Beeskow in der Mark Brandenburg.

Ludwig Harig, 1927 in Sulzbach an der Saar geboren, ist Schriftsteller und lebt dortselbst.

Ingeborg Harms, 1956 in Lüneburg geboren, ist Schriftstellerin und lebt in Frankfurt am Main.

Wolfgang Hilbig, 1941 in Meuselwitz bei Altenburg geboren, ist Schriftsteller und lebt in Berlin.

Felicitas Hoppe, 1960 in Hameln geboren, ist Schriftstellerin und lebt in Berlin.

Georg Klein, 1953 in Augsburg geboren, ist Schriftsteller und lebt in Dollart hinter Emden.

Thomas Kling, 1957 in Bingen geboren, ist Schriftsteller und lebt auf der Raketenstation Hombroich bei Neuss.

Brigitte Kronauer, 1940 in Essen geboren, ist Schriftstellerin und lebt in Hamburg.

Thomas Lehr, 1957 in Speyer geboren, ist Schriftsteller und lebt in Berlin.

Sibylle Lewitscharoff, 1954 in Stuttgart geboren, ist Schriftstellerin und lebt in Berlin.

Ijoma Mangold, 1971 in Heidelberg geboren, ist Journalist und lebt in München.

Monika Maron, 1941 in Berlin geboren, ist Schriftstellerin und lebt in Berlin und Vorpommern.

Stephan Maus, 1968 in Berlin geboren, ist Literaturkritiker und lebt in Berlin.

Jochen Missfeldt, 1941 in Satrup geboren, ist Schriftsteller und lebt in Stadum in Nordfriesland.

Martin Mosebach, 1951 in Frankfurt am Main geboren, ist Schriftsteller und lebt dortselbst.

Burkhard Müller, 1959 in Schweinfurt geboren, ist Altphilologe und Literaturkritiker und lebt in Chemnitz.

Norbert Niemann, 1961 in Landau geboren, ist Schriftsteller und lebt in Chieming am Chiemsee.

Hans Pleschinski, 1956 in Celle geboren, ist Journalist und Schriftsteller und lebt in München.

Herbert Riehl-Heyse, 1940 in Altötting geboren und 2003 in Eichenau bei München gestorben, war Journalist.

Ingo Schulze, 1962 in Dresden geboren, ist Schriftsteller und lebt in Berlin.

Gustav Seibt, 1959 in München geboren, ist Publizist und Literaturkritiker und lebt in Berlin.

Lutz Seiler, 1963 in Gera geboren, ist Schriftsteller und lebt in Wilhelmshorst bei Berlin.

Burkhard Spinnen, 1956 in Mönchengladbach geboren, ist Schriftsteller und lebt in Münster.

Arnold Stadler, 1954 in Meßkirch geboren, ist Schriftsteller und lebt in Meßkirch, in Berlin und im Wendland.

Thomas Steinfeld, 1954 in Leverkusen geboren, ist Journalist und lebt in Bad Homburg und München.

Martin Walser, 1927 in Wasserburg geboren, ist Schriftsteller und lebt in Nußdorf am Bodensee.

Hanns Zischler, 1947 in Nürnberg geboren, ist Filmschauspieler, Schriftsteller und Kritiker und lebt in Berlin.

Die Fotografin

Therese Humboldt, 1969 in Schweden geboren, ist freie Fotografin und lebt in Frankfurt am Main und Lund.